조선이 본 고려

승자의 역사를 뒤집는 조선 역사가들의 고려 열전

조선이 본 고려

박종기 지음

일러두기

- 중국 고전문헌과 인명 등은 한자 독음대로 표기했다. 또 옛 문헌을 인용하는 경우, 일부 띄어쓰기와 맞춤법은 문화체육관광부 고시 '한글맞춤법'을 따랐다.
- 이 저서는 2016년 대한민국 교육부와 한국연구재단의 지원을 받아 수행된 연구임 (NRF - 2016S1A6A4A01018395).

고려, 조선, 현대를 오가며
역사 인물 비평을 생각한다

조선 중기까지 누구도 건드릴 수 없던 금기의 역사가 있었다. 고려 말의 우왕과 창왕이 신돈의 아들이라는 소문은 신씨인 가짜 왕을 폐하고 진짜 왕씨를 세워야 한다는 '폐가입진론'으로 발전해 두 왕을 죽음으로 내몰았다. 이에 그치지 않고 당대 최고의 유학자로 추앙받은 이색마저 수차례의 탄핵과 유배에 시달리게 했다. 고려 말 혼란스러운 정국에서 폐가입진론은 새 나라 조선을 세우는 명분으로 자리잡았고, 《고려사》와 《고려사절요》 같은 조선 전기 역사서에 '정사'로 기록되었다. 그리고 300여 년이 흘러서야 이 '승자의 역사'에 의문을 제기하는 목소리가 나오기 시작했다. 그 목소리의 주인공들은 조선 후기를 대표하는 학자 성호 이익, 최초의 통사 《동사강목》을 쓴 안정복 등 용기 있는 조선의 역사가들이었다.

이익은 《동사강목》을 집필하며 고민에 빠진 제자 안정복에게 보낸 편지에서 다음과 같이 말한다. "역사를 기록한다는 것은 쉬운 일이 아니지요." 역사에 대한 평가, 그 역사를 움직인 인물들에 대한 평가는 시대에 따라 변화한다. 이것은 역사학의 본질적인 어려움이기도 하지만, 동시에 끊임없이 역사를 다시 들여다보고 재해석할 수 있다는 뜻이기도 하다.

이 책에서 필자는 두 국왕뿐만 아니라 다양한 인물에 대한 조선시대 역사가들의 생각과 평가를 통해 고려시대 인물과 역사를 새롭게 읽고자 했다. 한마디로 말하자면 '조선 역사가들의 시선으로 본 고려 인물론'이다. 알다시피 고려 인물들의 삶을 온전히 밝혀내기 위한 자료는 매우 적다. 따라서 조선시대에 편찬된 역사서에서 고려 인물들에 관한 내용을 살피고 새롭게 읽어내며 고려 인물들에 대한 이해는 물론 고려사에 대한 이해의 폭을 넓히려 했다. 필자는 2019년에 다양한 유형의 고려인 16명의 삶과 생각을 정리한 《고려 열전》을 출간했다. 《조선이 본 고려》 또한 그동안 주목받지 못했거나 재평가될 필요가 있는 고려 인물들의 삶과 생각을 다룬다는 점에서 《고려 열전》의 연속 작업이라 할 수 있다.

이 책의 기본 텍스트는 조선 후기 역사가 성호 이익이 저술한 《성호사설》이다. 이익은 《성호사설》에서 태조·광종·인종·의종·명종·우왕·창왕 등의 왕과 최치원·길재·원천석·이공승·조위총·김득배·안우·이방실·최영·이숭인·권근·이색·정도전 등 고려 인물 20여 명의 삶과 생각을 새롭게 다루며 평가했다. 필자는 이번 책에서 이익의 고려 인물론을 소개하며, 이익이 다룬 인물들에 대해 《동국통감》, 《동사찬요》, 《여사제강》, 《동사강목》 등을 편찬한 조선 역사가들의 평도 함께 살펴보았다. 참고로 조선 역사가들은 인물에 대한 평가를 주로 사론(史論)으로 남겼고, 따라서 사론에 언급된 내용을 중심으로 그 평가와 견해를 정리했다. 이에 그치지 않고 조선 역사가들의 평가와 고려 당대의 평가, 현대 역사가의 평가를 비교·검토해 각 인물의 삶과 그가 살던 시대를 가능한 한 충실하고 객관적으로 살려내려 했다. 하지만 《성호사설》을 기본 텍스트로 했기 때문에, 이익과 그의 책에서 큰 영향을 받은 안정복의 《동사강목》에서 평가하고 제기한 문제들이 상대적으로 많이 소개되기도 했다.

이 책은 독자들의 이해를 돕기 위해 다음과 같은 서술체제와 형식을 갖추었다. 각 장의 첫머리에는 '미리 읽어두기'와 해당 인물의 연보 혹은 관련 사건의 연표를 두어, 인물 읽기의 방향을 제시하고 인물과 관련된 기본 정보를 제공한다. 이어서 본문에서는 인물의 삶과 생각, 행적과 평가, 인물이 살던 시대상을 정리했다. 마지막에는 필자 나름의 인물에 대한 평가를 덧붙였다. 일종의 현대판 사론이라 할까?

다른 시대 역사가들의 생각을 통해 또 다른 시대와 그 시대를 산 인물들의 삶을 복원하려는 방법은 지금껏 역사서에서는 볼 수 없던 새로운 시도이다. 새로운 방법이 역사학계와 일반 독자에게 어떠한 반응을 불러올지 궁금하다. 독자들은 처음부터 순서대로 읽을 필요 없이 관심이 가는 인물을 먼저 골라 읽어도 무방하다. 이 책을 통해 한 인물에 대한 평가는 물론 특정한 역사 사건이나 크게는 한 시대조차 바라보는 관점과 시대 상황에 따라 달라질 수 있음을 경험하게 되고, 역사란 항상 새롭게 쓰일 수 있다는 사실을 다시금 깨닫게 될 것이다. 나아가 이 책이 역사 속 인물을 더 넓고 깊게 이해하고 다양한 시각으로 '인간'을 이해하는 데 도움이 되길 바란다.

이 책을 출간하는 데 동학(同學)의 연구성과가 큰 힘이 된 것은 물론이다. 그런 한편으로 KN25 산우회 친구들과의 동행은 글쓰기에 지친 심신에 활력을 불어넣어 주었다. 더불어 부족한 글을 자신의 것처럼 다듬어 아담한 책자로 만들어주신 휴머니스트 편집부에도 감사의 뜻을 전한다.

2021년 겨울의 문턱에서
청헌(淸軒) 박종기(朴宗基) 쓰다

차례

4부 폐가입진론에 연루된 인물론

1부

고려 전기 인물론

1 태조 왕건

만부교 사건과 거란 전쟁

태조 왕건(王建)은 20여 년간의 엄혹한 궁예(弓裔) 시절을 이겨내고 고려왕조를 세웠다. 새 나라 건국은 끝난 게 아니었다. 이후 18년 동안의 긴 전쟁을 거쳐 마침내 후삼국을 통합했다. 전쟁이 계속되는 와중에도 태조 왕건은 민심의 흐름을 읽고 민생의 안정을 우선하는 정책을 소홀히 하지 않았다. 왕조의 창업주였지만 권력을 독식하지도 않았다. 새 왕조 수립에 협조한 호족들에게 성씨와 본관을 내려 그들의 위세를 인정하고 지배층으로 끌어들여 통치체제를 안정시켰고, 전쟁으로 빚어진 지역과 민심의 분열을 치유해 사회통합을 이뤘다. 이러한 태조의 통합정책은 고려왕조가 500년간 장기 지속하는 기초가 되었다. 태조 왕건이 창업 군주로서 새 왕조 수립의 과업을 성공적으로 이끌었다는 평가는 현대 역사가 대부분이 공유하고 있다.

그럼에도 불구하고 조선의 역사가들은 태조 왕건을 부정적으로 평가했다. 잘 알다시피 조선에서는 성리학을 통치이념으로 삼고 있었기에 불교 중심적이었던 태조 왕건의 정책을 비판하고 공박한 입장은 수긍할 수 있다. 그런데 942년 태조 때 일어난, 이른바 '만부교(萬夫橋) 사건'을 잘못된 일이었다며 부정적으로 평가한 것은 뜻밖이라 할 수 있다. 더욱이 만부교 사건이 이후 50년도 더 지나고 나서 일어난 993년 거란의 제1차 고려 침략의 빌미가 되었다는 조선 역사가의 평가는 고려 당대는 물론 현대의 평가와도 다른 흥미로운 주장이다.

〈고려-거란 관계 연표〉

907년	(신라효공왕11·후백제16·궁예7) 거란 발흥
916년	(신라신덕왕5·후백제25·궁예16) 거란 야율아보기(耶律阿保機, 태조), 거란 건국
918년(태조1)	왕건, 고려 건국
922년(태조5)	태조 왕건, 서경 방문, 관부(官府) 설치와 서경 축성
924년(태조7)	발해, 거란 요주(遼州, 요동성) 공격
925년(태조8)	거란, 발해 부여부 공격
926년(태조9)	거란, 발해 수도 홀한성(忽汗城, 상경용천부上京龍泉府) 점령. 발해를 패망시키고 동단국(東丹國) 수립
934년(태조17)	발해 세자 대광현(大光顯), 수만 군중을 이끌고 고려에 귀순
936년(태조19)	고려, 신검(神儉)의 후백제군 대파. 후삼국 통합
	거란, 석경당(石敬瑭)을 후진(後晉) 왕(고조)으로 옹립해 후진국 건국. 연운(燕雲) 16주 획득
942년(태조25)	고려, 거란 사신을 유배시키고 거란이 보낸 낙타 50필을 굶겨 죽임
947년(정종2)	거란, 국호를 요(遼)로 변경(983년에 다시 거란으로 변경)
	정종, 거란 침입에 대비하여 30만 군사의 광군(光軍) 조직
985년(성종4)	거란, 여진 정벌(986~988년 송나라 정벌)
993년(성종12)	거란, 1차 고려 침입. 서희(徐熙) 주도로 거란과 화약(和約) 맺음
994년(성종13)	고려, 강동 6주 축성. 압록강 동쪽지역 고려 영토 확정
1010년(현종1)	고려, 강조의 30만 군으로 거란 침입 대비(10월). 거란, 2차 고려 침입(11월)
1011년(현종2)	거란, 개경 점령. 현종, 공주와 나주로 피난(1월). 전주와 청주 거처 개경 귀환(2월)
1014년(현종5)	거란, 압록강 동쪽 고려 영토 보주(保州, 의주) 점령. 6주 반환 요구
1018년(현종9)	거란, 3차 고려 침입
1019년(현종10)	강감찬(姜邯贊), 귀주(龜州)에서 거란군 대파(귀주대첩)

고려 당대와 현대의 평가

만부교 사건은 942년(태조25) 태조 왕건이 거란에서 보낸 사신 30명을 유배시키고 선물로 진상한 낙타 50필을 굶겨 죽여 거란과 외교를 단절한 사건이다.[1] 최승로(崔承老, 927~989)는 태조 때부터 관료생활을 해서 이 사건을 직접 목격한 당사자였다. 이 사건 후 40년이 지난 982년(성종1) 그는 만부교 사건을 다음과 같이 평가했다.

> 고려가 거란과 교빙(交聘)을 중단한 것은 거란이 일찍 발해와 연합했다가 갑자기 의심이 일어나 옛 동맹을 고려하지 않고 하루아침에 멸망시켰기 때문이다. 그러므로 태조는 이를 매우 무도하다고 생각해서 교류할 수 없다고 했다. 거란이 보낸 낙타를 모두 버리고 기르지 않으셨다. 그 심원한 방책은 우환을 사건에 막고 위태롭기 전에 나라를 보전하려는 것이었다.[2]

최승로는 거란과의 단교가 발해를 멸망시킨 무도함을 응징하고, 장차 거란 침입에 대비해 고려를 지키려는 조치였다고 긍정적으로 평가했다. 이 사건은 고려 후기 충선왕(재위 1298, 1308~1313) 때 다시 언급된다. 충선왕은 태조가 거란에서 보낸 낙타를 굶겨 죽인 의도에 대해 이제현(李齊賢, 1287~1367)에게 물었다.

우리 태조가 거란이 보낸 낙타를 다리 아래에 매어 놓고 꼴이나 콩을 주지 않아 굶어 죽게 했기 때문에 그 다리 이름을 '낙타교'라 하였다. 낙타가 비록 중국에서 생산되지 않지만 중국에서도 일찍이 낙타를 기르지 않은 것은 아니다. 나라의 군주가 수십 마리의 낙타를 가지고 있더라도 그 피해가 백성을 해치는 데에는 이르지 않을 것이다. 또 이를 물리치고 받지 않으면 그만이지 어찌 굶겨서 죽이기까지 하였을까?[3]

충선왕이 만부교 사건을 일으킨 태조의 처사를 이해할 수 없다고 묻자, 이제현은 다음과 같이 답했다.

나라를 창업해 후대에 전해줄 군주는 멀리 내다보고 깊이 생각함에 있어 뒷사람들이 쉽게 이해할 수 없는 정도가 있습니다. …… 우리 태조가 그렇게 하신 이유는 오랑캐의 나쁜 계책을 미리 좌절시키려 하셨기 때문일 것입니다. 그렇지 않다면 낙타를 기르는 따위의 사치풍조를 막기 위해서 그렇게 하셨을 것입니다. 태조의 깊은 뜻을 전하께서 공손히 묵묵하게 생각하시고, 힘써 행하여 체득하셔야 합니다. 어리석은 신하가 감히 가벼이 논할 바는 아닙니다.[4]

이제현은 태조가 만부교 사건을 일으킨 데에는 발해를 멸망시키고 고려를 침략하려는 거란의 나쁜 계책을 사전에 막거나 낙타를 기르는 따위의 사치풍조를 막기 위한 깊은 뜻이 있었을 것이라고 완곡하게 말했다. 이러한 이제현의 생각은 최승로와 다르지 않았다.

그러자 충선왕은 이제현의 의견을 받아들이면서, 태조 왕건을 송 태조와 비교하며 태조의 북진정책을 회고했다.

_____ **거란의 낙타 수레** 허베이성(河北省) 쉬안화(宣化)의 요 왕조 무덤 벽화. 유목민족인 거란족에게 낙타는 사람의 이동과 화물 운송 수단으로서 개인은 물론 나라의 중요한 재산이었다.

충선왕은 일찍이 다음과 같이 말했다. 우리(고려) 태조께서 중국에서 태어났더라도 송나라 태조의 도량보다 못하지 않았을 것이다. …… 송나라 태조는 아직 복속되지 않은, 이욱(李煜)이 통치한 강남지역과 거란이 차지한 산후(山後) 16주(연운 16주)도 자기 영토인듯 보배처럼 소중하게 여겼다. 그는 북한(北漢)을 수복하고 먼 곳까지 진격해 진한(秦漢)의 옛 땅을 평정했다. 우리 태조도 즉위 후, 신라 김부(金傅, 경순왕)가 아직 복속하지 않고 후백제 견훤(甄萱)이 항복하기 전인데도 자주 평양에 행차하여 북방의 국경지역을 순시했다. 그 뜻은 고구려 동명왕의 옛 땅을 내 집에 대대로 전해온 보배로 생각하고서 반드시 석권하려 한 것이다.[5]

충선왕은 비슷한 시기 새 왕조를 창업한 태조 왕건과 송 태조가 북진정책을 통해 영토 확장을 꾀한 점을 높이 평가했다. 예를 들면 송 태조가 거란이 차지한 연운 16주와 남당(南唐)이 차지한 강남지역 영토를 회복하려 했듯이, 고려 태조가 신라, 후백제와 전쟁 중에도 옛 고구려 영토를 회복하려 했다는 사실을 높이 평가했다.

태조 왕건이 거란의 침략을 미리 막기 위해 만부교 사건을 일으켰다는 이제현의 답변을 수용하며, 충선왕은 후삼국 전쟁 중에도 고구려 옛 영토를 회복하려 한 태조의 북진정책을 거론했다. 충선왕은 만부교 사건을 태조의 북진정책과 연결시켜 이해하려 했다. 충선왕의 생각은 최승로와 이제현이 만부교 사건을 거란의 침략 의도를 견제한 조치였다고 평가한 것보다 더 적극적인 평가였다. 충선왕은 태조 왕건의 북진정책과 거란의 영토확장정책이 충돌한 상징적인 사건으로 만부교 사건을 인식한 것이다. 현대의 역사가도 충선왕의 견해를 받아들여 만부교 사건을 북진정책의 하나로 해석했다. 대표적인 예로 변태섭의 평가를 들 수 있다.

사신을 섬으로 유배하고 낙타는 개경의 만부교 밑에 붙들어 매어 굶어 죽게 하였다. 그리고 태조는 발해의 유민을 받아들이고 북진정책을 강행하여 청천강까지 국경을 확장시켰다. 이러한 태조의 북진정책과 반거란정책은 그 후의 역대 왕에게도 계승되었다.[6]

고려 때 만부교 사건을 태조의 북진정책을 상징하는 사건으로 평가한 내용은 현대 역사가들에게도 공유되고 있다.

거란에 침략의 빌미를 제공하다

그러나 《동국통감(東國通鑑)》(1485)을 편찬한 조선 전기의 역사가들은 만부교 사건을 다르게 평가했다.

전사(前史, 고려사)에서 화친을 끊은 것을 태조의 훌륭한 정책으로 칭찬했는데, 마음속으로 매우 의심스럽다. 이웃나라와는 교류하고, 멀리 있는 사람은 회유하고, 국경을 튼튼하게 하고, 부지런히 사신을 보내는 일이야말로 오랫동안 나라를 보전하는 좋은 방책이다.[7]

《동국통감》 편찬자, 즉 조선 전기 역사가들은 만부교 사건을 태조의 훌륭한 정책으로 판단한 최승로와 충선왕 등 고려 때 평가를 비판했다. 그들은 사신을 자주 파견하여 이웃나라(거란)와 교류하는 것이 국가를 보전하는 좋은 정책이라 했다. 그렇기 때문에 만부교 사건을 태조 왕건의 실책이라 했다. 다음의 글이 그러하다.

거란이 발해에게 신의를 잃은 것이 우리와 무슨 관계가 있다고 발해를 위한 보복으로 거란 사신을 섬으로 유배시키고, 낙타를 굶겨 죽게까지 했는가? 이는 거란과 관계를 끊는 데 그치지 않고, 원수처럼 대한 것이다. 거란이 우리에게 원수를 갚는 일이 이상한 것이 아니게 되었다. 이로부터 변경에 갈등이 날로 깊어졌다.[8]

조선 전기 역사가들은 거란 사신을 유배하고 낙타를 죽인 태조의 정책이 거란의 보복을 불러와 변경이 날로 불안하게 되었다고 비판했다. 그들의 비판은 계속된다.

정종 때 광군을 두어 변경을 방비했으니 이미 화가 시작되었다. 성종 때 거란 소손녕(蕭遜寧)이 크게 군사를 일으켜 침입해 땅을 떼어 항복하라며 요구하여 겨우 화친을 청했으나, 그 화는 이미 요원의 불길처럼 번져갔다. 현종 때 …… 도성을 보전할 수가 없어서 임금의 수레가 남쪽으로 피난해 나라가 망하지 않았음이 실낱같았으니, 그 화가 이미 하늘에 치달았다. …… 그 연유를 생각해보면 모두 고려 태조가 강한 거란을 대처하는 데 그 방도를 잃고, 쉽게 화친을 끊었기 때문이다. 그가 남긴 정책의 과오를 한탄할 뿐이다.[9]

조선 전기 역사가들은 태조 왕건의 잘못된 정책이 성종, 현종 때 거란이 고려를 침입하는 원인이 되었다고 비판했다. 구체적으로 위의 글에서 정종의 광군 설치로 거란 침략의 화가 시작되었고, 성종 때 화의 불길이 번졌고, 현종 때 화가 하늘을 덮었다고 표현했다. 그렇기 때문에 태조가 거란에 대해 강경책보다 유화책을 써야 했다는 것이다.

《여사제강(麗史提綱)》(1667)을 편찬한 유계(兪棨, 1607~1664) 또한 《동국통감》 사론을 인용해 태조를 비판했다.

신라를 항복시키고 후백제를 멸해 겨우 삼한을 통일한 태조는 흩어진 백성을 아직 모으지 못하고 상처 입은 백성을 일으키지도 못했다. 또한 처음이라 살필 겨를이 없었으니, 강성한 이웃나라와 화합하여 길게 생각하고 뒤돌아볼 때였다. 거란은 대대로 유(幽)·연(燕)·요(遼)·계(薊)의 땅을 점거하여 나라와 군사가 부강해서 장차 혼란한 중원을 석권할 계획을 가지고 있었다. 또한 사나운 기세를 떨치는 발해를 마치 마른 나무 꺾듯이 쉽게 차지하였다. 그러한 거란이 새로 건국한 고려를 어떻게 생각했겠는가? 오히려 거란이 먼저 사신을 보내왔다고 해도 고려에 대해 불측한 마음이 전혀 없었다고 할 수 있겠는가? 그렇기 때문에 거란의 사신을 예로 대우하고 정성으로 접대하여 동맹의 우호를 성실히 맺는 것이 나라를 보호하는 좋은 방책이 아니었겠는가?[10]

이 내용에 따르면, 태조 왕건은 후삼국 통합 이후 유민과 부상자들을 수습하는 등 내치에 더 힘을 쏟아야 했다. 그렇기 때문에 유·연·요·계의 지역 등 이른바 연운 16주를 차지하고 발해를 멸망시켜 강성해진 거란 과 먼저 화해를 도모하는 것이 나라를 보전하는 훌륭한 정책이었다는 것 이다.

왜 조선 전기의 역사가들은 이러한 평가를 내렸을까? 조선왕조는 건 국 이래 사대교린(事大交隣)을 대외관계의 기본 정책으로 삼았고, 그 뿌 리는 위화도 회군 당시 이성계(李成桂)를 비롯한 개혁파들이 제후국 고 려가 천자국 명나라를 공격해서는 안 된다며 내세운, 이른바 이소사대론 (以小事大論)에 두고 있었다. 이러한 관점에서 만부교 사건을 평가한 것 이다.

실패한 만부교 사건

조선 후기 역사가 이익(李瀷, 1681~1763)의 생각도 마찬가지였다. 그는 고려 태조와 인종의 대외정책을 비교하면서, 만부교 사건을 평가했다.

(만부교 사건) 이후로 두 나라 변방에서 다툼이 날로 심해져서, 그 화가 들판 에 불이 난 듯하여, 나라가 실낱같이 겨우 연명했다. 그 원인을 생각하면 모 두 태조가 강한 나라에 대처한 방법이 잘못되었기 때문이다. 금(金)나라가 건국되자 인종은 여러 신하의 반대 의견을 배격하고 금나라에 글을 올리며 스스로를 신(臣)이라 칭했다. 글 짓는 신하들이 금나라를 호(胡)나 적(狄)이 라 지칭하자 인종은 깜짝 놀라, "어찌 사대하면서 이같이 무례하게 칭하느

냐?"고 했다. 이로써 금나라와 대대로 화친을 맺어, 국경에서 충돌하는 일이 없어졌다. 이를 보면, 인종의 청책이 옳고 태조는 지혜롭지 못했다. 옛날 케왕이 대국이면서 소국을 섬긴 것도 또한 그 의미가 있었는데, 하물며 소국으로서 대국을 어떻게 섬겨야 하겠는가? 나라를 책임진 사람들은 마땅히 오랫동안 이를 거울로 삼아야 한다.[11]

이 글에서 이익은 거란과 단교를 한 태조 왕건의 정책이 잘못되었고, 이소사대 정책으로 금나라와 선린관계를 유지한 인종의 정책이 옳았다고 평가했다. 만부교 사건은 결국 거란과의 충돌을 피할 수 없게 만들었으므로, 태조가 거란과 화평관계를 유지하는 정책을 택했어야 했다는 것이다. 한편 이익은 만부교 사건을 북진정책의 일환으로도 해석했다.

건국 당시 고려는 겨우 압록강 이동지역을 차지했을 뿐, 나머지는 모두 거란의 차지가 되었다. 우리나라의 영토가 커음에는 발해로 인해 축소되었고, 거란이 다시 발해를 차지했다. 이때 고려는 남쪽지역(후백제와 신라)의 컨란도 끝나지 않아 옛 영토를 회복하려는 큰 뜻을 펼칠 틈이 없었다. (고려가) 후백제를 멸하고 그 명성이 더욱 드러나자 거란 사신들이 왔다. 그들은 고려를 두려워했기 때문이다. 태조가 거란 사신을 유배하고 낙타를 죽인 것은 발해를 위한 것이 아니다. 태조의 뜻은 장차 청의에 입각해 옛 영토를 회복하려는 것이니, 실로 말이 곧고 비장했다. 불행하게도 그것을 실현하지 못하고 졸했다. 하늘의 뜻이 그러하니 어찌할 것인가? 그렇지 않다면 발해의 흥망이 우리와 무슨 관계가 있다고 거란과의 관계를 끊어서 이렇게 되었겠는가?[12]

이익은 만부교 사건을 옛 고구려 영토를 회복하려 한 태조 왕건의 북
진정책의 하나로 보았다. 또 그는 거란이 고려의 북진정책을 두려워해
사신을 보낸 것이라 했는데, 태조가 고구려 옛 영토를 회복하려는 뜻을
가졌다고 한 충선왕의 생각을 발전시켜, 북진정책을 추진하려는 태조
와 그를 저지하려는 거란과의 충돌이 만부교 사건으로 나타난 것이라고
보았다. 이 점은 조선 전기의 역사가들과 다른 견해였다. 안정복(安鼎福,
1712~1791)은 이익의 견해를 수용해《동사강목(東史綱目)》(1760)에 반영했
다.[13] 이처럼 역사가에 따라 역사해석에는 커다란 편차가 존재한다. 역사
연구의 어려움과 새로움이 여기에 있다.

2 광종

개혁과 입현무방

역사를 어떻게 보느냐에 따라 역사 서술과 해석은 달라진다. 재위 26년간 광종(재위 949~975)의 통치를 상징하는 용어는 개혁이라 할 수 있다. 광종 개혁에 대한 현대 역사학계의 시선은 긍정적이다. 성종(재위 981~997) 때 고려 통치제도의 기초가 확립되지만, 그 이전의 광종 개혁이 없었다면 불가능했다. 광종은 귀화 외국인을 등용하는 등의 개방정책과 기득권층인 호족세력에 대한 과감한 숙청으로 고려왕조가 새롭게 도약하는 기틀을 다졌다. 고려는 호족의 도움을 받아 건국되었으나, 건국 후 호족의 존재는 도리어 고려왕조의 발전과 도약에 걸림돌이었다. 호족은 당시 독자의 경제력과 군사력을 갖고 자치와 분권을 지향했다. 광종 개혁의 방향은 호족의 권력 기반을 약화시켜 왕권을 강화하고 새로운 정치질서를 수립하는 일이었다. 그렇다면 광종 개혁의 성과는 무엇이 있을까? 그에 대해 광종 당대부터 현대에 이르기까지 호족 숙청, 과거제 실시, 불교계 재편, 귀화인 등용 등 다양한 논의가 있었다. 특히 입현무방(立賢無方, 친소와 귀천을 가리지 않는 인재 등용)을 광종 개혁의 키워드로 본 조선 후기 역사가 수산(修山) 이종휘(李鍾徽, 1731~1797)의 평가가 매우 독특하면서 새롭다. 그의 평가는 광종 개혁을 긍정적으로 바라보는 하나의 계기가 되었다. 이종휘의 시선에 주목하는 이유가 바로 여기에 있다.

〈광종 재위 연표〉

949년(광종즉위년)   광덕(光德)이라는 독자적 연호 사용

　　　　　　　　　주·현(州縣)에 공물 할당량 배정

951년(광종2)   후주(後周) 연호 광순(廣順) 사용

953년(광종4)   후주, 사신 파견해 광종 책봉

956년(광종7)   광종, 노비안검법(奴婢按檢法) 실시. 후주 사람 쌍기(雙冀) 발탁

958년(광종9)   광종, 쌍기의 건의에 따라 과거제 시행

959년(광종10)   쌍기 부친 쌍철(雙哲), 고려에 귀화

960년(광종11)   백관(百官) 공복(公服) 제정

　　　　　　　　개경을 황도(皇都), 서경을 서도(西都)라 칭함. 준풍(峻豊) 연호 사용

　　　　　　　　승려 체관(諦觀, 제관이라 부르기도 한다),《천태사교의(天台四敎儀)》지음

　　　　　　　　체관을 오월국(吳越国)에 파견

　　　　　　　　조광윤(趙匡胤), 송(宋) 건국

962년(광종13)   송에 사신 이흥우(李興祐) 파견

963년(광종14)   구호기관 제위보(濟危寶) 설치

　　　　　　　　송나라 연호 건덕(乾德) 사용

965년(광종16)   왕자 왕주(王伷, 경종), 태자 책봉

　　　　　　　　내의령(內議令) 서필(徐弼) 사망

970년(광종21)   송나라 천주(泉州) 출신 채인범(蔡仁範) 귀화

972년(광종23)   서희, 사신으로 송나라에 감

973년(광종24)   공전(公田)과 사전(私田)의 진전(陳田) 개간에 따른 수조율(收租率) 제정

광종에 대한 상반된 시선

오늘날 많은 연구자가 광종 개혁의 성공요인으로 호족세력을 과감하게 제거해 왕권을 안정시킨 광종의 정치적 리더십을 꼽는다. 대표적으로 다음과 같이 이기백의 평가가 있다.

> 고려 왕권의 안정은 광종의 개혁을 기다려서 비로소 새로운 전망이 서게 되었다. 그 첫 착수가 노비 안검(按檢)의 실시였다(광종 7년, 956). …… (호족) 세력의 증대를 억제하기 위해서는 노비의 수를 감소시킬 필요가 있었다. 이 목적을 위하여 본래 양인이던 자를 조사하여 방량(放良)케 한 것이 노비의 안검이었다. 그리고 이어 중국인 쌍기의 건의에 따라 과거제도를 실시하였다(광종 9년, 958). 이것은 개국공신 계열의 옛 무신 대신에 학문을 하는 새 문신을 관리로 등용하려는 것이었다. 새로운 인물들이 새로운 기준에 의하여 등용된 것이다. 그러므로 과거제도의 실시는 왕권의 강화를 위한 새로운 관료체계 설정의 기초 작업이었다.[1]

이기백은 광종의 개혁으로 고려왕조가 왕권을 강화하고 새로운 관료제도를 확립하는 길을 닦았다고 평가했다. 노비 안검과 과거제 실시로 호족의 정치·경제적 기반이 약화되어 실력을 갖춘 과거 출신의 관료집단이 지배층으로 진출했다. 이로 인해 호족 중심의 정치질서 대신 왕과

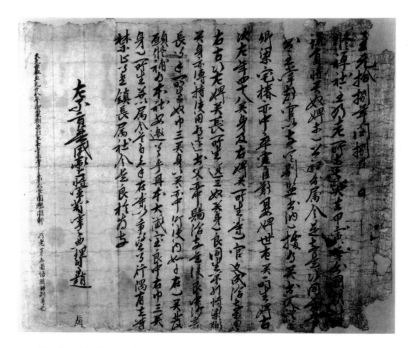

_____ **송광사 고려문서 노비첩** 1281년(충렬왕7)에 수선사(修禪寺, 송광사松廣寺의 옛 이름)의 원오국사(圓悟國師)가 생부(生父) 양택춘(楊宅椿)에게 받은 노비들과 그 소생을 수선사에 예속시키는 것을 나라에서 허가한 공식 문서다. 고려시대 노비는 매매·상속되었고, 사원이나 승려가 노비를 소유하기도 했다. 국립중앙박물관 소장

왕을 보좌하는 관료집단을 중심으로 한 새로운 정치질서가 수립되었다는 것이다. 광종의 강력한 리더십으로 개혁을 성공적으로 마무리할 수 있었다면서, 광종 개혁을 긍정적으로 평가했다. 현대 역사가 대부분도 같은 입장이다.

　그렇다면 광종 당대를 살았던 사람들은 광종 개혁을 어떻게 이해하고 평가했을까? 최승로는 982년(성종1) 성종에게 시무 28조의 상소문을 올렸다. 상소문의 앞부분에서 성종 이전 재위한 태조, 혜종, 정종, 광종, 경

종의 다섯 국왕의 치적을 논했는데, 광종에 대해서는 다음과 같이 평가했다.

(광종은) 불교 행사에 빠져 불교계를 지나치게 존숭했습니다. 정기적인 불공도 많은데, 특별히 발원한 것도 적지 않았습니다. 오로지 복과 장수를 구하기 위한 기도에 한정된 재원을 쏟아부으며 무한한 인연을 만들려 했습니다. 존귀한 군왕의 지위를 가벼이 여기고 작은 선행을 행하며 즐거워했습니다. 연회와 유희를 하는 데 지나치게 사치스러웠습니다. 눈앞에 사건이 일어나지 않으면 부처님의 힘이라 여겨, 행위를 뉘우치고 고치려 하지 않았습니다. 궁궐은 제도를 위반해 지었고, 옷과 음식도 지나치게 사치스러웠습니다. 때도 없이 토목공사를 했고, 기묘한 물건을 만드는 데 쉴 틈이 없었습니다. 대략 1년 경상비가 태조가 족히 10년 동안 사용한 경비와 같았습니다.[2]

말년에는 죄 없는 사람을 많이 죽였습니다. 생각건대, 광종이 항상 공손하고 검소해서 비용을 줄여 즉위 초와 같이 정치에 부지런했다면 오래 살았을 것이며, 어찌 50세(실제로는 51세)로 수명을 다했겠습니까? 그가 끝마무리를 잘하지 못해 진실로 애석합니다. 더욱이 광종 11년부터 광종이 서거할 때까지 16년 동안 간사하고 흉악한 무리들이 서로 경쟁하듯이 남을 비방하고 헐뜯는 일이 크게 일어났습니다. 군자는 몸 둘 곳이 없고 소인은 뜻을 얻게 되어, 심지어 자식이 부모를 배반하고 노비가 주인을 고소해 윗사람과 아랫사람, 임금과 신하가 하나가 되지 못했습니다. 오래되고 경험 많은 관료와 장수들은 차례로 죽임을 당했고 가까운 친인척들도 모두 죽었습니다.[3]

최승로는 이와 같이 광종에게 부정적이었다. 불교에 심취해 각종 불교 행사와 도에 넘치는 사치행위로 재정을 낭비했고, 호족을 대대적으로 숙청해 민심을 흔들고 이반시켰다는 것이다. 최승로는 광종과 동년배로서, 태조 때 관료가 되어 혜종, 정종, 광종, 경종을 거쳐 성종 때까지 활동했다. 광종 때에 최승로는 관료의 정점인 재상에 올라 기존 질서에 깊이 속해 있어 변화보다는 안정을 추구했고, 따라서 기존 질서를 변화시켜 왕권을 강화하려 개혁을 시도한 광종에 비판적일 수밖에 없었다.

고려, 기자 교화 밖의 변방 국가

광종 개혁에 대한 부정적인 평가는 어떠한 계기로 인해 긍정적인 평가로 바뀌게 되었을까? 조선 후기 역사가 이종휘에 주목할 필요가 있다. 이종휘는 우리나라 역사인 《동사(東史)》를 편찬한 역사가이다. 문집 《수산집(修山集)》에는 《동사》 외에도 여러 편의 사론을 남겼는데, 그중에 고려시대 사론도 있다. 그는 고려왕조에 대해서 부정적이었다.

> 은(殷)나라 기자(箕子)가 우리 동방에 혜택을 내려 900년 동안 문치(文治)가 행해졌다. 그 자손이 위만에게 쫓겨 남쪽 해변에 거처했고, 옛 땅에 머무른 주민은 위만조선의 주민이 되었지만, 기자의 풍속이 남아 있어서 한사군과 이부(二府) 때까지도 볼 만한 것이 있었다. …… 신라가 고구려와 백제를 통합하여 신라의 풍속을 동방에 펼쳤는데, 그 백성들은 거칠고 무식해 선왕(기자)의 정치, 예악(禮樂)과 문물의 아름다움을 알지 못했다. …… 신라를 계승한 고려에 이르러서는 기자조선의 예악은 거의 없게 되었다.[4]

신라에서 행해진 법규가 없었다면 고려 태조가 어찌 감히 나라를 창업할 수 있었겠는가? 일찍이 고구려의 역사를 살펴보건대 후비(后妃)에 관한 기록들은 있지만 동성(同姓)과 혼인한 사실은 찾을 수 없었다. 그 외 정치와 법령에 관한 일들에서도 그 문물과 예속(禮俗)이 거칠고 누추한 신라와는 거리가 멀었음을 미루어 알 수 있다. 이로써 기자의 유민은 고구려와 발해인이 되었으나, 신라는 기자조선의 바깥에 있는 나라로서, 기자의 유민과 교류를 하지 않았다. 따라서 (신라와 고려) 주민이 예의를 알지 못했다는 것은 옳은 말이다.[5]

이 글에서 이종휘는 신라와 고려가 '기자 교화의 범위 밖에 있는 나라(方外別國)'로서, 기자의 교화와 문물, 예악을 받지 못했다고 했다. 구체적인 예로서 신라와 고려는 동성과 혼인하고, 왕실에서 근친혼을 했을 정도로 문물과 예속에서 볼 만한 것이 없다고 했다. 그는 동성불혼(同姓不婚)이라는 유교 잣대로 신라와 고려의 혼인풍습인 근친혼을 비판했다. 반면에 위만조선, 한사군과 이부, 고구려, 발해 등은 단군조선과 기자조선 지역에 위치해서 기자의 문명 교화를 받은 지역이라 했다.

이같이 그는 신라와 고려를 옛 고조선 영역을 물려받은 고구려, 발해의 문명지역과는 별개의 문화권으로 간주했다. 그의 견해는 기자조선의 교화와 문명을 조선왕조가 계승했다는 조선시대 유교 역사가의 이념을 대변하고 있지만, 통일신라와 고려를 단군과 기자의 문명 교화를 받지 못한 별개의 문명권으로 인식한 점은 기존의 역사가와 크게 다르다.

그런 한편으로 이종휘는 고려가 기자조선의 문명 교화를 받지 못했지만, 뛰어난 인재를 배출한 사실만은 높이 평가했는데, 특히 광종이 능력 있고 어진 인재를 공정하게 등용한 사실을 높이 평가했다.

역사가들은 사리판단이 분명하며 문(文)을 숭상한 광종의 초기 정치는 볼 만한 것이 있었는데, 쌍기를 등용해 옛 신하들을 배척하면서 조정이 황폐하게 되었다고 비난했다. 그들은 쌍기를 등용한 광종의 잘못 때문이라 했다. 그러나 역사가들이 미처 알지 못한 것이 있다. 내가 보기에는 쌍기를 등용한 것이야말로 광종의 훌륭한 점이다.[6]

이종휘는 광종이 후주 사람 쌍기를 등용해 과거제를 실시하고 정치의 자문을 구한 것은 군주로서 잘한 점이라고 평가했다. 따라서 쌍기를 등용해 옛 신하들을 물러나게 해서 조정이 황폐해졌다는 역사가들의 비난은 잘못된 것이라고 했다. 실제로 광종은 쌍기를 비롯해 고려에 귀화한 많은 외국인을 관리로 등용해 개혁정치를 추진했다. 당시 재상 서필(徐弼, 901~965)은 광종의 등용책에 비판적인 태도를 보였다.

지금 귀화한 중국사람들에게 관직을 주어 관리가 되게 하고, 집을 주어 살게 해주고 있습니다. 대대로 벼슬을 한 사람들은 도리어 옛집을 빼앗겨 거처를 잃는 경우가 많습니다. 제가 자손을 위한 대책을 생각해보니, 재상들이 거주하는 집을 장차 소유하지 못할 것 같으니 제가 살아 있을 때 제집을 가져가십시오. 저는 남은 녹봉으로 작은 집을 지어 뒷날 후회하는 일이 없도록 하겠습니다.[7]

서필은 광종이 등용한 사람을 '귀화한 중국사람(投化漢人)'이라 했는데, 바로 쌍기를 위시해 고려에 귀화해 관료가 된 중국사람들을 말한다. 서필은 이들을 등용한 광종에게 강한 불만을 드러냈다.
최승로 역시 광종의 인재 등용을 다음과 같이 평가했다.

광종이 즉위한 후 8년은 정치가 공평하고 깨끗했으며, 포상과 형벌이 지나치지 않았다. 쌍기를 등용한 후 문사(文士)를 받들어 중용하는 등 예우가 지나쳤다. 이로 인해 재주가 없는 자(非才)들이 발탁되어 한 해가 지나지 않아 재상이 되기도 했다. 광종은 이들을 밤낮을 가리지 않고 만나는 것을 즐겨 했다. 이 때문에 국정에 태만해서 나라의 중요한 일들이 케대로 돌아가지 않고, 술과 음식이 가득한 잔치가 그치지 않았다. 이에 따라 **남북용인(南北庸人, 남북의 어중이떠중이)**이 다투어 귀화했으며, 그들의 재주를 따지지 않고 특별히 대우했다. **신참(後生)**이 다투어 등용되자 덕망 있는 오래된 인물은 점차 물러나게 되었다.[8]

최승로 또한 서필과 입장이 같았다. 그는 쌍기를 비롯해 광종이 등용한 인재들을 '비재(非才)', '남북용인'이라 불렀는데, 이 말에는 귀화 외국인들에 대한 비판적인 시선이 담겨 있다. 개혁 자체를 못마땅하게 여긴 최승로였기에 인재 등용 역시 불만스러웠다. 이종휘와는 아주 다른 입장이다.

당시 고위 관료인 서필과 최승로의 평가에는 정국을 변화시켜 왕권을 강화하려는 광종을 견제, 비판하면서 기득권을 지키려는 정치적인 입장이 담겨 있다. 솔직히 객관적인 평가와는 거리가 있다고 하겠다.

입현무방을 실현한 군주

이종휘는 광종의 인사정책을 높이 평가하면서, 공정한 인재 등용이 광종 개혁의 성공요인이라 했다. 당대의 정치적 이해관계와 무관하게 800여

或至於濫也梁武帝王太祖亦神武之君耳彼其初
豈知崇佛而致此哉凡捨先王之經而徇區區之仁
其本皆由乎私意未有私意爲國而不逆天理者此
梁與高麗之所以亂亡而不揉也然麗以綴旒之勢
五百年而猶在者其慈仁寬恕亦足有以感民之心
相與維持而不忍去其亦非秦隋之所可及者哉

麗光宗論

修山集卷六　史論　一七一

人君之善用人者於親疎皆擇是以親不必皆進而
亦未嘗失其所以爲親疎未必不用而亦未嘗聞於
親於是親疎惟其才進而國家賴而治平此古今人

君之所易知易能而每患其不然者何也蓋嘗論之
人君無學問以臨之則不能無過不及過於明者則
以爲親戚勳舊之人其志已滿其氣已得侵上之權
猶往在於下往往不爲我用不如引疎遠而進之夫疎
遠之人無黨於我者鮮矣然造次之間讒間
而投之以肝膽之際其心盡心於我者鮮矣然讒間
忌隙之嫌傾危及由之術亦或由是而起其昏庸之
君必反於是而謂左右近習之可信而權勳貴戚之
因而用事亦至於大亂而不可止此二者皆由乎人
君不能正其心而公聽並觀之道不行也昔麗之光

宗有聽斷之明文雅之實其規模施爲綽有可觀於
初政及雙冀進而舊人斥退朝廷以荒史亦以此譏
之謂光宗之病專在於雙冀之用嗚呼此史氏之所
不及也以吾觀之夫雙冀之進光宗之盛德也昔帝
堯之世亦常用疎遠矣大四岳放齊羲和共驩崇伯
此八九人者堯之親戚勳舊也然共驩崇伯堯一朝
去之而無難用側陋而下之舜一朝加之於親戚
勳舊之上而舉措已不以爲驟而天下不以爲異蓋公
聽並觀而審於不眩於親戚疎遠之名故爲之
事上也亦何嘗反是哉其所引進於朝者亦不必求

修山集卷六　史論　一七一

飯犧荍草之人如已之側陋而如高陽氏之才子八
元八凱之類援而列之朝此豈非堯之勳舊親戚
哉雙冀中國之人而疎遠甚於在下之虞舜之公墊
宗之權用又光於立賢無方之湯使冀如舜如
使親疎俱不失則光宗則哲之明又如何哉盖光宗
之質明過而多猜惟其明故能知左右之不可
使而惟其過也並與其朝廷之臣而疑之不可
寧引異國之人而舉國聽之而鄉曲鄙夷之人寅緣
而居其間且冀雖欲進善而疎遠羈旅之人又不敢
攪至之志此其勢遠至於乖激而不可止王賓爲之

이종휘《수산집》의 사론 여광종론(麗光宗論) 부분 《수산집》은 이종휘가 쓴 시가와 산문을 엮어 1803년 간행한 문집으로, 사론 여광종론 부분에서 쌍기를 등용한 사례를 들며 광종의 입현무방을 높이 평가했다(붉은 표시 부분). 국립중앙도서관 소장

년 전 인물 광종을 평가한 이종휘의 생각이 오히려 객관적이지 않을까? 그의 생각을 좀 더 자세하게 살펴보기로 하자.

군주가 인재를 잘 등용한다는 것은 친한 사람과 소원한 사람을 모두 등용하는 것이다. 친하다고 해서 반드시 모두 등용하지 않으면서도 그들과 예전의 친함을 잃지 않아야 한다. 소원한 사람을 등용하되 친한 사람과 차이를 두지 않아야 한다. 친하든 그렇지 않든 오직 그들의 재주를 기준으로 등용해야 국가가 편안하게 잘 다스려진다.[9]

광종을 평가한 글의 첫머리이다. 인재 등용에 성공한 군주는 친한 사람과 소원한 사람을 가리지 않고, 그 재능을 보고 등용한다고 했다. 광종의 인재 등용책이 그러했음을 암시하고 있다. 이종휘는 다음과 같이 외국인 쌍기를 등용한 광종을 높이 평가했다.

내가 생각하기에 쌍기를 등용한 것은 광종의 훌륭한 장점이다. 옛날 요(堯) 임금은 항상 소원한 인물을 등용했다. …… 쌍기는 중국인으로 요 임금 아래에 있는 순(舜) 임금보다도 광종에게 더 소원한 인물이었다. 그를 발탁한 광종은 "친소나 귀천을 가리지 않고 어진 사람을 등용한다"는 탕(湯) 임금보다 더 훌륭했다. 순 임금을 공정하게 천거한 것과 같이 쌍기를 등용한 것은 광종이 (재능 있는) 친한 사람과 소원한 사람을 모두 잃지 않으려는 것이니, 광종은 분별력이 밝은 현명한 군주였다.[10]

이종휘는 광종을 순에게 왕위를 물려준 요 임금에 비유했다. 요 임금은 아들 단주(丹朱)가 왕으로서 자질이 부족하다고 여겨, 신하들의 추천을 받아 초야의 순을 왕위에 오르게 했다. 가깝지 않은 순에게 왕위를 물려주었으나 반대가 없었다. 그런 한편으로 요 임금은 사악(四岳), 공(共), 환(驩), 숭백(崇伯) 등 훈구 친척을 등용했다가 공, 환, 숭백을 제거했는데 이 또한 어려움(반대)이 없었다. 이종휘는 그 이유를 요 임금이 매사에 남의 말을 공정하게 듣고 두루 살피며 행동거지가 주도면밀해 친척이나 먼 사람 모두에게 휘둘리지 않았기 때문이라 했다.[11] 나아가 이종휘는 광종의 인재 등용책을 친소와 귀천을 가리지 않고 어진 사람을 등용한 탕 임금에 비유했다. 탕 임금은 친소와 귀천의 어느 한쪽에 치우치지 않고 중용의 도를 지키면서 어진 사람을 등용해 은나라를 건국했다.

역사해석의 다양성

광종의 입현무방 인재 등용을 처음으로 지적한 역사가는 이제현이다. 그는 광종의 쌍기 등용이 입현무방에 입각해 있었지만, 쌍기는 광종이 모함에 휘둘려 형벌을 남용하는 것을 막지 못했다고 비판했다. 또한 쌍기가 건의해 실시한 과거제도가 겉치레의 문장만을 숭상하는 폐단을 낳았다고 비판했다.[12] 이제현은 광종의 인사정책인 입현무방이 현실에서 그 취지가 많이 상실되었다면서 긍정적으로 평가하지 않았다. 이종휘와는 다른 입장이었다.

가까이에서 보아야 잘 보이는 경우가 있고 멀리서 보아야 잘 보이는 경우가 있다. 역사 평가가 그러하다. 가까이서 목격하고 기록한 사실은 당대의 시대성을 담고 있지만, 평가와 해석은 한발 물러선 뒤에서 볼 때 더 객관적일 수 있다. 광종 사후 800여 년 뒤의 역사가 이종휘의 안목에서 역사해석은 시효성과 관계없이 살아 움직이는 생명체임을 깨닫게 된다. 서필과 최승로가 광종이 등용한 귀화 외국인을 '남북의 어중이떠중이', '신참', '귀화한 중국사람'으로 비하하면서 광종의 등용책을 비판했다. 그러나 이종휘는 친소와 귀천을 가리지 않는 공정한 인재 등용책이 광종 개혁이 성공한 원동력이라고 긍정적으로 평가했다. 이종휘의 광종 평가는 광종 치세로부터 800여 년이 지난 뒤의 평가이지만, 역사해석의 다양성을 보여주는 좋은 예가 된다.

3 인종

실리 외교와 사대 외교

신채호(申采浩, 1880~1936)는 10세기 초 고려왕조 수립부터 20세기 초까지 1,000년 역사에서 가장 큰 사건으로 1135년(인종13)에 일어난 묘청(妙淸, ?~1135)의 난을 꼽았다. 그에 따르면, "(묘청의 난은) 낭불(郞佛) 양가(兩家) 대 유가(儒家)의 싸움이며, 국풍파(國風派) 대 한학파(漢學派)의 싸움이며, 독립당 대 사대당의 싸움이며, 진취사상 대 보수사상의 싸움이다. 묘청은 곧 전자의 대표요, 김부식(金富軾, 1075~1151)은 곧 후자의 대표이다. 이 싸움에서 묘청이 패하고 김부식이 이겨 조선사가 사대적, 보수적, 속박적 사상인 유교사상에 정복되고 말았다. 만일 이와 반대로 김부식이 패하고 묘청이 이겼더라면 조선사가 독립적, 진취적 방면으로 진전하였을 것이다. 이 싸움을 어찌 일천 년래 제일 대사건이라 하지 아니하랴"라고 하며 이 사건의 의미를 평가했다.[1]

이때 왕이었던 인종은 묘청과 손을 잡고 정치 무대를 서경으로 옮겨 새로운 정치를 모색하려 했기에 묘청의 난을 유발한 당사자의 한 사람이라 할 수 있다. 그러나 난이 일어나자 김부식 등 개경 세력과 손을 잡고 난을 진압했다. 인종은 그보다 10년 전 이자겸(李資謙)의 난 때도 애매한 행보를 보인 바 있었다. 1126년(인종4) 인종은 장인이자 외조부인 외척 이자겸을 제거하려다 도리어 반격을 받아 3개월 동안 왕 노릇을 거의 포기하고 이자겸의 천하를 허용한 실책을 저질렀다. 내전에 가까운 두 차례의 정변으로 인종은 나라를 다스리는 데 실패한 군주이자, 고려왕조 쇠망의 길을 열게 한 군주라는 혹평을 받았다. 그러나 인종에 대해 긍정적인 평가도 있었다. 어떤 점에서 그러했을까?

〈고려-여진·금 관계 연표〉

1104년(숙종9) 3월	윤관(尹瓘), 1차 여진 정벌
12월	별무반(別武班) 설치
1107년(예종2) 12월	윤관, 2차 여진 정벌. 6성 축성
1108년(예종3) 3월	윤관, 9성 축성 완료
1109년(예종4) 7월	9성을 여진에 반환
1114년(예종9) 10월	거란, 고려에 여진 협공 제의
1115년(예종10) 1월	여진족, 금나라 건국. 거란, 고려에 여진 정벌을 위한 군사 요청(8월, 11월)
1116년(예종11) 3월	금, 거란 보주성 공격
8월	금, 보주성 점령. 고려, 금에 보주가 고려 영토임을 알림
1117년(예종12) 3월	고려, 보주성 확보, 이름을 의주(義州)로 고침. 금, 고려에 형제맹약 요구
1124년(인종2)	금, 서하(西夏) 복속
1125년(인종3)	금, 거란 멸함
1126년(인종4) 2월	이자겸의 난 일어남(5월 진압)
4월	고려, 금에 사신을 보내 신하를 자처함
1127년(인종5) 9월	금, 송의 황제 휘종과 흠종을 사로잡았음을 고려에 통보
1128년(인종6) 6월	송, 두 황제 구출을 위해 고려에 길을 빌려달라 요청. 고려 거부함
1135년(인종13) 1월	묘청, 서경에서 반란을 일으켜 대위국(大爲國) 선포
1136년(인종14) 2월	김부식, 묘청의 난 진압
1145년(인종23) 12월	김부식, 《삼국사기(三國史記)》 편찬

고려 인종과 숭의전

조선 태조 이성계는 1392년(태조1) 고려 왕 8명과 신하 16명을 제사하
는 숭의전(崇義殿, 경기도 연천군)을 세웠다. 이후 1452년(문종2) 고려 왕실
의 후손 왕순례(王循禮)를 찾아내 숭의전 제사를 맡기는 등 조선왕조는
숭의전에 관심을 기울였다. 처음 세워질 당시에는 태조, 혜종, 성종, 현
종, 문종, 원종, 충렬왕, 공민왕 등 8명의 왕을 모셨는데, 세종 7년(1425)
태조, 현종, 문종, 원종 등 4명만 모시는 것으로 제사 대상을 축소했다.
조선왕조의 종묘에 5명의 왕만 제사하고 있어, 고려 왕 8명을 제사하는
것은 예법에 맞지 않다는 이유에서 였다.[2] 이에 대해 조선 후기 역사가
이익은 다음과 같이 평가했다.

> (제사에서 제외된) 혜종 이하(성종, 충렬왕, 공민왕)로는 그들이 특별한 정치와 홀
> 륭한 공적으로 후세에 드러낼 만한 것을 보지 못했다. 그러나 인종은 오로
> 지 사대에 마음을 다해서 백성들이 편안함을 보전할 수 있었다. 그러니 인
> 종을 (숭의전에) 모셔 제사해야 했다.[3]

이익은 혜종 등 왕 4명이 제사에서 빠진 것은 큰 잘못이 없지만, 인종
은 사대정책으로 백성들의 삶을 안정시킨 치적이 있어 숭의전에 모셔
야 했다고 주장했다. 이익의 주장은 주목할 만한데, 여기에서 그가 가

진 고려사관의 특성을 읽을 수 있기 때문이다. 이익의 생각을 더 살펴
보자.

> 고려 때 간사한 권세가들이 서로 자웅을 겨뤄 왕을 폐위하고 세우는 일을
> 마음대로 했다. 그러나 나라가 32명의 왕(우왕과 창왕 제외)에게 전해져 475
> 년이나 유지되었다. 이같이 (오랫동안) 나라를 잃지 않은 것은 무슨 까닭인
> 가? 이것은 모두 사대정책의 힘 때문이다. 인종 때 금나라를 오로지 섬기면
> 서 변경이 안정되었다.[4]

이익은 사대교린 정책이 고려가 475년 유지된 원동력이라 했다. 이익
은 금나라와 사대관계를 맺어 화친을 유지한 인종의 정책을 긍정적으로
평가했다. 그는 고려 역대 국왕 가운데 인종을 최고의 왕으로 높이 평가
했다. 두 차례의 내란으로 왕권을 크게 실추시켰다는 현대의 평가와는
크게 다르다. 그의 견해를 더 살펴보기로 하자.

> 금나라가 건국되자 인종은 여러 신하의 반대 의견을 배격하고 금나라에 글
> 을 올리며 스스로를 신(臣)이라 칭했다. 글 짓는 신하들이 금나라를 호(胡)나
> 라(虜)라 지칭하자 인종은 깜짝 놀라, "어찌 사대하면서 이같이 무례하게
> 칭하느냐?"고 했다. 이로써 금나라와 대대로 화친을 맺어, 국경에서 충돌하
> 는 일이 없어졌다. 이를 보면, 인종의 정책이 옳고 태조는 지혜롭지 못했다.
> 옛날 제왕이 대국이면서 소국을 섬긴 것도 또한 그 의미가 있었는데, 하물
> 며 소국으로서 대국을 어떻게 섬겨야 하겠는가? 나라를 책임진 사람들은 마
> 땅히 오랫동안 이를 거울로 삼아야 한다.[5]

그러나 이와 같은 이익의 생각은 그가 처음이 아니었다. 고려 당대의 김부식도 같은 생각이었다.[6] 어찌 보면 김부식의 생각을 이익이 다시 강조한 것이라 할 수 있다.

화친책, 왕조 존속의 원동력

그러나 이익은 단순히 김부식의 생각을 답습하지 않았다. 그는 국가를 유지하기 위해 대외정책에서 가장 중요한 것이 화친책이라 했다. 다음의 글에서 그의 생각을 확인할 수 있다.

> 죽은 석성(石星)과 심유경(沈惟敬) 두 사람이 어찌 저승에서 할 말이 없겠습니까? 이웃나라와의 관계에서 취할 수 있는 방도는 전쟁(戰爭), 수성(守城), 화의(和議) 세 가지뿐입니다. 전쟁은 감당할 수가 없고 수성도 능력이 안 되는데 그저 척화(斥和)의 주장만 비등하였습니다. 당시 여러 사람이 이러한 이치를 모르지 않았으나 감히 입에 담을 수가 없었습니다. 마침 이와 관련한 일로 인해 참람한 말이 여기까지 이르렀으니 스스로 저의 잘못을 알고 있습니다. 많은 말을 글로 다할 수는 없으니, 부디 형께서는 저의 글을 간직만 하시고 절대 주위에서 알게 하지 마십시오.[7]

이 글에서 석성은 임진왜란 때 명나라 병부상서(兵部尚書)로서 명나라가 조선에 군대를 파견하는 데 결정적인 역할을 한 인물이다. 심유경은 조선에 파견된 명나라 장수로서, 일본의 고니시 유키나가(小西行長)와 교섭하면서 일본의 공격을 지연시킨 공을 세웠다.[8]

이익은 이웃나라에 대한 정책은 전쟁과 수성(나라의 문을 걸어 잠그는 쇄국정책)보다 화의가 더 중요하다고 여겼다. 그는 임진왜란에서 조선이 위기로부터 벗어날 수 있었던 요인의 하나로 명나라 장수 심유경의 화친책을 꼽았다. 이익은 임진왜란에서 일본과의 전면전보다 화친책이 때로는 더 유용했다고 생각했다.

이익은 사대교린의 화친정책이 국가 안보에 이롭다는 견지에서 고려의 인종을 훌륭한 군주로 평가한 것이다. 인종이 금나라와 사대관계를 맺기로 판단한 데는 금나라 건국 이후 7년 동안 두 나라 관계 양상의 변화가 작용했다. 인종이 즉위하기 10여 년 전 1115년(예종10) 1월에 여진족이 금나라를 세웠다. 금나라는 건국 후 먼저 거란을 공격했고, 거란은 여러 차례 고려에 군사적인 도움을 요청했다. 고려는 거란의 요청에 응하지 않고 금나라의 동정을 엿보면서 만약의 침입에 대비하고 있었다. 1116년(예종11) 8월 금나라는 거란이 점령한 압록강 동쪽의 포주(抱州, 보주保州)를 공격했다. 고려는 이때 금나라에 사신을 보내 포주성이 원래 고려 영토임을 알리고 반환을 요청했다. 금나라는 고려가 직접 공격해 차지하라고 했다. 1117년(예종12) 3월 고려는 거란이 점령한 보주를 탈환한 후 이름을 의주로 고쳐 고려 영토로 편입했다. 이로써 고려와 거란 사이의 약 100년 영토분쟁이 끝을 맺었다.

그러나 금나라 황제 아골타(阿骨打)는 곧바로 1117년 3월 사신을 고려에 보내 다음 기록과 같이 형제관계를 맺기를 요구했다.

형인 대여진 금나라 황제는 아우 고려 국왕에게 글을 보낸다. 우리 조상 때부터 한쪽 지방에 끼어 있으면서, 거란을 대국이라 하고 고려를 부모의 나라라 하여 조심스럽게 섬겨왔는데, 거란이 무도하게 우리 강토를 짓밟고

_____ **의주성 남문** 고려 영토였던 의주(보주)는 1014년부터 103년간 거란에 점령되었다. 고려는 거란과 분쟁을 거듭한 끝에 1117년 이 지역을 되찾았다. 현재 의주성 남문은 북한의 국보로 지정되어 있다. 국립문화재연구소 소장

우리 백성을 노예로 삼으며, 여러 번 명분 없는 군사를 출동하기 때문에 우리가 부득이 항거하였다. 하늘의 도움을 받아 거란을 섬멸하게 되었으니 (고려) 왕은 우리에게 화친을 허락하고 형제의 의를 맺어 대대로 무궁히 좋은 사이가 되어주기를 바라면서 좋은 말 한 필을 보낸다.[9]

100년 이상 고려의 변방에 거주하면서 조공을 바치던 여진족이 금나라를 건국하고 형으로 자처하며 고려에 보낸 이 한 통의 조서는 고려 조정을 들끓게 했다. 관료 대부분은 금나라의 요구를 거부했다.

예종은 신흥국 금나라 대신에 송나라와 관계를 발전시키기로 결정했

다. 송나라에 유학생을 보내 선진문물을 익히게 하고, 학교제도를 정비하고 유학을 장려했다. 송나라는 고려 사신을 거란 사신과 동일한 지위인 국신사(國信使)로 높이고 새로 제정한 궁중음악인 대성악(大晟樂)을 보내는 등 고려와 관계를 강화하려 했다. 두 나라는 이렇게 관계를 발전시켜 신흥국 금나라를 견제하려 했다. 1119년(예종14) 8월 고려가 금나라에 사신을 보냈는데, 고려가 보낸 국서에서 금나라의 뿌리가 고려라는 내용이 문제가 되어 국서를 거부당했다. 이해 11월 고려가 천리장성의 높이를 3척 올리며 증축하는 공사를 하자, 금나라가 군사를 출동시켜 공사를 방해하기도 했다. 예종 때는 이같이 약 7년간 금나라와 친선관계 맺는 것을 거부했다.

인종의 선택, '칭신'

인종은 즉위하고 나서 부왕 예종과 달리 1125년(인종3) 1월 금나라에 사신을 보내 관계를 개선하려 했다. 그러나 금나라는 고려의 국서가 제후가 보낸 형식의 표문(表文)이 아니고 신하라고 칭하지 않았다는 이유로 국서를 거부했다. 1126년(인종4) 3월 인종은 마침내 금나라와 사대관계를 수립하는 결단을 내렸다.

> 백관을 소집하여 대금(大金)에 대해 신하로서 섬기는 문제에 대한 가부를 물으니, 모두 옳지 않다고 하였다. 그러나 이자겸과 척준경(拓俊京)은 "금나라가 옛날에는 작은 나라로 거란과 우리나라를 섬겼으나, 지금은 갑자기 일어나 거란과 송을 멸하였고, 정치를 잘하고 군사가 강하여 날로 강대해지고

있으며, 또 우리나라와 국경이 연첩해 있으니 형세상 섬기지 않을 수 없으며, 또한 작은 나라가 큰 나라를 섬기는 것은 옛날 어진 왕의 도리이니 마땅히 사신을 먼저 보내야 합니다"라고 말했다. 왕이 그대로 좇았다.[10]

연구자에 따라서는 당시 권신 이자겸과 척준경의 위세에 눌려 인종이 어쩔 수 없이 금나라와 사대관계를 맺었다고 주장하기도 한다.

인종은 1126년(인종4) 4월 금나라의 요구를 받아들여 스스로 신하라 자처하는 '칭신(稱臣)'의 사대관계를 맺는다. 이때 금나라에 보낸 글에서 인종의 생각을 읽을 수 있다.

(인종은) 금나라에 정응문(鄭應文)과 이후(李侯)를 파견해 신하라고 칭신한 글을 올렸다. "황제께서 천하를 통일해 천하를 진동하고 빛나게 했습니다. 다른 나라들이 1만 리나 되는 먼 곳에서 배를 타고 조회하러 왔습니다. 더욱이 국경을 접한 이웃나라인 고려는 진심으로 정성을 천하는 데 특별히 노력하고 있습니다. 엎드려 생각해보니 황제는 하늘이 내린 밝은 지혜로 나날이 덕업을 새롭게 하시어 한 번 명령을 내릴 때마다 모든 사람이 기뻐하며 따르지 않는 자가 없었습니다. 황제의 권위가 더해지자 이웃의 적국들이 감히 거역하지 못합니다. 진실로 제왕의 위대한 능력이시며, 천지신명께서 은밀히 도운 것입니다. 엎드려 생각해보니 신은 척박하고 작은 나라에 미약한 몸과 변변치 못한 덕을 가졌지만, 비상한 공덕을 듣고 공경의 마음을 기울인 지 오래되었습니다. 넉넉하지 못한 예물이지만 충성과 신의를 표하려 합니다. 변변치 못한 진상품이어서 부끄럽지만, 넓은 도량으로 받아주시기를 기대합니다"라고 했다.[11]

금나라에 칭신하며 사신을 보내 올린 이 글에서 인종이 사대교린을 소국으로서 국가 안보와 운영에 요긴한 방책으로 여기고 있었음을 엿볼 수 있다.

국제질서의 원리, 사대주의

당시 인종의 사대정책에 대해 반대 의견도 많았지만, 이미 예종 때 김부철(金富轍)은 작은 나라가 큰 나라를 섬기는 사대정책의 필요성을 다음과 같이 주장했다.

> 김부철이 상소하기를, "금나라가 거란을 격파하고 사신을 고려에 보내 형제의 나라가 되어 대대로 화친하기를 청했는데, 조정에서 허락하지 않았습니다. 가만히 생각해보면, 한나라가 흉노에게, 당나라가 돌궐에게, 신하라 칭하고, 또는 공주를 시집보내 화친할 수 있는 모든 일을 다했습니다. 지금 송나라도 거란과 서로 백숙(伯叔) 또는 형제 사이가 되어 대대로 화친하고 있습니다. 천자의 지존으로 천하에 대적할 자가 없는 처지에도 오랑캐 나라에 굽혀서 섬기니, 이것이 성인이 권도(權道)로써 도를 이루고 국가를 보전하는 훌륭한 방책입니다"라고 했다.[12]

김부철의 생각에 동조하는 관료들도 적지 않았을 것이다. 이러한 의견들이 인종의 결단에 반영되었을 것이다.

그런데 고려가 사대정책으로 전환한 보다 근본적인 이유에는 100년간 영토분쟁 끝에 획득한 보주를 고려 영토로 확정하려는 목적이 있었다.

금나라의 묵인 아래 획득한 보주를 계속 유지하려면 금나라와 마찰을 일으키는 것은 바람직하지 않았던 것이다. 보주를 고려의 영토로 확정하기 위해 실리적인 사대 외교를 택한 것이다.

강대국 앞에서 무릎을 꿇고 굽신거리는 사대주의는 굴종과 노예의 일방적 사대주의에 불과하다. 그러나 고대 이래 동아시아에서 통용된 사대주의는 상호적이며 선린적, 우호적인 국제질서의 원리였다. "작은 나라가 큰 나라를 섬기는 것이 믿음이며, 큰 나라가 작은 나라를 보호하는 것이 어짊이다"라는 말과 같이,[13] 작은 나라가 큰 나라를 섬기는 것(小事大)과 함께 큰 나라가 작은 나라를 잘 보듬는 것(大字小)이 당시 동아시아의 국제질서였다. 동아시아 국제질서에서 큰 나라와 작은 나라의 관계는 지배와 종속이 아니라 신의와 인에 기초해 서로를 보완해 이익을 주고받는 호혜적인 상호보완의 관계였다. 유교적인 예의 질서가 국가관계로 확대된 것이 바로 국제질서로서의 사대관계였다. 물론 지배와 종속을 강요한 사대관계가 없지 않았지만 사대관계는 근본적으로 상호보완의 호혜적인 관계였다. 이익은 사대관계를 이와 같이 인식하고 고려 인종의 대외정책을 높이 평가했던 것이다. 당대 인종을 보좌한 김부식도 이런 연유로 형제맹약을 결정한 인종의 정책을 긍정적으로 평가한 것이다.

한편 이익은 인종의 대외정책을 태조와 비교했다.

고려 태조는 거란을 배척해 관계를 끊어버렸다. 정종은 별도로 광군사(光軍司)를 설치해 거란의 침입을 방비했다. 그러나 이로 인해 여러 대에 걸쳐 거란에게 심하게 시달렸다. 성종 때 거란에게 자세를 낮추어 순리대로 대하여 나라가 편안해졌다. 금나라가 갑자기 흥하자 인종은 모든 의론을 배격하고 금 황제에게 표문을 올려 신(臣)이라 칭했다. 마침내 대대로 친선 교린의 맹

세를 맺어 변경의 근심이 없어졌다. 역사서는 인종의 이 정책을 옳게 여겼다. 이는 어찌 《춘추(春秋)》의 회융(會戎)의 뜻이 아니겠는가?[14]

이익은 태조의 대거란 강경책이 결국 거란의 고려 침입을 초래했다고 비판했다. 그런 한편으로 성종이 거란과 화약을 맺으면서 비로소 나라가 안정을 얻게 되었으며, 인종 역시 금나라와 그러했다고 긍정적으로 평가했다.

대외관계에서 유화책과 강경책은 어느 하나를 선택해야 하는 양자택일의 문제가 아니다. 민족주의가 범람한 지난 20세기 한반도의 역사교실은 민족자존을 내세워 외세에 대한 저항과 항쟁의 역사를 강조했다. 인종이 금나라에 격을 낮추며 칭신한 것은 민족의 자존심을 팽개친 굴욕적인 사대의 상징이며, 문벌귀족 정권을 유지하기 위한 잘못된 정책이라 가르쳤다. 인종의 사대교린 화친책은 문벌귀족을 넘어 왕조와 나라의 안녕을 도모한 실리 외교의 전형적인 모습으로 새롭게 평가할 수 있다. 사대 외교와 실리 외교 역시 택일의 문제가 아니라 국익의 측면에서 동전의 앞뒷면과 같이 상호보완의 관계로 보아야 할 것이다.

2부

무신정권기
인물론

1 의종

의종을 위한 변명

1186년(명종16) 12월 어떤 사람이 《의종실록》 편찬책임자 문극겸(文克謙, 1122~1189)을 무신정권 권력기구인 중방(重房)에 고발했다. 문극겸이 실록을 편찬하면서 무신이 의종을 시해한 것을 사실대로 적고 국왕 시해를 천하의 대악(大惡)이라고 기록했다는 것이다. 이에 무신정권은 실록 편찬책임자를 무신 최세보(崔世輔, ?~1193)로 교체했다. 이 때문에 《의종실록》이 부실해졌다고 한다.[1]

《고려사(高麗史)》(1451)와 《고려사절요(高麗史節要)》(1452)를 보면, 의종은 연회·오락 및 불교·도교 행사에 빠져 정사에 무관심한 군주, 환관과 간신 등에 의지한 측근 정치로 무신정변을 초래한 군주라는 식으로 부정적으로 서술되어 있다. 실록 편찬책임자가 무신으로 교체되면서 무신들에게 불리한 사실은 감추고 정변의 책임을 의종에게 돌리는 식으로 《의종실록》을 편찬했음이 분명하다. 그런 점에서 의종은 또 다른 피해자라 할 수 있다. 《고려사절요》를 편찬한 조선 초기 역사가는 사론으로, "의종을 시해한 자들이 자신들의 악행을 감추려고 스스로 편찬자가 되어 흔적을 감추려 했다. 그러나 하늘에 가득 찬 죄악을 덮으려 할수록 더 드러난다는 사실을 그들은 모르고 있다"라고 비판을 남겼다.[2] 의종은 고려와 조선 역사가들로부터 혹평을 받아왔다. 현대의 평가 또한 그 영향에서 벗어나지 못하고 있다. 의종에 대한 재평가는 불가능한 것일까?

〈의종 재위 연표〉

1151년(의종5) 2월	김부식 사망
3월	의종 즉위에 공을 세운 정습명(鄭襲明) 사망
1154년(의종8) 9월	의종, 서경에 중흥사(重興寺) 창건
1157년(의종11) 2월	왕의 아우 대령후(大寧侯) 왕경(王暻)을 천안부에 유배
11월	의종, 환관 정함(鄭誠)의 임명에 반대한 신하들을 추방
	이해 의종은 민가 50채 헐고 태평정(太平亭) 건립. 그 외 관란정(觀瀾亭)·양
	이정(養怡亭)·양화정(養和亭)·환희정(歡喜亭) 건립
1158년(의종12) 6~7월	의종, 정함 임명에 반대하는 신하들을 추방
9월	의종, 백주(白州, 황해도 연백)에 중흥궐(重興闕) 창건
1162년(의종16)	이천(伊川), 동주(東州), 선주(宣州)에서 민(民)이 봉기함
1163년(의종17) 8월	문극겸(文克謙), 궁인 무비(無比)와 술사 영의(榮儀) 탄핵 상소 올림
1168년(의종22) 3월	의종, 서경에서 교서 신령(新令) 반포
1170년(의종24) 8월	무신정변 발생. 의종, 거제도 유폐. 명종 즉위
1173년(명종3) 10월	의종 시해

사리에 밝지 못한 어리석은 군주

무신정변이 일어난 해인 1170년(의종24) 정월 초하루, 의종은 신하들로부터 신년 하례를 받았다. 정월 초하루에는 신하들이 관례대로 국왕에게 새해 축하의 글을 올리는데, 이날은 신하들이 지어야 할 글을 의종이 직접 지었다. 내용은 다음과 같다.

> 새해가 되어 만물이 새롭습니다. 궁궐에 봄이 와서 임금님 얼굴에 경사가 가득합니다. 근원의 이치를 체득해 은혜를 베푸시고, 모든 복을 모아서 크게 화답하십니다. 이는 대인이 도를 기르는 시작이자 양기가 싹트는 시초입니다. 폐하는 요 임금의 성스러운 밝음과 순 임금의 총명함을 지니셨습니다. 모든 복이 모여서 나날이 새로움이 그치지 않고, 달마다 달마다 오래도록 건강하십시오. …… 하늘의 신령이 항상 도와주시고 매번 복과 경사가 냇물처럼 불어나고, 세상에서 나올 수 없는 새로운 상서로움이 열리어 천하를 통일하게 될 것입니다. 신들은 폐하께 아름다움을 돌려 역사책에 기록했으니, 백성이 생겨난 이래 지금 같은 날은 없을 것입니다.[3]

의종은 자신의 덕과 총명함이 요순 임금과 같으며, 유사 이래 지금과 같이 평화로운 때가 없었다고 자신의 통치를 칭송했다. 이해는 무신정변이 일어난 해로, 7개월 뒤에 닥칠 정변으로 폐위되는 비극의 조짐을 전

혀 눈치채지 못한 채 의종은 이처럼 자화자찬에 빠져 있었다. 조선 역사
가들은 이러한 의종에게 비난의 화살을 퍼부었다. 다음의《동국통감》사
론이 대표적이다.

> 옛날 밝고 의로운 국왕은 비록 세상에서 특출한 식견이 있거나 남보다 월등
> 하게 뛰어난 지혜가 있더라도 성군(聖君)으로 자처하지 않았다. 후세에 사리
> 에 밝지 못한 어리석은 군주일수록 한 가지의 작은 재주나 장점만 있으면
> 현군(賢君)이나 성군으로 자처하고 자랑하는 것을 즐겨했다. 시문을 짓는 재
> 주가 있던 의종이 스스로 자신의 덕을 칭찬해 요·순과 우왕(禹王)·탕왕(湯王)·
> 문왕(文王)·무왕(武王)에 비유하고 부끄러워하지 않은 것은 무슨 마음인가?
> 세상에 국왕으로서 그 문장이 화려하면서 경박하고 사치한 자를 말할 때 반
> 드시 진(陳)나라 후주(後主, 진숙보陳叔寶)와 수(隋)나라 양케(煬帝, 양광楊廣)를
> 첫째로 꼽는다. 그러나 두 군주도 신하들과 시 짓는 재능을 뽐내는 데 불과
> 했을 뿐이다. 두 군주는 스스로 표문을 지어 덕을 자찬하는 뻔뻔한 짓은 하
> 지 않았다. 의종의 실수는 이보다 더 심했다. 의종은 진숙보와 수 양케보다
> 심했으니, 두 군주가 당한 화란과 낭패를 면할 수 없었던 것이다.[4]

이와 같이 조선 전기 역사가들은 의종을 '사리에 밝지 못한 어리석은
군주'로 평가했다. 또한 화려하고 경박한 시문에 빠진 의종을 중국 진나
라 진숙보와 수나라 양제에 비유했다. 진숙보는 정치를 등한시하고 사치
와 방종에 빠졌으며 간신들의 모함에 휘둘려 나라를 피폐하게 만들었다.
그는 뒤에 수나라 군주가 되는 양광(수 양제)의 침입을 받고 사로잡히며
나라를 멸망시킨 군주였다. 수 양제는 대운하 건설과 만리장성 개축, 고
구려 원정을 주도해 민생을 피폐화하고 국력을 낭비했다. 만년에 사치스

런 생활로 백성들의 원망을 샀으며, 군웅들의 봉기를 유발해 나라를 망국으로 이끌었다. 수 양제는 뒷날 남쪽 강도(江都)지역에서 신하 우문화급(宇文化及)에게 살해되었다. 두 군주 모두 오만, 사치, 방종으로 나라를 잃어버린 망국의 군주였다.

《고려사》(1451)보다 약 30년 뒤에 편찬된 《동국통감》은 더 혹독하게 의종을 평가했다. 이러한 평가는 조선 후기에도 계속되었다.

아첨하는 신하를 뿌리치지 못하다

이익은 《동국통감》의 사론을 이어받아, 의종을 다음과 같이 평가했다.

> 의종은 문장이 매우 아름답고 화려해서 수 양케에 가까웠다. 의종은 연복청(延福亭)에서 술에 취해 연회와 오락을 하다 화가 눈앞에 닥친 것을 몰랐으니, 이는 수 양케가 강도에서 죽임을 당한 일과 비슷하다. 수 양케가 비록 나라를 망친 임금이나 어찌 의종과 같은 잘못을 커질렀겠는가? 이는 진실로 아첨하는 신하들이 의종을 이렇게 이끌었기 때문이다. 그들은 의종을 높이고 칭찬해서 요순과 같이 거룩하고 신령하다고 했다. 의종은 이러한 말에 빠져 잘못을 자각하지 못했다. 끝내는 신하들이 지어야 할 축하의 글을 자신이 짓고도 부끄럽게 여기지 않았다. 의종이 경주의 북연(北淵)에서 맞이한 죽음을 후회하려 한들 가능하겠는가?[5]

이익이 의종을 수 양제와 비교한 것은 《동국통감》 사론을 따른 것이다. 나아가 그는 의종의 실패는 아첨하는 신하를 등용했기 때문이라 했

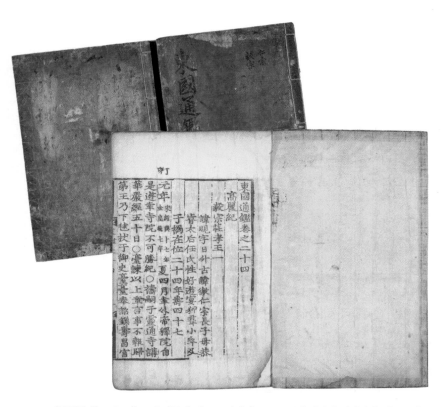

_____《동국통감》 1485년 조선 성종의 명으로 서거정(徐居正) 등이 편찬한 역사서다. 단군조선
부터 고려 말까지 시간순으로 역사를 엮은 편년체 통사로, 외기(外記), 삼국기, 신라기, 고려기 순
으로 되어 있다. 유교사관에 입각해 쓰인 만큼 반유교적 통치 이념을 내세운 의종을 혹독하게
평가했다. 국립중앙박물관 소장

다. 이러한 그의 생각도 《동국통감》의 사론에서 제기된 바 있다.

(의종이) 진실로 한두 명의 충성스럽고 청직한 신하가 있어 그를 깨우쳐 잘
인도했다면, 왕은 아마도 조금은 반성하고 깨달아, 끝내 미혹되어 회복할
수 없는 데까지 이르지 않았을 것이다. 왕 주변에 사람이 없는 것이 안타깝
구나.[6]

왕(의종)이 말하기를, "내가 매일 조회를 볼 것이니, 우선 간쟁하지 말라"고 한 것은 어째서인가? 왕은 처음 청사할 때부터 구경하고 편안하게 놀고 사냥하는 데 빠져서 덕을 잃은 것이 많았다. 바른 말 듣기를 싫어하여, 이러한 말을 한 것이다. 이는 장차 신하들이 간쟁하는 길을 막고, 나라 사람들의 입에 재갈을 물려서 사치하고 방자하더라도 그 잘못을 바로잡지 못하게 하려는 것이다. 옛사람들이 말한 바 말은 잘못을 꾸미고, 지혜는 간언을 막는다고 한 것이 바로 의종을 두고 한 말이다.[7]

《동국통감》편찬자는 왕의 잘못을 깨우쳐주는 충성스럽고 정직한 신하가 없어서 의종이 무신정변으로 폐위되는 비극을 맞았다고 했다. 즉 바른말을 하는 신하의 충고를 무시하고 그들을 등용하지 않은 것이 의종이 정치를 그르친 근본 원인이라는 것이다. 《여사제강》을 편찬한 유계 역시 의종이 신하들의 간언을 듣지 않아서 결국 무신정변의 희생자가 되었다고 평가했다.

내가 살펴보건대 군주의 한마디 말이 나라를 망치는 길에 대해 공자는, "오직 신하들이 나의 말을 거스르지 말아야 한다는 말만이 나라를 망치는 것이 되지 않겠는가?"라고 했다. 예로부터 군주가 신하들이 간하는 말을 따라서 나라가 편안하지 않은 적이 없었다. 신하가 간하는 말을 따르면 나라가 잘 다스려지고 흥하게 된다. 그렇지 않으면 나라가 위태롭고 혼란하여 망하게 된다. 모두 이치에 맞는 말이니, 성인의 말씀이 어찌 나를 속이겠는가? 의종이 면전에서 간쟁하지 말라고 경고하자 신하들은 모두 순응하고 물러났다. 공자의 말씀으로 왕에게 나아가 분명하게 간해서 왕을 바로잡고 아첨하는 신하들을 억제한 일을 듣지 못했다. 그래서 점차 망하

게 되었다.[8]

이상과 같이 의종이 바른말 하는 신하들의 간언을 외면한 것이 잘못된 정치를 한 근본 원인이었다고 본 《동국통감》의 사론이 조선 후기까지 그대로 수용되고 있다.

바른말 하는 신하를 내쫓다

고려 당대에는 의종을 어떻게 평가했을까? 김양경(金良鏡, 1168~1235)의 평가이다.

> 전왕이 불교를 높이 받들고 귀신을 공경하고 믿어, 따로 경색(經色)·위의색(威儀色)·기은색(祈恩色)·대초색(大醮色)을 만들어 제사 지내는 비용을 마구 징수했다. 간사하고 아첨하는 이복기(李復基)·임종식(林宗植)·한뇌(韓賴)를 측근으로 삼았고, 청함·왕광취(王光就)·백자단(白子端) 같은 자를 환관으로 삼았다. 또한 영의·김자기(金子幾) 같은 자를 술사로 삼았다. 왕의 총애를 받은 첩인 무비가 대궐 안에서 일을 주장하여 왕의 뜻에 맞추고 마음을 유도하여 달콤하고 교묘한 말들이 분분하게 일어나고 바른말 하는 사람은 소외되어 왕과 단절되었다. 변란이 서울 안에서 일어났지만 (왕은) 끝내 그것을 알지 못했다. 이는 (잦은 재난과 같이) 두렵게 여기지 않아야 할 것을 두렵게 여기고, (바른말 하는 선비가 사라지는 등) 두렵게 여겨야 할 것은 두렵게 여기지 않아서 그렇게 된 것이다.[9]

이 사론은 의종 다음 임금인 명종 때 작성되었다. 김양경의 사론은 유승단(兪升旦, 1168~1232)의 사론과 함께 의종 시해 후 가장 가까운 시기에 작성된 사론이다. 김양경의 사론에 따르면, 의종은 문신관료 대신 환관, 술사 등을 측근으로 삼아 언로를 차단해 바른말 하는 신하를 멀리했다. 김양경은 의종이 불교와 도교식 제사와 의례로 국가비용을 낭비한 사실도 지적했다. 《고려사》, 《고려사절요》의 의종 때 기록도 김양경이 사론에서 지적한 사실들로 채워져 있다. 다음은 김양경의 또 다른 사론인데, 그는 의종이 아첨하는 무리를 등용하고, 충성스럽고 직언을 하는 신하들을 배척해 결국 무신정변을 초래했다고 했다.

> **사신 김양경이 말하기를, "······ 김존중(金存中), 정함 등이 밤낮으로 모함하여 (대신들을) 제거하고, 왕이 이들을 존중했다. 이로부터 아첨하는 무리들은 날로 나아가고, 충정 있고 직언하는 사람들은 날로 물러나니, 왕은 더욱 방종하여 향락에 빠져 놀이 즐기기를 철 게 없이 하였다. 처음에 격구로 인하여 정중부(鄭仲夫)를 가까이 하였는데 대간(臺諫)이 간언하여도 듣지 않았고, 나중에는 시문으로 말미암아 한뢰를 친근히 하였는데, 무인이 분노하여도 깨닫지 못하여 마침내 한뢰가 내란을 불러일으켜 정중부의 손에 죽고, 조정의 신하들까지 다 섬멸당하게 하였다"라고 했다.[10]**

지금까지 살폈듯이 의종에 대한 평가는 고려, 조선의 두 시대를 거치는 동안 큰 변화가 없었다. 그러나 의종을 다르게 평가할 수는 없을까?

새 정치를 추구하다

의종이 즉위할 무렵 외척 이자겸의 난(1126)과 서경에서 일어난 묘청의 난(1135)으로 왕권이 크게 실추되어 있었다. 반면에 묘청의 난을 진압한 김부식 등 문신관료들의 입지는 오히려 강화되었다. 의종은 즉위 과정이 순탄하지 않았지만 문신관료들의 지지를 받아 왕위에 올랐다. 의종이 지닌 유교적 소양과 식견도 문신관료들이 의종을 택한 이유의 하나였을 것이다. 실제로 의종은 유교 정치이념이나 유교적 소양에 이해가 부족하지 않았다. 의종은 즉위 후 문신관료들의 요구를 함부로 외면할 수 없었다. 즉위 초기 수시로 신하들과 《서경(書經)》을 강독하는 등 유교 경전 공부에 충실했다. 《상정고금례(詳定古今禮)》를 편찬하여 유교 의례를 정비하는 등 유교 정치이념을 강조하는 조치들을 취했다. 그러나 이렇게 유교 정치이념에 의존하면서 문신관료 집단의 개입과 간섭은 불가피했다. 예를 들면 즉위 초기 문신들은 중요한 정책을 결정할 때마다 며칠간이나 연달아 상소하면서 국왕을 압박했다. 의종은 문신관료 집단에 의존하는 정국 운영으로는 왕실 중흥과 왕권 강화를 제대로 실현하기 어렵다는 사실을 절감하기 시작했다. 정국을 자신의 구상대로 이끌어가기 위해서 새로운 정치세력과 정치이념이 필요했다.

1148년(의종2) 의종은 태조, 세조(태조의 부)와 부왕 인종의 능을 참배하면서 왕권의 정통성을 확보하려 했다. 1154년 서경에 중흥사를 창건하고, 1158년(의종12)에는 "백주 토산(兎山)의 반월강(半月岡)은 실로 왕조 중흥의 땅입니다. 이곳에 궁궐을 지으면 7년 안에 금나라를 병합할 수 있습니다"라는 신하의 의견을 받아들여, 궁궐 중흥궐을 창건한다.[11] 이같이 '왕조의 중흥'을 표방하는 일련의 조치를 보면, 문신관료와 외척의 간섭과 압박에서 벗어나 왕권을 강화하려는 의종의 의지가 강하게 실려 있다.

의종은 김관의(金寬毅)에게 《편년통록(編年通錄)》을 편찬하게 했다. 현재 전해지는 내용에 따르면, 이 책은 고려 왕실의 기원을 당나라 왕실에 연결시키고 풍수지리, 도참사상 등과 결합시켜 왕실과 왕권의 신성함을 강조했다고 한다. 1168년(의종22) 의종은 서경에 행차해 자신의 통치철학인, 이른바 '신령'을 반포한다. 여기에서 그는 유교가 아니라 풍수지리, 불교, 도교 등 고려의 전통사상을 통치이념으로 내세웠다.

의종은 즉위 이후 끊임없이 자신을 옥죄었던 문신관료 집단에 대한 정치적인 반감으로 반유교적인 통치이념을 내세웠다. 또한 의종은 환관과 내시, 친위세력인 무신을 측근으로 삼아 정국을 운영하기 시작했다. 이들은 속성상 유교 정치이념에 익숙하지도 않으며 호의적이지도 않았다. 의종은 반유교적 성향의 인물들이 자신의 통치를 보좌할 적임자라고 생각했다. 이들이 의종 정치의 주역으로 등장한 것은 자연스러운 일이었다. 이러한 의종의 통치방식은 유교 정치이념을 지닌 정치가들에게 결코 허용될 수 없는 일이었다. 의종의 정치를 직접 목격한 유승단은 의종에 대해 다음과 같은 사론을 남겼다. 당시 의종에 대한 문신관료 집단의 생각을 대변하고 있다.

사신 유승단이 말하기를, "원수(元首, 군주)와 고굉(股肱, 신하)은 한몸으로 서로 의존한다. 그러므로 옛날의 어질고 슬기로운 임금들은 문무를 좌우의 손과 같이 보아서 피차와 경중이 없어, 임금은 위에서 밝고 신하는 조정에서 화합하여 반란이 일어날 수 없었다. 의종 초기의 정치는 규모가 볼 만한 것이 있었으니, 진실로 충성스럽고 정직한 사람을 얻어 보좌하였다면 반드시 후세에서 찬양할 만한 선정을 시행하였을 것이다"라고 했다.[12]

_____ **폐왕성터** 경남 거제시에 있는 둔덕기성으로, 삼국시대 신라에서 축조했다. 무신정변으로 폐위된 의종이 머무른 곳이라 하여 '폐왕성(廢王城)'이라 불리기도 한다. 출처: 문화재청

유승단은 국왕은 충성스럽고 정직한 신하를 얻어 그들의 보좌를 받아 통치해야 반란이 일어나지 않고, 훌륭한 정치를 시행할 수 있다고 했다. 그런데 의종이 군신 간의 균형과 조화를 추구하는 유교 정치이념을 외면하고 충성스럽고 정직한 신하를 멀리해 무신정변이 일어났다는 것이다. 즉 의종에게 무신정변의 책임을 물었다.

현대 역사학은 다양한 해석을 허용하는 미덕을 갖고 있다. 그런 점에서 의종의 통치는 새롭게 해석될 여지가 있다. 고려 역대 군주 가운데 의

종과 같이 반유교적인 이념과 인물을 내세워 국정을 운영한 군주는 찾아 보기 어렵다. 태조 왕건은 〈훈요십조(訓要十條)〉에서 유교, 불교, 도교, 풍수지리 등 다양한 사상의 공존을 통치이념으로 내세웠다. 그런데 불교, 도교, 풍수지리 등 전통사상을 통치이념으로 내세운 왕은 의종이 유일하다. 의종은 전통사상으로 유교 정치이념과 세력을 대체하여 왕실을 중흥하고 왕권을 강화하려 했다. 그러나 기득권층이었던 유교 관료집단의 반발을 불러일으켜 실패하고 말았다. 친위 군사와 환관 등 측근에 의존한 의종 정치가 지닌 태생적인 한계였다. 그 결과가 무신정변으로 이어져 자신의 몰락을 초래했고, 고려와 조선에 이르기까지 '사리에 밝지 못한 어리석은 군주'라는 혹독한 비난의 세례를 받았던 것이다.

2 이공승

포폄론과 공과론

《고려사》 인물 열전 가운데 이공승(李公升, 1099~1183)만큼 긍정과 부정의 평가가 함께 기록된 경우는 없을 것이다. 그는 의종 때 금나라에서 선물로 보낸 양 중에 뿔이 네 개 달린 양을 보고 상서롭다며 왕에게 아부하는 시를 올려 사각승선(四角承宣)이란 명예스럽지 못한 별명을 얻었다. 또한 말년에는 유희에 빠진 의종을 따라 밤늦게까지 연회에 참석해 비난을 받았다. 그런 한편으로 서북면과 나주 등지에서 지방관으로 일할 때 각종 폐단을 척결하고, 금나라에 사신으로 갈 때 수행하는 군인들이 관례로 바치는 은을 받지 않아 청렴하다는 칭송을 받았다. 그는 무신정변 후 하급 관리들이 이공승의 이름을 거짓으로 내걸고 난을 일으켰을 정도로 당시 관료들의 신망을 받는 존재였다.

전근대 역사학에서 인물 평가는 좋거나 나쁘거나 어느 한 측면을 부각시키며 이른바 포폄론(褒貶論)에 의존하는 것이 일반적이다. 그런데 조선 후기 역사가 이익은 긍정과 부정의 측면을 모두 드러내며 이공승을 평가했다. 현대 역사학의 인물 평가에서 많이 적용되는, 이른바 공과론(功過論)의 관점에서 평가한 것이다. 구체적으로 의종 측근인 환관 정함의 임명을 두고 이공승이 처신한 바에 주목해 그의 공과를 평가했다.

이익이 이공승의 행적에 주목한 이유는 신하들의 충언을 무시하고 독단적으로 통치한 의종의 부정적인 측면을 드러내기 위해서였다. 이를 보면, 이공승은 왕의 무리한 요구에 순응하는 등 타협적인 모습을 보여 유교정치에서 이상적으로 여기는 유형, 즉 군주의 잘잘못을 따지고 극언하는 곧은 신하가 아니다. 때로는 왕의 뜻에 아부하거나 영합하는 행동을 서슴지 않기도 했다. 하지만 이익은 이공승이 잘못을 뉘우치고 의종의 독선적인 정치에 제동을 건 행위, 잘못을 알고 다시 돌아서는 용기 등을 긍정적으로 평가했다. 다각적으로 인물을 평가한 점이 이채롭다.

〈이공승 연보〉

1099년(숙종4)	출생. 본관 청주. 5세조 이겸의(李謙宜)와 6세조 이희능(李希能)은 태조 삼한 공신
1135년(인종13)	묘청의 난 진압 참여
인종 대(연기 미상)	서북면 병마판관(兵馬判官), 운중도(雲中道) 감창사(監倉使), 나주 통판(通判) 역임
의종 초(연기 미상)	격구를 즐긴 국왕을 비판하는 상소를 올림
1148년(의종2) 11월	금나라에 사신으로 감
1149년(의종3) 9월	우사간(右司諫)·지제고(知制誥)에 임명
1152년(의종6)	서북면 병마부사(兵馬副使) 역임. 연주성(延州城) 600칸 증축
1156년(의종10) 12월	추밀원(樞密院) 좌부승선(左副承宣)에 임명
1157년(의종11) 11월	의종의 독촉으로 정함의 고신(告身, 임명장)에 서명
1158년(의종12) 6월	정함 고신에 서명을 번복하여 관직에서 축출
1161년(의종15) 12월	지상서이부사(知尙書吏部事)에 임명
1164년(의종18) 4월	형부상서(刑部尙書)에 임명
1165년(의종19) 12월	추밀원 부사(副使)에 임명
1168년(의종22)	참지정사(叅知政事)·판공부사(判工部事)로 관직에서 은퇴
1173년(명종3)	무신정변 때 문하생 문극겸의 도움으로 화를 면함
1183년(명종13)	사망

환관이 관료가 되다

의종은 재위 중 잘못된 인사정책으로 비난을 많이 받았다. 대표적인
예가 환관 출신 정함을 조정의 관료로 임명한 일이다. 정함은 의종 유모
의 남편이자 의종의 측근이었다. 당시 정함은 정치에 깊숙이 개입했다.
환관이 관료로 임명된 것은 이때가 처음인데, 더욱이 정함의 선조는 고
려 태조에게 저항한, 이른바 '역명불신(逆名不臣)한 자'라서 관료가 될 수
없었다. 다음의 기록에서 알 수 있다.

> **지문하성사(知門下省事) 신숙(申淑)** 등이 상소하기를, "정함의 선조는 태조가
> 개국할 때 '명령을 어기고 복종하지 않은 자'입니다. 태조는 (역명불신자를) 노
> 비로 만들어 지위를 구별시켜 조정의 반열에 오르지 못하게 했습니다. 이제
> 정함을 높은 직위에 임명해, 도리어 태조 공신의 후손들이 태조에 복종하지
> 않은 자의 아랫사람이 되었습니다. 이는 태조가 후대에 내려준 입법 취지와
> 어긋나는 것입니다" 하면서, 정함의 임명을 철회할 것을 요청했다.[1]

이에 따르면, 고려 건국 당시 태조의 명령을 어기고 복종하지 않은 '역
명불신한 자'는 노비로 만들어 관리가 될 수 없었다. 정함의 선조가 그러
했다. 정함 또한 환관이었기 때문에 관리가 될 수 없었다. 그럼에도 불구
하고 의종은 관료들의 반대를 무릅쓰고 자기 유모의 남편이자 환관인 정

함을 관료로 임명하려 했다. 이같이 환관 정함의 임명을 둘러싼 논쟁은 의종 정치의 난맥상을 보여주는 상징적인 사건이었다.

1157년(의종11) 11월 의종은 좌승선(左承宣) 이원응(李元膺)과 우승선(右承宣) 이공승에게 명해 관리 임용의 동의권을 가진 문하성(門下省) 관리들로부터 정함의 합문지후(閤門祗候) 임명에 서명을 받아오라고 독촉했으나, 재신(宰臣)과 간관(諫官)들이 반대해 임명 동의를 얻지 못했다. 의종은 "관리들의 반대 때문에 내가 음식을 먹어도 맛을 모르고 잠을 자도 자리가 편하지 않다"라고 심정을 토로하기도 했다.[2] 왕의 요청이 너무 완강해서인지는 몰라도 최윤의(崔允儀), 최응청(崔應淸), 이원응과 이공승 등 몇몇 관료들이 어쩔 수 없이 서명했다. 한편으로 왕은 끝내 서명하지 않은 이지심(李知深), 최우보(崔祐甫), 배경의(裵景誼) 등을 좌천시켰다. 이에 대해《고려사절요》를 편찬한 사관(史官)은 다음과 같은 사론을 남겼다.

> 환관이 정식 관료가 된 일은 옛날 제도에도 없었다. 왕이 유모의 남편이라는 사사로운 감정으로 관료로 임명하고, 간관들에게 동의를 요구했다. 재상 최윤의와 간관 이공승, 최응청은 왕의 잘못을 바로잡지 않고 (정함의) 임명에 동의한 것은 무엇 때문인가? 이로 인해 환관들이 날로 득세하고 되었고, (노비 출신) 왕광취, 백자단과 같은 자들이 서로 권세를 부려 왕의 총명함을 가리고 막았다. 그런데도 재상과 대간들은 그들의 위협과 권세가 두려워 입을 다물고 아무 말도 하지 않아서 마침내 보현원(普賢院)의 변란(무신정변)이 일어났다.[3]

《고려사절요》편찬 당시 역사가들이 의종의 명에 따라 정함의 임명에 동의한 이공승을 특별히 지목해 비난한 것이 이채롭다. 그들은 이 사건이 무신정변의 단서가 되었다고 했다. 그러나 이공승이 결정을 번복해 임명에 반대한 사실은 언급하지 않았다.

입장을 번복한 이공승

이 일이 있고 한 해가 지난 1158년(의종12) 6월, 의종은 다시 이공승 등을 불러 정함의 임명에 동의를 요구했다. 한 해 전 이공승 등이 동의했지만, 나머지 간관들의 반대로 결국 동의를 얻지 못했던 사안을 다시 꺼낸 것이다. 심지어 의종은 다음과 같은 협박 조의 언사로 관료들에게 정함의 임명을 요청했다.

> 정함은 내가 어린 시절부터 나를 보살펴 지금에 이르렀다. 때문에 그에게 임시로 합문지후의 벼슬을 주어 그의 수고에 보답하려 했다. 그런데 3년이 지나도록 그대들은 임명에 동의하지 않았다. 이는 실케로 신하로서 임금을 아끼는 마음이 아니다. 만약 동의하지 않는다면 모두 죽여 젓갈을 담을 것이다.[4]

국왕의 협박에 가까운 강요에도 불구하고 도리어 이공승은 입장을 번복하고 임명에 반대했다. 그러자 의종은 이공승을 다음과 같이 책망하며 내쫓았다.

> (의종이) 대간들을 불러 정함의 임명을 강요하자, 대간들은 모두 그 말을 따랐다. 그러나 이공승은 끝내 왕의 명을 따르지 않았다. 왕은, "네가 과거 간

관일 때에는 서명하더니 이케 서명하지 않는 이유가 무엇인가?"라 하며 책
망했다. 이에 대해 이공승은, "케가 지난날의 잘못을 깨달았기에 분부를 받
들지 않았습니다"라고 응수했다. 왕이 노하여 이공승에게 집으로 물러가 있
으라고 명했다.[5]

이공승은 자신의 잘못을 깨우치고 왕의 명에도 불구하고 정함의 임명
에 반대했다. 이때 이공승뿐만 아니라 많은 관료가 반대했다. 환관 정함
을 관료로 임명하는 것에 대한 당시의 여론은 신숙의 상소에 잘 나타나
있다.

신숙은 홀로 대궐에 가서 청함의 관직을 박탈할 것을 상소했다. 왕이, "대
신이 홀로 간쟁하는 일은 없다"라고 했다. 신숙은 대답하기를, "태조가 개
국한 이래 환관이 조정의 관료가 된 일은 없었는데, 지금 왕이 재위하는 중
에 이런 일이 일어났습니다. 케는 청함이 임명된 소식을 듣고 번민해 음식
을 먹어도 맛을 모를 지경이라 이렇게 와서 요청드리는 것입니다. 케의 말
이 잘못되었다면 목을 베어주시고, 옳다면 임명을 철회해주십시오"라고 했
다. 왕이 조서를 내려 청함의 임명을 철회했다.[6]

비록 정함이 의종의 어린 시절 유모의 남편이지만, 고려 건국 이후 환
관이 조정의 관료로 임명된 적은 없었다는 것이 당시 일반적인 반대 여
론이었다. 여론을 이기지 못한 의종은 이해 7월 정함의 관직 임명을 취
소했다. 그러나 두 달 뒤 9월에 다시 복직시켰다. 의종의 뜻대로 환관 출
신 정함은 관료로 임명되었지만, 앞의 사론과 같이 그 결과는 십수 년 후
무신정변의 비극으로 이어졌다.

잘못을 고칠 수 있는 용기

이공승은 처음에는 정함의 임명에 동의했다가 뒤에 입장을 번복해 왕의 뜻을 거역했다가 관직에서 추방당했다. 《고려사절요》를 편찬한 역사가들은 이공승이 정함의 임명에 동의한 사실만 주목해, 의종의 파행적인 인사정책과 통치행위에 일조한 인물이라며 비난하는 사론을 남겼다.

이공승이 잘못을 뉘우쳐 입장을 번복한 사실에 주목한 역사가는 이익이다. 이익은 허물을 고치지 않는 것보다 더 큰 어리석음은 없다는 사실을 강조한 자장자(子張子), 즉 장재(張載, 1020~1077)의 말을 인용하면서 자신의 허물을 고친 용기 있는 인물로 이공승을 거론했다.

> 잘못이 작거나 사사로운 경우 남들이 크게 나무라거나 책망하지 않는 것은 고치는 것이 어렵지 않기 때문이다. 그러나 조정에서 큰일을 하다 잘못으로 불의에 빠져 많은 사람이 손가락질할 때, 잘못을 깨달아 번복해서 바른길로 들어서는 일은 군자가 아니면 하기 어려운 일이다. 내가 보기에, 옛날부터 어질고 현명한 사람도 우연히 잘못된 언행을 하게 되면 대부분 어물쩍 넘어가거나 잘못을 감추려 한다. 자기의 잘못을 스스로 드러내 어두운 것을 밝은 것으로 고친 사람을 듣지 못했다.[7]

이익은 국가의 대사를 맡아 일을 하다 잘못을 저지른 사람은 잘못을 고치고 바른길로 가는 경우가 드물다고 했다. 잘못을 고칠 수 있는 인물이야말로 군자라고 했다. 잘못을 저질렀다고 바로 내치기보다는 잘못을 인정하고 반성하는 인물은 용인해야 한다고 그는 생각했다. 이는 정함의 임명에 동의한 사실만으로 이공승을 비난한 조선 초기 역사가와는 다른

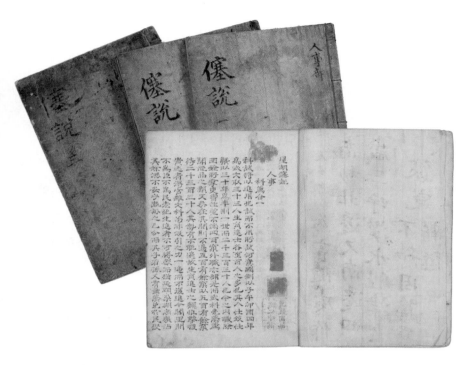

_____《성호사설(星湖僿說)》 이익이 40세 이후 약 40년 동안 책을 읽다 관심 있는 부분을 기록한 글과 제자들의 질문에 응답한 글을 모아 엮은 책이다. 천지문(天地門)·만물문(萬物門)·인사문(人事門)·경사문(經史門)·시문문(詩文門)의 다섯 부문으로 구성되어 있다. 사진은 인사문 3책으로 이병휴(李秉休)와 안정복 등이 교정했다.《성호사설》에 담긴 글을 통해 이익의 역사 사건과 역사 인물에 대한 견해를 고스란히 엿볼 수 있다. 성호박물관 소장

입장의 인물론이다. 그는 한때의 잘못과 실수만으로 해당 인물을 매도하지 않았던 것이다.

이익의 이러한 생각은 이공승에게만 국한된 것이 아니었다. 그는 오로지 악하거나 오로지 선한 인물은 없다는 인간관의 소유자였다. 그의 다른 글에서 그러한 생각을 읽을 수 있다.

역사가들은 성패가 정해진 후에 역사를 서술하므로, 성공과 실패에 따라서 그것을 분식하거나 지워버리는 것을 당연하게 생각했다. 또한 선한 일이라고 하여 잘못을 숨긴 것이 많고, 악한 일이라고 하여 좋은 점을 없앤 경우가 있다. 그렇기 때문에 어리석음과 슬기로움에 대한 구별과 선과 악에 대한 응보가 실제 그런지 의심스럽다. 당시 좋은 계획이라 했는데 성공하지 못하고, 졸렬한 계책이 우연히 맞아떨어졌는지도 알 수 없는 것이다. 또한 선한 곳에 악한 곳이 있고 악한 곳에 선한 곳이 있다는 사실을 천 년 후에 무엇으로 그 옳고 그름을 알 수 있겠는가?[8]

이익은 인간은 물론 사건 속에도 선악과 시비가 섞여 있는데, 역사가들이 뒷날 인간과 사건을 평가할 때 성공했는지 실패했는지에 따라 각각 선과 악으로 나누어 평가해서, 그 자세한 사정을 알 수 없게 되었다고 했다.

나아가 이익은 조선 초기 역사가들이 정함의 임명에 동의했고 의종에게 아첨하는 시를 지은 이공승을 부정적으로 평가한 사실을 거론하면서, 그로 인해 그의 훌륭한 행적을 없애버린 사실을 안타까워했다. 다음의 기록에서 알 수 있다.

뒷날 이공승은 임금의 마음을 사로잡고 아부해서 음탕한 행락을 함께하다 '사각승선'이란 비난을 받았다. 어두운 임금(의종)의 잘못을 능히 바로잡지 못하고 자신의 복을 연장하려는 잘못으로 인해 역사가들이 이공승의 착한 행적까지 없애버렸다. 그것은 이공승 자신이 그렇게 만든 것이다.[9]

이익은 이같이 《고려사》와 《고려사절요》를 편찬한 조선 초기 역사가들이 포폄론의 입장에서 이공승을 부정적으로 평가하면서, 심지어 그의 착한 행적까지 기록에서 제외한 사실을 비판했다.

공과를 공유한 역사

그러나 이익은 지난날의 잘못을 뉘우치고 끝내 정함의 임명에 반대한 이공승을 새롭게 평가했다.

이공승은 늠름하게 왕의 명에 끝내 굽히지 않았다. 이는 신하들이 마땅히 본받을 일이다. …… 허물을 뉘우치고 고치는 일은 마치 언덕 위를 달리다가 발을 멈추거나 우물에 떨어진 뒤 거기에서 빠져나오는 것과 같이 어려운 일이다. 처음부터 잘못이 없는 것에 비하면 백 배나 더 어려운 일이다. 내가 특별히 (이공승의) 이런 사실을 드러내 착한 사실이나 나쁜 사실을 모두 숨길 수 없다는 것을 밝혀두려고 하는 것이다.[10]

이익의 인간관은 인물의 행적을 각각 공과 과로 나누어 객관적으로 평가하려는 근대 역사학의 평가방식인 공과론을 연상시킨다. 18세기 조선의 역사가 이익의 역사학에서 그러한 단서가 보인 사실은 주목할 만하다. 이익은 인물을 오로지 선과 악의 어느 하나의 잣대로 평가한 전근대 유교사관의 하나인 포폄론에서 벗어나 있었던 것이다.

이익은 이공승에 대한 부정적 인식이 그의 좋은 점까지 역사기록에서 제외시키는 결과를 가져왔다고 지적했다. 한편으로는 의종에 아첨한 이공승의 말년 행적이 스스로 그렇게 만든 것이라고도 평가했다. 이렇게 이익은 선과 악의 어느 한 잣대로 인간을 평가하는 포폄론에 비판적이었다.

현재 전해지는 이공승의 묘지명을 살펴보면,《고려사》등의 기록에서 찾을 수 없는 새로운 사실들을 알 수 있다. 예를 들면 그는 인종 때 묘청의 난에 종군해 많은 공을 세웠다. 지방관으로서 서북면 병마판관 및 감창사, 나주목 판관을 맡아 백성들의 고통을 경감시켰다. 의종의 세자 시절 스승이었던 정습명이 특별히 이공승을 아껴 의종에게 추천할 정도로 장상(將相)의 자질을 지닌 훌륭한 관리였다고 기록되어 있다. 물론 그의 가문에서 작성한 묘지명이라서 편향적일 수 있다는 점을 전제하더라도 《고려사》기록과 다른 이공승의 새로운 면모를 읽을 수 있다. 다만 이공승을 부정 일변도로 평가한 조선 초기 역사가들에게 긍정적인 내용이 담긴 묘지명은 마땅히 기각해야 할 자료였는지도 모른다.

이익은 공과론의 입장에서 인물이 가진 공과 과를 두루 살펴 인물을 입체적이고 객관적으로 평가하려 했다. 이익의 공과론은 오늘날 우리에게 역사와 인물을 어떻게 평가해야 할지 새로운 통찰과 상상력을 더해주고 있다. 인물 평가의 어려움과 즐거움이 공존한다는 사실 자체가 역사학의 또 다른 매력이다.

3 명종

역사적 평가와 도덕적 평가

명종(재위 1170~1197)은 재위기간이 27년으로, 46년의 고종(재위 1213~1259)과 37년의 문종(재위 1046~1083) 다음으로 오랫동안 재위했다. 명종과 고종은 무신정권 때 재위했다. 무신정권(1170~1270) 100년 동안 5명의 왕이 재위했는데, 명종과 고종 두 왕의 재위기간이 무려 73년이다. 당시 "권세가(무신 권력자)들이 마치 바둑이나 장기를 두듯이 왕을 마음대로 앉혔다"고 할 정도였으니,[1] 두 왕은 오랫동안 재위했지만 뚜렷한 치적을 남길 수 없었다. 더욱이 명종은 형 의종을 시해한 무신 권력자를 처단하지 못했고, 최충헌에 폐위되며 4대에 걸친 60여 년 최씨정권의 길을 열었다. 이후 왕권은 더욱 위축되었다. 이 때문에 명종은 조선 역사가들의 비난을 한몸에 받았다.

조선왕조 때 성행한 성리학(유교)적 역사관은 문신 중심의 통치, 즉 문치주의를 지향했다. 조선의 역사가들에게 고려시대 무신의 통치는 받아들일 수 없는 역사였는데, 명종에 대한 평가에서 잘 드러난다. 그들은 의종을 시해하여 불충(不忠)의 죄를 범한 무신 권력자를 처단하고 왕권을 회복할 의무가 명종에게 있었다고 생각했다. 뒤에서 자세하게 언급하겠지만, 조선의 역사가들은 자기 시대의 가치관과 기준으로 명종을 평가한 측면이 있다. 도덕적 가치를 기준으로 역사를 평가하는 도덕적 평가는 당대의 시대 조건이나 역사 배경을 고려하지 않아 추상적이고 주관적일 수 있다. 그런데 역사를 서술할 때 특정한 이념이나 가치를 강조하는 현상은 꼭 전근대 역사학에서만 일어나는 것은 아니다. 현대 역사학에서도 언제든 나타날 수 있다.

〈명종 재위 연표〉

조선 전기 역사가의 평가

《고려사절요》를 편찬한 조선 전기 역사가들은 1197년(명종27) 폐위된 명종을 다음과 같이 평가했다.

최충헌이 왕을 쫓아냈다. 이로부터 권신들이 계속 집권했다. 왕실이 망하지는 않았지만, 철류(綴旒)같이 겨우 유지된 것이 거의 100년이 되었다. 슬프다.[2]

최충헌이 집권한 이후 왕실이 '철류'와 같은 존재가 되었다고 했다. 철류는 깃대에 매여 있는 술(끈) 혹은 면류관에 달린 끈을 뜻한다. 모두 아랫사람에게 부림을 당한다는 뜻으로, 무신 권력자에게 휘둘려 왕들이 아무 역할도 하지 못했다는 말이다. 조선 전기 역사가들은 명종이 잘못 대처해 최씨 정권 이후 왕이 철류의 존재가 되었다며, 명종의 잘못된 처신을 다음과 같이 지적했다.

정중부, 이의방, 이의민 등이 의종을 시해하고 권력을 농단했다. 명종이 할 일은 역적들을 반드시 응징하는 것이었다. 만약 (명종의) 힘이 부족했을지라도, 경대승이 왕실이 미약한 것을 분하게 여기고 권세가들이 발호하는 것을 싫어해 정중부 부자를 여우와 토끼 사냥하듯 단숨에 케거하고, 이의민이 목

숨을 부지해 쫓긴 쥐처럼 시골에 숨죽이고 있을 때가 명종이 어진 사람을 등용해 기강을 밝히고 왕실을 부흥할 기회였다. …… 이의민 같은 자는 한 명의 필부에 지나지 않으니 사자를 보내 왕을 시해한 죄로서 목을 베고 멸족해야 옳았다. 도리어 그를 불러 작위를 올려주어 그가 왕실을 업신여기고 관리들을 살해하고 벼슬을 팔고 재판으로 뇌물을 받아 나라 정치를 어지럽게 하여 그 화가 참혹했다.[3]

조선의 역사가들은 명종이 왕을 시해한 역적들을 처단하지 못하고 왕권을 바로 세울 기회를 놓쳐, 최씨 정권이 등장하는 길을 열었고, 왕실이 권신의 핍박을 받게 되었다고 혹독하게 비판했다. 문치주의 성향의 조선 역사가들은 무신정권을 부정적인 집단으로 간주하고, 이를 초기에 막지 못한 명종에게 그 책임을 돌렸다.

현대 역사가의 명종 평가

허수아비 같은 '철류' 국왕의 탄생 책임을 과연 명종에게만 일방적으로 물을 수 있을까? 조선 역사가들의 평가처럼 명종은 그렇게 무능한 왕이었을까? 현대 역사가들의 명종 평가는 다르다.[4] 현대 역사가들은 무신정권 초기 명종 때 왕권이 이전에 비해 무력해졌지만, 명종이 대외교섭, 인사권, 과거제 운영의 주체로서 어느 정도 왕권을 보장받았다고 평가한다. 이는 물론 최씨 정권이 들어서기 전이었지만 앞에서 언급한 조선 전기 역사가들의 평가와 다르다.

무신정권은 정변을 통해 왕을 폐위시키고 권력을 잡아 권력의 정통성에서 커다란 한계를 안고 있었다. 그렇기 때문에 국왕이라는 상징적인 존재가 중요했다. 그들은 무력으로 권력을 찬탈한 정치적 부담을 해소하기 위해 금나라에 사신을 보내 의종이 병으로 왕위를 양위했다며 명종의 책봉을 요청했다. 명종 책봉은 정권의 정당성을 보장받는 명분이 될 수 있었다. 정변 후 약 2년이 지나고 1172년 5월에야 금으로부터 명종이 책봉을 받았다. 이제 명종이 금나라 등 대외교섭에서 상징적인 주체로 존재할 수 있었다.

한편으로 무신정권은 과거제를 빈번하게 시행하며 관료를 지망하는 사람들의 불만을 해소하고, 인사정책을 통해 문신 관료들의 환심을 사려 했다. 그들은 명종에게 과거제와 인사권을 운영하는 데 일정한 역할을 부여해 관료사회의 안정을 추구했다. 이렇게 명종은 과거제를 운영하는 주체였고, 문반의 임명 등 제한적인 인사권을 행사했다. 명종은 이러한 정치적 상황을 이용하여 환관 등 측근을 중심으로 정치력을 행사하면서 실추된 왕권을 회복하려 노력했다. 이처럼 초기 무신정권은 무신 권력자와 명종이 정치적 운명과 책임을 공유하는 형태였다. 따라서 명종 재위기간 27년은 명종과 무신정권이 타협과 공존을 통해 정국을 운영했던 시기라고 현대 역사가들은 평가하고 있다.

현대 역사가들의 평가는 명종을 역사적 존재로 객관화하고, 당대의 역사적 조건 속에서 명종의 역할과 한계를 객관적으로 살펴보고 정리한 일종의 역사적 평가라 할 수 있다. 자기 시대의 생각과 가치관을 투영시켜 명종을 평가한 조선 역사가들의 도덕적 평가와는 다른 평가라 할 수 있다. 조선 전기 역사가들은 객관적인 역사적 평가가 아니라 도덕적 가치 기준으로 명종을 평가했던 것이다.

조선 역사가들의 도덕적 평가에도 조선 전기와 후기 사이에 상당한 차

이가 있었다. 먼저 조선 전기 역사가들의 생각을 살펴보기로 하겠다. 이들은 명종의 왕권을 안정적으로 평가했다.

> (조위총은) 망설이고 머뭇거려 결단을 내리지 못한 지가 몇 년이 되었다. 김보당은 이미 죽임을 당했고, 의종은 시해되었다. 명종의 지위는 안정이 되었고, 반역의 무리들은 반석처럼 굳어졌다. 그런 뒤에야 나라 안에서 군사를 동원하여 충돌을 꾀하고, 다른 나라(금나라)에 (도움을 요청하는) 일을 일으켰으니, 그 방책이 또한 잘못되었던 것이다.[5]

이에 따르면, 조선 전기 역사가들은 조위총이 봉기한 1174년은 명종 재위 5년째로서, 왕권이 안정되었고 정통성도 확보되어 있었다고 판단했다. 그렇기 때문에 의종이 시해된 직후가 아니라 지체하다가 늦게 봉기한 조위총의 행위를 반역으로 간주했던 것이다. 비록 조위총 봉기가 잘못된 반역행위라는 사실을 강조하기 위해 명종을 언급한 것이지만, '철류'의 존재로 전락한 최씨 정권기의 왕들과는 다르게 명종의 지위를 안정적으로 평가하고 있다. 이로 미루어 보아 조선 전기까지는 명종이 왕으로서 정통성을 인정받았고, 의종 시해의 책임에서 벗어나 있었다. 그런데 조선 후기 역사가들은 명종에게 의종 시해의 책임까지 물었다. 한 단계 더 진전된 도덕적 평가라 할 수 있다.

의종 시해 책임론에 휩쓸리다

1170년 무신정변으로 의종이 폐위되어 거제도로 유폐되었다. 1173년 김보당이 의종 복위운동을 일으키며 거제도에 유폐된 의종을 경주로 옮겼다. 그러자 정중부, 이의방이 이의민을 시켜 의종을 시해했다. 국왕 명종은 시해를 주도한 무신 권력자들에게 아무 조치를 취하지 않았다. 1174년 조위총이 봉기해 의종 시해자 처벌을 주장하자, 명종은 1175년에야 의종의 장례를 치른다. 시해된 지 2년이 지나서였다.

의종 시해를 주도한 정중부, 이의방, 이의민 등은 집권 내내 이 문제로 권력 행사에 부담을 안고 있었다. 반대로 이들을 제거한 경대승과 최충헌은 의종 시해자 처단을 집권의 정당성으로 삼았다. 의종 시해의 책임론은 최씨 정권이 등장하기까지 약 30년 동안 무신정권 내부의 정변과 권력투쟁을 합리화시켜주는 주요 이슈였다.

그런데 조선 후기의 역사가들은 시해의 당사자인 무신 권력자에 그치지 않고 명종에게도 의종 시해의 책임을 물었는데, 이는 조선 전기 역사가들과 다른 입장이다. 안정복은 《동사강목》 편찬을 마무리하던 1759년 스승 이익에게 편지를 보내 명종을 어떻게 평가할지를 물었다.

선생님은 의종의 시해에 대해 "호(晧, 명종)가 임금을 시해하고 스스로 자리에 오른 죄를 마땅히 기록해야 한다"라고 했습니다. 이때 정중부 등이 권력을 제멋대로 휘둘러 임금(의종)을 폐했습니다. 호는 단지 코가 꿰어 그들의 요구를 들었을 뿐입니다. 어찌 감히 자신의 손발을 움직일 수 있었겠습니까? 이 때문에 명종에게 죄를 씌우는 것은 지나친 것 같습니다.[6]

이 질문에는 무신 권력자의 감시와 통제를 받는 꼭두각시 군주인 명종에게 의종 시해의 책임을 묻는 것은 지나치지 않냐는 안정복의 생각이 담겨 있다.

그러나 이익은 조위총의 봉기와 연결시켜 명종에게 의종 시해의 책임이 있음을 문제 삼았다. 그의 주장을 들어보기로 한다.

정중부와 이의방이 의종 시해의 수괴였는데, 명종 호가 비록 즉위했으나 정중부 등을 존대하고 총애할 뿐 아니라, 가마솥에 들어 있는 의종의 시체를 수습해 매장조차 하지 아니했다. 임금을 시해하고 장사도 지내지 않은 죄를 조위총이 성토했기 때문에 5년이 지난 뒤에야 비로소 발상해 매장했다. 이는 비단 정중부 등만이 역척질을 한 것이 아니다. 역사가는 마땅히 명종이 임금을 시해하고 스스로 즉위한 죄를 기록했어야 했다.[7]

이익은 명종이 무력한 군주였지만, 의종이 시해되었을 때 바로 시신을 수습해 장례를 지내지 않은 것에 대해서 죄를 물어야 한다고 했다. 이익은 명종을 중국 한나라와 당나라의 마지막 황제인 헌제(獻帝, 재위 190~219)와 애제(哀帝, 재위 904~907)와 같은 존재라 했다.[8] 헌제는 위나라를 건국한 조비(曹丕)에게 쫓겨났다. 환관에게 휘둘렸던 애제는 후량(後梁)을 세운 주온(朱溫)에게 쫓겨났다. 이익은 명종을 한나라와 당나라의 망국을 이끈 군주에 비유할 정도로 무력한 군주로 평가했다. 명종이 무신 권력자와 정치적 타협을 통해 왕권을 일정 부분 행사했다는 현대 역사가들의 견해와는 아주 다른 평가라 할 수 있다.

명종에게 의종 시해의 책임이 있음을 처음으로 언급한 역사가는 조선 중기 역사가 유계이다. 그는 《여사제강》의 사론에서 조위총 봉기를 명종의 정치행위와 연결시켜 평가했다.

명종이 즉위한 지 여러 해가 되어, 신하와 백성, 임금과 신하의 분수가 이미 청해졌다. 그때 조위총은 어떻게 해야 했을까? 조위총은 흉악한 무리(무신 권력자)에게 옹립된 명종이 의종 시해에 관여하지 않았다고 한다면, 스스로 왕위에서 물러나는 철개(臧札之節)[9]를 지키지 못한 죄를 성토해서 그를 폐위시키고 훌륭한 군주를 다시 세워야 했다. 만약 명종이 (의종과 같이) 선군(先君, 인종)의 아들로서 시해의 역모에 스스로 가담한 죄가 없다고 말하면, 조위총은 명종에게 글을 올려 청중부 등에게 시역의 죄를 물으며, 서경에서 군사를 일으켜 흉악한 무리를 없애고 명종을 받들어 어진 사람들을 뽑아 명종을 보좌하고 시해된 국왕의 장례를 치르고 제사를 지내게 해야 했다. 그러면 누가 조위총의 봉기를 비난하겠는가? 방책이 여기에서 나오지 않고 머뭇거리다 실패했다. 조위총을 의롭다 하지 않고 반역자라 한 것은 옳은 것을 보는 데 어두웠고 사사로운 이해관계가 앞섰기 때문이다.[10]

유계는 의종 시해자를 처단한다며 봉기한 조위총이 먼저 시해 당시 국왕인 명종에게 그 책임을 물었어야 했다고 했다. 당시 정치질서의 상징인 명종에게 시해에 가담했는지 묻는 것이 봉기의 명분을 확립하는 데 필요했다는 것이다. 책임이 없다고 하더라도 의종이 시해되었는데 스스로 왕위에서 물러나지 않은 잘못을 성토해서 명종을 폐위시켰어야 했다는 것이다. 또한 시해에 가담하지 않았다고 명종이 밝히면, 그에게 시해자인 무신 권력자의 처벌을 요청하고 봉기해 반역의 무리를 처단하고 의종의 장례를 치렀어야 봉기의 명분을 얻을 수 있었다는 것이다. 유계는 명종이 시해에 가담했다고 단정하지 않았다. 이 점에서 이익과 달랐다. 그러나 유계는 당시 군주인 명종도 시해의 책임에서 결코 자유로운 입장은 아니라는 점을 처음으로 지적한 역사가이다. 유계가 지적한 부분이 바로 성호 이익이 명종에게 의종 시해의 책임을 묻게 한 단서가 되었던 것이다.

이익의 주장은 그의 제자 안정복이 계승했다. 안정복은 《동사강목》에서 이익의 생각에 동조해서 다음과 같이 명종에게 의종 시해의 책임을 물었다.

비록 명종이 이미 즉위해 명위(名位)가 정해졌다 하더라도, 명종이 적신(賊臣)들에게 옹립되어 왕위를 사양하는 절개를 지키지 못하고 왕위를 향유하면서, 임금이 폐위되어도 의문을 표시하지 아니하고, 임금이 시해당해도 묻지 아니했다. 또 수년이나 장사 지내지 않고 상례(喪禮)를 행하지 않았다. 역모에 참여하지 않았지만, 명종 역시 흉역(兇逆)의 무리다.[11]

이 글에서 명종이 의종 시해에 책임을 지고 왕위에서 물러나지 않았으며, 시해의 죄를 무신 권력자들에게 묻지도 않았다는 안정복의 주장은 유계의 사론을 계승한 것이다. 더욱이 의종 시해 후 수년이 지나도록 의종의 시신을 수습하여 장례를 지내지 않아 명종 역시 반역을 행한 무리와 다름이 없다고 혹평했다.

조선 후기 역사가들의 명종 평가는 왕권과 무신정권을 각각 선과 악의 적대관계로 설정한 뒤, 선은 추켜세우고 악은 응징해야 한다는 권선징악의 포폄의식을 기반으로 하고 있어 도덕적 평가의 전형이라 하겠다. 역사평가에서 가치와 이념을 강조하는 도덕적 평가는 자칫 객관성을 상실할 수 있다. 역사적 평가와 도덕적 평가는 조선의 역사가들이나 현대의 역사가들 등 시대에 국한하기 어렵고, 동전의 앞면과 뒷면과 같이 항상 공존하고 갈등한다. 역사평가에서 균형추를 갖는다는 것은 참으로 어려운 일이다. 명종에 대한 평가에도 역사적 평가와 도덕적 평가가 교차하고 혼재되어 있다. 역사에서 선과 악의 절대적 기준이 적용될 수 있는 사건과 인물은 없다. 또 가치 평가의 기준은 시대와 역사 조건에 따라 변한다. 도덕적 평가의 가변적이고 유동적인 한계를 성찰하지 못하면, 역사는 도덕에게 그 지위를 빼앗기게 된다. 이념, 가치, 도덕을 강조하는 역사학의 위험성이 바로 이러한 점에 있다.

4 조위총

충성과 반역의 갈림길

전근대 군주정 체제에서 국왕은 가장 존엄한 존재로서, 국왕 시해는 요즘으로 치면 헌정질서의 파괴를 뜻하는 중대 범죄였다. 의종은 무신정변으로 폐위되었다가 시해된 비운의 군주였다. 《의종실록》에 따르면, 의종은 뚜렷한 치적이 없었고 잦은 제사와 연회, 오락으로 재정을 낭비한 무능한 군주로 묘사되어 있지만, 의종을 시해한 이의민은 평생 시해범의 꼬리표를 달고 불안한 삶을 보내야 했다. 반면에 1179년 경대승은 정중부를 제거하고 집권하면서 처벌받지 않은 시해범(이의민)의 처벌을 공언했다. 최충헌 역시 1196년 쿠데타로 이의민을 제거하고 권력을 잡으며 그 명분으로 시해범 처단을 내세웠다. 두 권력자가 시해범 처단을 집권의 명분과 정당성으로 삼을 정도로 국왕 시해는 전근대 정치질서를 무너뜨리는 금기의 영역이었다. 그리하여 시해범 처단은 불법으로 집권한 권력자에게 면죄부가 되기도 했다.

무신정변 후 5년이 되는 1174년 서경유수(西京留守) 조위총은 의종 시해범을 처단한다는 구호를 내걸고 서북지역에서 봉기했다. 그로부터 서경과 주변 지역은 1179년까지 약 5년간 무신정권이 사실상 방치했을 정도로 해방구가 되었다. 조정의 입장에서 조위총의 행위는 반역이었지만, 그를 다르게 보는 여론도 있었다. 또 조위총 봉기를 어떻게 평가할지, 이른바 충역(忠逆) 논쟁은 조선의 역사가들에게도 커다란 관심사였다. 그에 대해 살펴보기로 한다.

〈조위총 봉기 연표〉

1173년(명종3) 8월	김보당, 의종 복위운동. 거제도에 유폐된 의종을 경주로 모심
9월	이의방, 김보당의 의종 복위운동 진압
10월	이의민, 경주에서 의종 시해
1174년(명종4) 9월	조위총 봉기, 정중부·이의방 처벌 요구. 서북지역 40여 성 호응
10월	윤인첨(尹鱗瞻), 3군을 거느리고 조위총 공격했으나 패배
	이의방, 서경으로 진격했으나 패배. 귀로에 조위총 아들 조경(趙卿)을 잡아 죽임
11월	윤인첨, 5군으로 병력을 증강해 다시 서경 공격
12월	정균, 이의방 제거
1175년(명종5) 1월	명종, 요덕현(曜德縣) 공격한 조위총에게 봉기 중단의 조서 내림
	조위총, 이의방 처단을 축하하는 표문 올림
5월	명종, 조위총에 가담하려는 용강현(龍岡縣) 사람들 설득한 양원귀(陽元貴)에게 벼슬 내림
	명종, 의종 국장 시행
7월	조위총, 금나라에 의종 시해를 알리는 사신으로 김존심(金存心)과 조규(趙規) 파견. 김존심이 조규 살해 후 무신정권에 투항
9월	명종, 조위총에 패한 대장군 강점(康漸)을 면직함
10월	조위총, 서언(徐彦)을 금나라에 파견. 자비령(慈悲嶺) 서쪽부터 압록강까지 40여 성을 금나라에 바치는 조건으로 군사 요청
1176년(명종6) 3월	인주(麟州) 사람 강부(康夫), 녹승(祿升), 정신(鄭臣) 등 조위총에 투항
6월	윤인첨, 서경을 공격해 조위총을 사로잡아 죽임
1177년(명종7) 5월	조위총의 남은 무리 500여 명이 다시 봉기(여중餘衆의 봉기)
1179년(명종9) 4월	조위총의 남은 무리가 다시 봉기(유종遺種의 봉기)

들끓는 민심에 불을 붙이다

1174년(명종4) 9월 서경유수 조위총은 국경지역인 동계(東界, 지금의 함경도 지역)와 북계(北界, 지금의 평안도 지역)의 여러 성에 다음과 같은 격문을 보냈다.

> "들리는 얘기로 서울(개경)의 중방(重房, 무신정권 권력기구)에서, '북계 여러 성의 사람들은 사납고 순종하지 않으므로 토벌해야 한다'면서 이미 군사를 크게 일으켰다고 한다. 우리 어찌 가만히 앉아서 스스로 죽는 길을 택하겠는가? 응당 각자의 군사를 규합하여 빨리 서경에 집결하라"고 하였다. 철령(鐵嶺, 자비령) 북쪽의 40여 성이 모두 호응하였다.[1]

이와 같이 조위총의 격문에 성품이 사납고 정부에 쉽게 협조하지 않는다는 북계 40여 성이 호응하면서 봉기가 일어났다. 조위총의 봉기는 서경을 중심으로 서북 일대 주민이 일으킨 대규모 봉기로 1174년 9월에 시작해 1176년 6월까지 지속되었다. 한 해 전 문신 김보당이 일으킨 의종 복위운동이 8월에 시작되어 9월에 진압된 반면, 조위총이 주도한 봉기는 약 2년 동안 지속되었고, 그가 죽고 나서도 남은 무리가 1179년까지 저항했다. 봉기의 원동력은 조위총 개인이 아니라 무신정권에 불만을 가진 서북지역 주민의 호응이었다. 《고려사》의 다른 기록에는 동계의 일부 성도 봉기에 가담했다고 한다.

그런데 위 인용문에 나온 대로, 서북지역 주민을 토벌하려는 무신정권에 저항하기 위해 봉기했다는 내용은 사실이 아니다. 서북지역 주민을 토벌하기 위해 먼저 중앙정부에서 군대를 파견한 기록은 찾을 수 없기 때문이다. 1174년(명종4) 9월 조위총이 봉기하자, 10월에야 조정에서 윤인첨을 원수로 임명하고 3군을 편성해 토벌에 나섰다. 봉기가 일어나자 군대를 파견한 것이다. 조위총 군사의 반격으로 개경이 위협을 받자, 이해 11월 다시 윤인첨을 원수로 삼아 5군으로 군사를 보강해 서경을 공격했다.

조위총이 정권에 불만을 가진 민심을 자극하기 위해 무신정권의 위협을 가공한 내용이었지만, 그의 발언은 뜨거운 가마솥에 기름을 부은 꼴이었다. 그는 중앙정부에 불만을 가진 서북지역 민심을 이용해 봉기를 일으킨 것이다. 조위총은 신분이나 가계 등 출신이 분명하지 않다. 그는 하급 군인에서 무반의 최고위직인 상장군에 올라 서경유수가 된 인물이다. 무신정권 수립 후 중앙 핵심 권력층으로 진출하지 못해 쌓였던 개인의 불만이 서북지역의 민심과 맞아떨어진 것이다.

시해범의 처벌을 요구하다

조위총은 중앙정부에 불만을 가진 서북지역의 민심을 이용해 봉기를 이끌었지만 정치적인 명분을 내걸고 있었다. 다음은 1175년(명종5) 1월 명종이 조위총에게 보낸 조서의 일부이다.

컨번에 척신이 나라의 청치를 제 마음대로 하고 불의한 일을 많이 해서 피해가 중앙과 지방에 미쳐, 사람들의 마음이 원망하고 배반하며 컨란이 일어나게 하였다. 무지한 백성에 이르기까지 살상이 매우 많았다. 짐은 이를 매우 슬퍼하고 마음 아프게 여긴다. 그대들의 요구대로 의거를 일으켜 척신을 이미 소탕했다.[2]

명종은 조서에서 이제 적신을 처단했으니, 봉기를 중단하라고 요구했다. 이 내용으로 보아 조위총은 적신의 처단을 요구하면서 봉기를 일으켰음을 알 수 있다. 여기서 적신은 이의방이다. 그는 당시 최고 권력자로서 1173년(명종3) 김보당의 의종 복위운동을 진압하고 이의민을 시켜 의종을 시해한 주모자이다. 그는 조서가 내려지기 한 달 전 1174년 12월 정중부의 아들 정균에게 제거되었다. 조위총 봉기의 명분이 의종 시해의 주모자 처단이었음을 다음의 기록에서도 확인할 수 있다.

조위총이 서언 등을 금나라에 보내며 바친 표문에서, "컨왕은 본래 왕위를 피하여 양위한 것이 아니고, 대장군 청중부, 낭장(郎將) 이의방이 시해한 것입니다. 신 위총은 청하건대 자비령 서쪽부터 압록강에 이르는 40여 성을 금나라에 바치려 합니다. 군사를 원조하여 주소서"라고 했다. 금나라 임금이 서언 등을 잡아 우리나라에 보내왔다.[3]

1175년 10월 금나라는 조위총이 보낸 사신을 붙잡아 고려 조정에 넘겨주었다. 이와 같이 조위총은 전왕 의종이 시해되어 시해범을 처단하겠다며 금나라에 군사 원조를 요청했다. 조위총은 의종 시해범의 처단을 봉기의 명분으로 내걸고 있었다. 앞에서 설명했듯이 명종이 이의방이 피살되자 바로 조위총에게 조서를 내려 봉기의 중단을 요청한 사실이 이를 뒷받침한다. 이의방 제거 후에도 봉기가 계속되자, 1175년(명종5) 5월 명종은 다음과 같이 조처했다.

> 컨왕의 서거를 발표하고, 모든 관원이 3일 동안 검은 갓에 흰옷으로 상복을 입었다. 임인(壬寅) 날에 내시 10명에게 명하여 장사를 호행(護行)하게 하였다. 능을 희릉(禧陵)이라 하고, 시호를 장효(莊孝), 묘호를 의종(毅宗)이라 하였다. 조위총이 군사를 일으켜, 이의방이 임금을 시해하고 장사 지내지 않은 죄를 성토하자, 희릉에 장사 지내고 컨왕의 초상을 해안사(海安寺)에 봉안하였다.[4]

봉기가 진정되지 않자 명종은 의종 시해 후 2년 만에 장례를 지내고 의종이라는 묘호를 내려 국왕의 지위를 회복시키는 조치를 내린 것이다. 그러나 봉기는 계속되었다. 다음 달 6월 관군은 서경을 포위해 조위총 군사를 본격적으로 압박하기 시작했다. 관군에 고립된 조위총은 금나라 병력의 지원을 받기 위해 6월, 7월, 10월 세 차례 금나라에 사신을 보내 도움을 요청했으나 실패했다. 조위총 군사는 이듬해 1176년까지 관군과 전투를 거듭하며 저항했지만, 이해 6월 윤인첨과 두경승(杜景升)이 이끄는 관군에 의해 서경성이 함락되면서 22개월 만에 봉기가 진압되었다. 당시 조위총 봉기의 기세가 얼마나 당당했는지 다음의 일화에 잘 나타나 있다.

> (봉기를 진압하려 출동한) 윤인첨이 서경의 성에서 환호하는 소리를 듣고 그 까닭을 묻자, "성 위의 사람들이 입롱(立龍)을 연호하며 하례하는 것입니다"라

고 대답했다. 윤인첨이 말하기를, "조위총은 죽게 될 것이다. 사람과 머리를 제거했으니 어찌 살 수 있겠는가?"라고 했다.[5]

'입룡', 즉 '용을 세운다'는 뜻은 조위총을 군주로 내세운다는 말이다. 조위총을 군주로 삼을 정도로 당시 봉기군의 기세가 드높았음을 알려준다. 그러자 진압사령관 윤임첨은 조위총이 곧 죽게 될 것이라고 했다. 이 말을 풀이하면 다음과 같다. 조위총의 이름 첫 자인 '위(位)'에서 좌변의 '인(人)'을 떼면 '입(立)' 자가 된다. 이름 두 번째 자인 '총(寵)'은 상변의 갓머리(宀)를 떼어내면 '용(龍)' 자가 된다. 사람(人)과 머리(宀)가 없어진 '입룡'은 결국 죽음을 맞을 것이라는 의미인 것이다. 서경성 함락을 둘러싼 두 진영의 기세 싸움이 상당했음을 알려주는 일화이다.

조위총이 잡혀 죽고 나서도 서북지역의 봉기는 계속되었다. 봉기에서 살아남은 무리는 다시 1177년에서 1178년까지의 봉기(여중餘衆의 봉기)와 1179년의 봉기(유종遺種의 봉기)로 저항을 이어갔다('여중'과 '유종'은 모두 조위총의 남은 무리라는 뜻이다). 이같이 조위총이 제거된 후에도 봉기는 무려 3년간 더 지속되었다. 약 5년간 서경을 중심으로 한 서북일대는 무신정권과 전면전을 벌이는 전쟁터였다. 왜 그러했을까?

봉기에 대한 두 가지 시선

조위총 봉기는 의종을 시해한 무신 권력자를 타도한다는 정치적 명분을 내걸었지만, 실질적으로는 무신정권의 파행적 정치와 서북지역 주민에 대한 수탈에 저항해 하층민이 봉기를 주도했다. 조위총 등 봉기의 지

《고려사》에 실려 있는 조위총 열전 일부 동아대학교 석당박물관 소장

도부는 의종 시해의 주모자 처벌이라는 정치적 목적에서 봉기를 일으켰지만, 서북지역 주민은 무신정권 자체에 대한 전면적인 저항운동으로 봉기를 발전시켰다. 그렇기 때문에 의종 시해 주모자 처단과 의종 복권을 요구한 봉기의 명분이 달성되었을 때에도 봉기가 멈추지 않고 지속된 것이다. 반무신정권 운동이라는 목표를 공유했지만, 의종 시해자의 처단이라는 정치적 목적을 가진 지도부와 달리 하층민은 서북지역에 대한 차별과 과도한 수탈을 철폐하고 궁극적으로 무신정권을 타도하고자 했다. 이 것이 지도부가 제거된 후에도 약 3년 동안 봉기가 지속된 이유다.

　후대 역사가들은 조위총 봉기에서 어느 측면에 주목했는지에 따라 그 평가가 달라졌다. 현대의 역사가들은 이 봉기에서 서북지역과 그 주민의 동향에 더 주목했다. 이에 따르면 조위총 봉기는 서북지역인 북계의 주

민들이 무신정권의 수탈에 맞서 일어난 최초의 저항운동이었으며, 이후 중부·남부지역에서 일어난 하층민 저항운동의 출발점이 되었다.[6]

반면에 조선시대의 역사가들은 조위총의 역할에 주목했으며, 이 봉기를 왕조에 대한 충성과 반역의 잣대로 평가했다. 《고려사》를 편찬한 조선 초기 역사가들은 조위총을 반역 열전에 싣지 않았다. 그가 의종을 시해한 무신정권에 반발해 봉기했다는 사실에 근거한 것이다. 정중부를 제거한 후 의종 시해의 또 다른 주모자인 이의민의 처단을 주장한 경대승이 반역 열전에 실리지 않은 것과 같은 이치이다. 조정에 반기를 들었지만 국왕 시해범인 무신 권력자의 처단을 주장한 조위총의 행위를 충성으로 평가했다. 그러나 이보다 30여 년 뒤 《동국통감》 편찬자는 《고려사》 편찬자와 다르게 평가했다. 다시 한 번 살펴보자.

돌이켜보건대 (조위총은) 망설이고 머뭇거려 결단을 내리지 못한 지가 몇 년이 되었다. 김보당은 이미 죽임을 당했고, 의종은 시해되었다. 명종의 지위는 안정이 되었고, 반역의 무리들은 반석처럼 굳어졌다. 그런 뒤에야 나라 안에서 군사를 동원하여 충돌을 꾀하고, 다른 나라(금나라)에 (도움을 요청하는) 일을 일으켰으니, 그 방책이 또한 잘못되었던 것이다. 이를 두고 조위총의 거사는 의롭다 하나 거사한 때가 옳지 않은 것이다. 그의 잘못이 이와 같으니 국가에 반역한 죄를 면할 수 없다.[7]

《동국통감》 편찬자들은 조위총이 시일을 지체하다가 김보당이 죽고 의종이 시해되고, 무신정권과 명종의 지위가 안정된 후에야 군사를 일으켰다며, 때를 놓쳐 거사의 의미가 없어졌다고 비판했다. 조위총의 거사 자체는 의로운 것이나, 그 시기를 놓친 잘못이 커 결국 반역의 죄를 피할 수 없다는 것이다.

조위총을 재평가하다

《동사강목》을 집필하던 1755년, 안정복은 조위총을 어떻게 평가해야 하는지를 스승 이익에게 물었다.

> 조위총은 《고려사》에서 "거의(擧義, 정의로운 행동)했다"고 되어 있습니다. 선생님께서도 케게 글을 주셔서 그에 대한 가르침이 있었습니다. 그런데 《동국통감》에서는 그렇게 척지 않아 《통감》(동국통감)의 필법에 다른 쳠이 있는 것인지 알 수가 없습니다.[8]

이익은 이듬해 1756년 순암에게 보낸 편지에서, 금나라에 구원을 요청한 행위는 국왕을 시해한 원수를 응징하기 위한 것이며, 오히려 대단한 일로 평가해야 한다고 했다.

> 조위총에 관한 사실은 그의 올바른 사실만 보이지, 잘못된 쳠을 알 수 없습니다. 그가 금나라에 도움을 구한 것은 일(무신청권)이 성공하는 것을 싫어했기 때문이며, 국왕의 원수를 응징하겠다는 것 또한 대단한 것입니다. 역사를 기록한다는 것이 쉬운 일은 아니지요.[9]

또한 조위총에 대한 이익의 생각은 《성호사설》에도 잘 정리되어 있다.

《동국통감》에는 (조위총이) 반역한 역적으로 기록되어 있다. 그러나 의리상 아주 잘못된 것이다. 《춘추》의 의리에 임금을 죽인 역적은 누구라도 그 목을 벨 수 있다고 했다. 임금을 죽였는데 그 역적을 토벌하지 않고 가만히 둘 수 있겠는가? …… 조위총의 거병은 "먼저 일을 벌이고 나중에 보고한다"라는 말과 같은 것이다. 나중에 힘이 모자라서 불행하게 죽었다면 역사가는 마땅히 "서경유수 병부상서 조위총이 군사를 일으켜 역적을 토벌하다가 이기지 못해 죽었다"라고 기록해야 할 것이다. 만약 그의 거병이 성공했다면 당시 국론은 어떠했을까? …… 조위총의 실패는 운수가 나빠 그렇게 된 것이지 군사를 일으킨 것이 잘못이라고 할 수 없다. 군신의 대의를 천지 사이에 숨길 수 없다 하며 군사의 강약을 헤아리지 않고 (시해자를 처단한다는) 청의로운 목소리를 냈다. 이것이 바로 신하의 절조를 바친 뜻이다. 역사를 기록하는 자들은 다만 일의 성패를 갖고 그 득실을 논했다. 이것을 후세에 전한다면 천지가 어둡고 꽉 막힌 것과 같으니, 이상한 일이 되는 것이다.[10]

이익은 조위총을 반역행위로 평가한 《동국통감》의 서술이 잘못되었다고 비판했다. 그의 봉기를 의로운 행동으로 보아야 한다는 생각이다. 이익은 국왕을 시해한 역적은 누구라도 토벌해야 한다는 《춘추》의 의리론에 입각해 조위총의 거병을 왕조에 충성한 일로 보았다. 이익은 거병 시기를 문제 삼은 《동국통감》 편찬자들의 주장을 반박하면서 군신 의리론의 입장에서 조위총의 거병을 충의로 보았다. 나아가 이익은 '입룡요(立龍謠)'[11]를 지어 조위총의 거사를 다음과 같이 높이 평가했다.

성 위에서 입룡이라 노래할 적에
사람 머리 떨어질 줄을 어찌 알았으랴

힘이 부족하매 천운을 어찌할 수 없으니
머리 잘리고 가슴 뚫려도 마다하지 않는 바라
임금이 시해되면 역척을 반드시 토벌하는 법
의리가 토벌에 있으니 그만둘 수 있겠는가
역척 토벌이 한 번의 거사에 달렸으니
성공을 하고 못하고는 중요치 않네

3부

고려 후기
인물론

1 정세운·안우·이방실

홍건적 침입과 정세운 피살

1361년(공민왕10) 10월 20일, 홍건적이 10만 군사를 이끌고 고려를 침략했다. 홍건적이 남하해 개경을 압박하자, 11월 16일 공민왕은 김용(金鏞, ?~1363)을 총병관(摠兵官, 총사령관)으로 임명해 홍건적을 막게 했으나 실패했다. 김용의 패전으로 11월 19일 공민왕은 안동으로 피난하고, 11월 24일 개경이 함락되었다. 패전 사령관 김용도 공민왕을 수행해 안동으로 피난했다. 왕을 호위해 안동까지 내려간 정세운(鄭世雲, ?~1362)은 왕에게 군사를 징발해 홍건적을 격퇴할 것을 여러 차례 요청했다. 12월 15일 안동에 도착한 왕은 마침내 정세운을 총병관으로 임명하고, 각 도의 군사를 징발해 개경 수복과 홍건적 격퇴를 명했다. 정세운은 이듬해 1362년 1월 17일 20만 고려군으로 개경을 포위한 후 다음 날 마침내 개경을 수복했다. 《고려사》 편찬자는 이성계의 활약을 더 부각시켜 기록했지만, 개경 수복의 일등 공신은 총병관 정세운이었다. 이른바 삼원수(三元帥)로 알려진 안우(安祐, ?~1362), 이방실(李芳實, 1298~1362), 김득배(金得培, 1312~1362) 역시 고려에 침입한 홍건적을 물리치는 데 정세운에 버금가는 공을 세워 공신에 책봉되었다.

개경 방어에 실패했던 김용은 정세운이 새로 총병관이 되어 홍건적을 격퇴해 개경을 수복하자 그를 시샘해 제거했는데, 홍건적 격퇴의 또 다른 공신인 삼원수(三元帥)에게 사주해 살해하게 했다. 김용의 흉계가 홍건적 격퇴의 영웅들을 한꺼번에 비극적인 죽음에 이르게 했다.

뒷날 조선의 역사가들은 정세운을 살해한 주체가 누구인지를 두고 논쟁을 벌였다. 직접 살해한 삼원수와 그들을 사주한 김용에게 살해의 책임을 물은 것은 당연하다. 그런데 정세운과 삼원수의 억울한 죽음을 방관한 공민왕 측근에게도 책임을 물었으며, 심지어 정세운 살해를 사주한 김용의 뒤에 공민왕이 있었다고 하며 공민왕에게 정세운 살해의 책임을 묻는 역사가도 있었다. 조선 역사가의 견해를 따라가다 보면 그동안 크게 주목받지 못했던 홍건적 침입 당시 역사를 다각적으로 이해할 수 있게 될 것이다.

〈홍건적 침입과 삼원수 활동 연표〉

1359년(공민왕8)

11월 29일 홍건적 3천여 명, 압록강 건너 침입

11월 30일 경천흥(慶千興)을 서북면 원수, 안우를 부원수로 임명

12월 8일 홍건적, 4만 군사로 의주 함락(1차 침략)

12월 11일 이암(李嵒)을 서북면 도원수, 김득배를 도지휘사로 임명

안우·이방실, 철주(鐵州)에서 홍건적 격퇴

12월 28일 홍건적, 서경 함락

1360년(공민왕9)

1월 1일 정세운, 서북면 도순찰사에 임명

1월 16일 이방실, 철화(鐵化)에서 홍건적 격퇴

1월 27일 안우를 안주군민만호부(安州軍民萬戶府) 도만호(都萬戶), 이방실을 상만호 (上萬戶)로 임명

2월 16일 이방실·안우·김득배, 홍건적 압록강 밖으로 격퇴

3월 1일 안우·김득배, 승첩을 고함

3월 25일 안우를 중서평장정사(中書平章政事), 김득배를 정당문학(政堂文學), 이방실 을 추밀원부사(樞密院副使)로 임명

1361년(공민왕10)

10월 20일 홍건적, 10만 군사로 삭주(朔州) 침입(2차 침략)

10월 26일 안우를 상원수, 김득배를 도병마사, 이방실을 도지휘사로 임명. 홍건적 대비

11월 12일 정세운, 서북면 군용체찰사(軍容體察使)에 임명

11월 16일 김용, 총병관에 임명. 홍건적 공격했으나 패퇴

11월 18일 안우, 군사 수습. 김용과 개경 금교역(金郊驛) 주둔

11월 19일 공민왕 남쪽으로 피난

11월 24일 홍건적, 개경 함락

12월 15일 공민왕, 안동 도착. 정세운을 총병관에 임명

1362년(공민왕11)

1월 17일 정세운, 고려군 20만 개경 포위. 안우·이방실·김득배 참전

1월 18일 이성계, 홍건적 수괴를 베어 죽임. 개경 수복

1월 22일 김용, 왕의 명령을 위조해 안우·이방실·김득배 회유해 정세운 살해

정세운의 승천과 죽음

정세운이 안동에서 총병관으로 임명되어 출정하자, 당시 시중 이암은 정세운을 다음과 같이 높이 평가했다.

지금 홍건적이 쳐들어와 군신이 피난해 천하의 웃음거리요, 나라의 수치올시다. 그런데 공이 앞장서 대의를 부르짖고 군사를 일으켰으니 사직이 다시 안정되고 왕조가 중흥하는 기회가 될 수 있게 힘을 다해주시오. 우리 군신들은 밤낮으로 공이 승리해 귀환하기를 바랄 것입니다.[1]

안동으로 피난한 조정이 정세운에게 거는 기대가 이암의 격려에 담겨 있었다. 정세운이 출정할 때 왕은 중서평장사(中書平章事)의 벼슬을 내리고 옷과 술을 보냈다. 그러자 정세운은 왕에게 상소를 올렸다.

장수들이 적을 사로잡았다는 보고가 있어도 먼저 상을 내리지 마십시오. 제가 적을 사로잡아도 빨리 보고하느라 역마를 번거롭게 하지 않을 겁니다. 크게 싸운 후에 자세하게 보고드리겠습니다.[2]

정세운은 비장한 각오를 밝히고 12월 15일 안동에서 출발했다. 홍건적을 격퇴하고 개경을 수복할 경우 그는 왕은 물론 온 나라의 신망을 한

몸에 받을 수 있는 형국이었다. 정세운은 출정한 지 약 한 달 뒤인 이듬해(1362) 1월 18일 마침내 개경을 수복했다. 승전을 알리는 승전보가 왕이 있는 안동에 도달한 것은 1월 23일이었다. 그러나 불행하게도 하루 전 1월 22일 정세운은 김용의 모략에 빠진 삼원수, 안우·이방실·김득배에게 목숨을 잃었다.

정세운과 김용은 공민왕이 원나라에 머물던 시절부터 공민왕의 측근으로 정치적 행보를 같이했다. 둘은 원나라에서부터 공민왕을 수행하면서 보필했고 공민왕이 즉위하자 공신으로 책봉되었다. 또한 두 사람은 1354년(공민왕3) 원나라 요청으로 장사성(張士誠)의 반란을 진압하기 위해 함께 고려군의 장수로 참전했다. 이렇게 오랜 시절 동료였던 김용에게 죽임을 당한 사실이 정세운에게는 더 참혹한 일이었다. 김용이 정세운을 살해한 이유는 홍건적 침입으로 인한 두 사람의 위상 변화일 것이다. 김용은 총병관으로 개경 방어에 실패했다. 반면에 정세운은 개경을 다시 수복한 공신이었다. 이와 같은 사정이 김용으로 하여금 정세운의 제거를 사주하게 했을 것이다.

다음의 사실도 이러한 추정을 뒷받침한다. 정세운은 출정하기 직전 공민왕을 수행한 재상 유숙(柳淑)과 김용에게 다음과 같이 말했다.

지금 두 재상은 홍건적 침략을 보기만 하고 있으니 누가 본받겠습니까? 만약 적을 섬멸하지 못하면 비록 산골에 도망하여 숨더라도 어찌 사는 것이며 나라를 보전할 수 있겠습니까?[3]

정세운은 왕을 수행해 피난한 두 재상의 비겁함을 이같이 나무랐다. 정세운의 출정을 둘러싸고 조정의 대신들 사이에 의견이 일치되지 않았던 것이다. 또 당시 재상 홍언박(洪彦博)은 정세운의 피살 소식을 듣고, "총병관이 출정할 때 말과 행동이 매우 오만했다. 그의 죽음은 마땅한 것이다"라며 죽은 정세운의 태도를 타박했다.[4] 이러한 조정의 어수선한 분위기 속에서 나라를 구한 영웅 정세운이 피살된 것이다.

삼원수 책임론

김용이 삼원수를 꾀어 정세운을 살해한 내용은 《고려사절요》에 잘 정리되어 있다.

> 일찍이 김용은 정세운이 왕의 총애를 받는 것을 시기했다. 또한 안우, 이방실, 김득배 등이 큰 공을 세워 왕의 신임이 두터워질까 두려워했다. 그래서 안우 등에게 정세운을 죽이게 하고, 그것으로 죄를 씌워 왕에게 모함해 세 사람 모두 죽이려 했다. 왕명을 위조해서 조카 전 공부상서 김림(金琳)을 시켜 몰래 안우 등을 회유해 정세운을 죽이도록 꾀했다. 또 말하기를 "정세운이 평소 그대들을 미워해 적을 물리친 후 그대들은 화를 면치 못할 것이니 먼저 그를 처단하라"고 말했다. …… 안우와 이방실이 밤이 되어 (김득배에게) 다시 와서 말하기를, "정세운을 토벌하는 것은 군주의 명이다. 우리들이 공을 세우고 군주의 명을 받들지 않았다가, 그 후환을 어찌하겠는가"라고 하였다. 김득배는 불가하다고 했으나, 안우 등이 그에게 강요했다. 이에 술자리를 차려 두고 사람을 시켜 정세운을 불러오게 해서, 안우 등이 장사(壯士)들에게 눈짓을 하여 그를 때려죽였다.[5]

이 내용에 따르면, 김용은 홍건적 격퇴에 큰 공을 세워 장차 공민왕의 신임을 받게 될 정세운은 물론 삼원수까지 살해해 자기 입지를 지키려 했던 것이다. 그는 여기에서 멈추지 않고 1363년(공민왕12) 개경 수복 후 왕이 임시로 머물던 홍왕사에 침입해 왕을 죽이려다 실패하여 유배되었다가 처형당했다.

이익은 김용의 사주로 빚어진 살해 건에 대해 삼원수의 책임론을 제기했다. 그의 견해를 살펴보기로 한다.

> 홍건적 난리 때 세 장수가 끝내 죽게 된 것은 예나 지금이나 사람들이 원통하게 여긴다. 나는 당시 세 장수도 함께 죄가 있었다고 생각한다. 왜냐하면 정세운이 크게 공을 세운 것은 나라 사람들이 다 알고 있다. 김용이 임금의 교서를 꾸미고, "정세운이 그대(세 장수)들을 평소에 싫어해 뒷날 반드시 화를 면하지 못할 것이다"라고 말했다. 그러나 이는 간사한 생각이며 따를 수 없는 것이다. 그런데도 세 사람은 그 말에 따라 마음속에 품은 대로 했으니 그들의 죄가 컸던 것이다.[6]

이익은 비록 세 장수가 억울하게 죽었지만, 큰 공을 세운 정세운을 죽인 것은 죄가 크다고 했다. 특히 정세운이 세 장수를 꺼리기 때문에 화를 면하지 못할 것이라는 김용의 모략에 속아 그의 지시를 따른 죄도 크다고 했다. 삼원수 책임론을 제기한 이익의 견해는 공민왕의 교서에 근거했다.

> 총병관(정세운)이 나(공민왕)를 대신하여 모든 일을 집행하게 했다. 아랫사람(안우 등)이 함부로 그를 죽였으니, 이는 나를 무시한 것이다. 윗사람을 능욕

한 죄보다 더 큰 것이 무엇인가? …… (안우 등이) 적을 물리친 공로는 한 때이지만, 임금을 무시한 죄는 만세토록 용서할 수 없다. 그 경중이 명백해 덮어줄 수 없으니, 이들을 석방하고 죽이지 않는다면 후세 사람들에게 무엇을 보이겠는가? 그래서 관리들에게 명하여 도원수 안우와 원수 김득배, 이방실 등을 법에 따라 처벌한 것이다.[7]

공민왕의 교서에 따르면, 왕명을 대행한 정세운을 죽인 것은 곧 왕의 명을 거역한 죄로서 죽음을 면할 수 없다고 했다. 삼원수 책임론은 공민왕 교서에 근거한 것이다.

이 사건에 대해 조선의 역사가들도 관심이 많았다. 조선 중기 역사가 홍여하(洪汝河, 1620~1674)는 이익과 같이 삼원수 책임론을 제기했다.

홍여하는 이렇게 적었다. 1월 18일 적을 쳐부수었고, 1월 22일 삼원수가 정세운을 죽였고, 1월 23일 정세운의 승전 소식이 왕이 있는 행재소(行在所)에 도착했다. 그렇다면 (삼원수에게 정세운을 살해하라는) 김용의 편지는 그 이전에 있었던 일이다. 설령 왕의 교서라 하더라도, 왕이 아직 승전 소식을 모르는데 어떻게 (정세운을) 죽이라 했겠는가? 여러 장수들(삼원수)은 이 사실을 왕에게 은밀히 고했어야 했다. 또한 "정세운이 평소 그대들을 시기하고 있으니 먼저 처치하지 않겠느냐?" 한 것이라면, 김용의 본심이 다 드러났다고 할 수 있다. 그런데 어찌하여 의심하지 않고 곧바로 정세운을 죽였는가? 삼원수는 만세 뒤에도 그 죄를 벗어나지 못할 것이다.[8]

홍여하는 김용이 정세운의 공을 시기해 죽였지만, 삼원수 역시 김용의 흉계를 의심하지 않고 정세운을 죽여 죄를 씻을 수 없다고 했다.

김용과 공민왕의 음모론

반면에 이익, 홍여하와 다른 견해도 있다. 오운(吳澐, 1540~1617)은《동사찬요(東史纂要)》에서 공민왕은 흐리멍덩하고 졸렬해 책망할 것도 못 되지만, 당시 공민왕을 보좌하던 이암, 유탁(柳濯), 홍언박 등이 세 장수의 억울한 죽음에 대해 왕을 깨우치지 못한 사실을 지탄했다. 이는 세 원수의 책임론과 아주 다르다.

> (삼원수는) 하늘을 떠받들 만한 위대한 공적에도 불구하고 조정에 발길이 닿기도 전에 역적 김용의 손에 머리를 나란히 하여 죽임을 당했다. 그런데도 왕은 반성하여 깨닫지 못해 명을 내려 김용의 목을 베지 않고 끝내 잘못을 묻지 않았으니, (김용이) 가까운 곳에서 함부로 (삼원수를) 죽인 것이다. 아마도 하늘이 공민왕을 싫어해 그의 총명을 빼앗아 나라의 멸망을 재촉하는 조짐을 만든 것이 아니겠는가? …… 앞의 수레가 이미 엎어졌으니 뒤의 수레가 엎어질 것은 고금이 동일한 법칙인데도, 오직 혼미하고 어리석은 공민왕을 깊이 책망할 필요도 없겠다. 당시 왕을 수행한 이암, 유탁, 홍언박 같은 사람들은 김용의 당은 아니나 왕의 잘못을 깨우치려 하지 않았다. 이는 (삼원수의 아이들에게) 다투어 먹을 것을 주어 그 은공에 보답하려 했던 저잣거리의 사람들보다도 못한 것이다. 고려사를 읽다가 여기에서 누구인들 책을 덮고 분개해 팔을 걷어붙이고 눈물로 옷깃을 가득 적시지 않겠는가? 슬프도다.[9]

오운은 정세운 살해 주범인 김용을 처벌하지 않은 공민왕을 혼미하고 무능한 군주로 평가했다. 또한 공민왕의 잘못을 깨우치지 않은 이암, 유

_____ **공민왕과 노국대장공주의 능** 북한 개성에 있는 공민왕릉은 공민왕이 안장된 현릉(玄陵)과 노국대장공주가 안장된 정릉(正陵)으로 이루어져 있다. 고려 말 왕릉의 대표적 형식을 갖추고 있으며, 2013년 유네스코 세계유산으로 등재되었다. 저자 제공

탁, 홍언박 같은 재상에게도 책임이 있다고 비판했다. 삼원수 책임론을 제기한 이익, 홍여하와는 다른 입장이다.

한편 유계는 세 원수가 정세운을 죽인 배후에 김용이 있었지만, 김용은 공민왕의 사주를 받아 정세운을 죽였다고 했다.

살펴보건대 김용의 계책은 진실로 간사하고 비밀스러웠다. 그러나 내가 보기에 공민왕이 반드시 시키지 않았다고 말하기도 어렵다. 왜냐하면 공민왕은 시기심이 많고 평소 김용을 심복으로 대했다. 공민왕은 (정세운과 삼원수 등) 여러 장수들이 빼어난 공을 세운 것을 보고 의심하거나 두려운 마음도

들었을 것이다. 비록 김용이 한 것과 같이 일시에 죽이지는 않았을지라도 그들을 억케하는 술책을 반드시 김용과 함께 몰래 의논했을 것이며, 김용이 왕의 마음을 엿보고 헤아렸던 것이다. 이 틈을 이용하여 김용이 간악한 짓을 할 수 있었던 것이다. 왕이 커음부터 의심하고 시기하는 마음이 없었다면, 김용이 비록 흉악하고 교활하다고 하더라도 함부로 죽이기를 이같이 속히 하지는 못했을 것이다. 그렇지 않다면 김용의 목이 베여 당시 그의 간악함이 모두 드러났는데도, 좌우를 돌아보고 눈물을 흘리면서 김용을 그리워하며 (김용 외에) 믿을 만한 자가 없다고 한 것은 무엇 때문인가? 이러한 일로 살펴보면 당시 사정을 대략 짐작할 수 있다.[10]

공민왕은 김용을 심복으로 여겼다. 평소 의심이 많은 공민왕은 크게 공을 세운 정세운과 삼원수에 대해 두렵고 의심하는 마음이 생겼다. 공민왕은 김용과 이들을 억누르는 계책을 몰래 논의했으며, 공민왕의 마음을 읽은 김용이 이들을 죽였다. 공민왕이 정세운과 삼원수를 의심하는 마음이 없었다면 김용이 함부로 죽일 수 없었다고 유계는 주장했다.

안정복은 유계의 주장을 받아들여, 정세운과 삼원수를 살해한 책임을 공민왕에게 돌렸다. 그는 《동사강목》 사론에서, "김용이 세 원수를 죽였는데도, 김용이 죽였다고 쓰지 않은 것은 죄를 왕에게 돌리려는 뜻에서이니, 유씨의 의론에서 단서를 얻었다 하겠다"라고 해서, 유계의 견해에 동의했다.[11]

외적의 침입으로 수도 개경이 함락되고 왕이 남쪽으로 피난한 치욕적인 사건은 고려 역사에서 두 번 있었다. 고려 전기의 거란 침입과 고려 후기의 홍건적 침입이었다. 거란 격퇴의 영웅 강감찬이 개선할 당시 국왕(현종)이 직접 교외로 나가 그를 영접했다. 또한 그는 백성으로부터도 크게 존경을 받았다. 사후에도 강감찬은 대대로 추앙을 받았다. 이처럼 왕에서 백성에 이르기까지 전쟁 영웅을 대접한 현종 대의 시대 분위기가 거란전 이후 경기제(京畿制)와 군현제 실시, 천리장성 축조 등으로 수도 개경과 지방사회를 재건하며 왕조 중흥의 계기를 마련한 원동력이 된 것은 아닐까? 그러나 홍건적을 격퇴한 영웅은 개선의 기쁨도 누리기 전에 도리어 억울한 누명을 쓰고 살해되었다. 정쟁에 빠져 전쟁 영웅을 정치의 희생양으로 만든 왕과 측근의 사리사욕이 고려를 쇠망의 길로 접어들게 한 것은 아닐까? 역사의 엄혹한 교훈을 읽을 수 있다.

2 최영

요동 정벌과 최영의 음모

최영(崔瑩, 1316~1388)은 임견미(林堅味), 이인임(李仁任), 염흥방(廉興邦) 등의 권세가를 제거해 고려의 내정을 안정시켰고, 왜구와 홍건적의 침입을 막아 고려왕조를 위기에서 구해낸 영웅적인 인물로 백성들의 존경을 받았다. 그가 처형되는 날 개경 사람들은 장사를 쉬었고, 처형 소식이 알려지자 곳곳에서 어린아이들과 여인들이 모두 눈물을 흘렸으며, 최영의 시신을 실은 상여가 길에 멈추자 행인들이 말에서 내려 조의를 표했다고 한다.[1] 최영과 같은 시대를 살았던 변계량(卞季良, 1369~1430)은 말 배우는 아이조차 그 이름을 다 알고 있을 정도였다고 했다.[2] 최영의 영웅적인 풍모는 그가 죽은 이후에도 현대까지 전국 곳곳에 사당이 들어서고 야사나 민간의 구전설화에 등장하여 신앙의 대상이 될 만큼 강렬했다.

그러나 민간의 기억과 다르게 역사기록에서는 최영을 부정적으로 평가했다. 공식 역사기록인《고려사》등에 따르면, 최영은 천자국 명나라의 요동 땅을 정벌하려 한 역사의 죄인이었다. 최영이 처형된 1388년 12월 당시 그의 죄목에서 잘 드러난다. 그는 요동 정벌을 결정해 명나라 천자에게 죄를 지어 나라가 뒤집힐 지경에 이르게 한 죄를 지었다. 내란을 평정하고 왜구를 물리쳐 사직을 보존한 공적도 요동 정벌의 죄를 가릴 수 없을 정도로 죄가 무겁다고 했다.[3] 최영의 공로는 한 나라를 뒤덮지만 그가 지은 죄는 천하를 가득 채운다고 했다.[4] 심지어 우왕은 최영의 요동정벌을 막지 못해 왕위에서 물러난다면서 아들 창왕의 즉위를 명나라에 요청했다.[5] 외교문서가 작성된 1388년(창왕 즉위년) 7월은 우왕이 이미 폐위된 때이다. 따라서 이 문서는 이성계 일파가 작성한 것인데, 우왕 폐위의 책임까지 최영이 지게 했다. 이러한 평가는 조선이 들어서고 나서 조선왕조의 공식적인 입장이 되었다. 이성계 세력은 위화도 회군 직후 우왕을 폐위시키고 창왕을 즉위시킨 명분을 최영의 잘못된 요동 정벌에서 찾으려 했다. 이성계 일파는 명나라와 관계를 개선하고 집권의 정당성을 얻기 위해 최영에게 요동 정벌의 책임을 지운 것이다. 최영 책임론은 여기에 그치지 않았다. 조선 중기 이후 일부 역사가들은 요동 정벌이 최영의 정치적인 음모에서 비롯했다는 음모론까지 제기했다.

〈요동 정벌 연표〉

1388년(우왕14)

2월	명나라, 철령(鐵嶺) 이북 요동 소속 선언
	고려, 박의중(朴宜中)을 명나라에 보내 반대 의사 전함
	최영, 우왕과 요동 정벌 논의
3월	명나라, 철령 이북 지역 관리할 철령위(鐵嶺衛) 설치
	고려, 요동 정벌 반대한 이자송(李子松) 처형
4월 1일	우왕, 최영과 이성계에게 요동 정벌 통고
	이성계, 4불가론으로 반대
3일	우왕, 서경 행차. 군사 독려
	최영을 8도 도통사(都統使), 조민수(曹敏修)를 좌군 도통사, 이성계를 우군 도통사에 임명
	군사 38,830명, 군마 21,682필 동원
18일	조민수와 이성계 출정. 10만 병사로 호칭
21일	고려, 명나라 홍무(洪武) 연호 폐지. 몽고복장 허용
5월 7일	요동 정벌군, 압록강 위화도 주둔. 도망자 속출
13일	조민수와 이성계, 우왕에게 회군 요청
22일	최영에게 회군 요청. 이성계 회군하여 압록강을 건넘
25일	회군한 군사, 안주(安州)에 도착. 우왕 이들을 막도록 명령
28일	우왕, 개경 도착. 최영, 회군한 군사 막도록 백관에게 명령
6월 1일	회군 군사, 개경 근교 주둔. 최영 제거 기도
2일	각 도에서 군사 징발, 이성계·조민수 체포 명령
3일	이성계, 궁궐 공격. 최영 체포해 고봉현(高峯縣, 고양시)에 유배
4일	고려, 명나라 홍무 연호 다시 사용. 몽고복장 폐지. 이성계, 우시중에 임명
5일	최영, 합포(合浦)에 유배
8일	이성계, 우왕을 강화로 추방
9일	정비(定妃) 최씨(공민왕비), 세자를 왕으로 옹립. 창왕 즉위
7월	우인열(禹仁烈)·설장수(偰長壽), 명나라 사행(使行)하여 창왕 즉위와 최영의 요동 정벌죄 보고
	최영, 충주에 유배. 조민수, 창녕에 유배
12월	최영 처형

정적 이성계 제거 음모

조선 후기 역사가 이익은 최영의 요동 정벌에 대해《고려사》등과 다른 견해를 제시했다. 그는 우리나라 역사를 시로 읊어《해동악부(海東樂府)》라는 역사시집을 남겼는데, 여기에 최영의 죽음에 대한 시가 실려 있다.

> 최영 장군은 한 번 죽음으로 판가름했으니
>
> 고려의 운이 다해 어쩔 수 없는 때였지
>
> 공로가 한 시대를 덮었다는 명언이 있으나
>
> 죄가 천하에 가득하니 그대가 어찌하리
>
> 백성이 동요함은 걸(桀)의 개가 요 임금에게 짖는 격이니[6]
>
> 이 일은 함부로 트집 잡아서는 안 되네
>
> 오는 사람 가는 사람 모두 눈물 닦으며
>
> 길가의 시신에게 말에서 내려 절하였네
>
> 양관(兩觀)이 높다 하나[7] 명성은 더 우뚝하니
>
> 시신이 버려짐을 어찌 충혼이 상관하랴
>
> 호서(湖西)에 아직도 작은 무덤 남아 있어
>
> 아이나 여인네들 가리키며 한탄하네[8]

이 시에서 최영의 죽음에 대한 이익의 생각을 정리하면 다음과 같다. 최영의 죽음은 고려왕조의 운이 다했음을 알려준다. 요동 정벌로 명나라에 지은 죄, 즉 사대질서를 거역한 죄는 그가 고려에 세운 공을 덮고도 남을 정도로 컸다. 그렇기 때문에 최영의 죽음은 어쩔 수 없는 일이고, 최영이 고려왕조에 충성하던 마음과 별개이다. 그러므로 최영을 죽인 조선의 건국 주체를 비난할 수 없다고 했다. 이익은 자신의 시대인 조선의 신하로서의 의리론과 사대질서의 명분론으로 최영을 평가했다.

나아가 그는 최영이 요동 정벌을 단행한 이유로 정치적인 음모론을 제기했다. 그의 주장을 살펴보자.

> 내가 《고려사》를 살펴보니 대개 이러한 까닭이 있었다. 우리 태조(이성계)의 위세와 명성이 날로 높아지자 국내의 힘으로는 도저히 그를 억눌러 막을 수 없었다. 최영 무리가 문득 상국(上國, 명나라)에 의지해 하고 싶은 일을 꾀하려 했다. 이때 명나라는 새로 천하를 평정하느라 나라 밖의 일을 대비할 생각이 없었다. 이 때문에 변방에서 일을 일으켜 명나라 황제의 분노를 일으키려 하였다.[9]

이 내용에 따르면, 이성계의 위세와 명성이 날로 높아졌고, 정치적 라이벌인 최영은 이성계의 명망을 꺾을 현실적인 방법을 찾지 못했다. 그래서 명나라 변방인 요동지역 정벌을 이용해 이성계를 제거하기로 했다는 것이다. 최영은 명나라 변방에 사건을 일으켜 명나라 황제의 분노를 사게 하는 방식을 채택했다. 이렇게 해서 기획된 것이 요동 정벌이었다. 정벌 사령관으로 이성계를 임명하고, 나중에 그에게 책임을 전가해 제거하려 했다는 것이다. 명나라가 철령위를 설치하여 우리 영토를 잠식하려

_____ **최영 장군 사당** 경상남도 남해군 미조면에 있는 무민사(武愍祠). 최영 장군의 사당으로, 500년 전 미조 앞바다에 떠내려온 최영 장군 화상을 봉안한 데서 유래했다. 저자 제공

하자, 이에 반발하여 우왕과 최영이 주도하여 요동 정벌을 단행한 것이라는 그동안 학계의 연구성과와 아주 다른 견해이다. 이익은 다른 글에서도 최영 음모론을 언급했다.

북원과 관계를 단절하고 오직 명나라만을 생각한 사람은 최영이다. 이인임이 귀양을 가게 되었을 때 최영은, "이인임이 사대하기로 결정하고 나라를 진정시킨 공로는 그의 허물을 덮을 수 있다"라고 했다. 그런데 갑자기 요동을 정벌하기로 계책을 세웠다. 이때 황제는 크게 분노해 있었고 왜구는 3면으로 침입해서, 실로 나라를 온전하게 보전할 틈조차 없었다. 지친 병사를 이끌고 변방을 쳐들어간들 최영에게 무슨 이익이 있었겠는가? 이렇게 한 것은 결국 한 사람(이성계)에게 죄를 돌려서 천자의 질책을 막으려 한 것에 불과하다. 그렇기 때문에 요동을 정벌하려 한 것은 화를 이성계에게 전가시키려 한 것이다.[10]

이 글에 따르면, 최영은 이인임이 명나라와 사대관계를 수립한 것이 나라를 안정시킨 공로라고 평가할 정도로 명나라와 사대관계 맺는 것을 환영한 인물이었다. 그럼에도 불구하고 갑자기 요동을 공격하여 명나라를 저버린 잘못을 한 것은 명나라 황제의 분노를 유발해 날로 위세와 명성이 높아지는 이성계에게 화를 입히려는 목적이었다는 것이다.

끝나지 않은 음모론

이익의 주장에 따르면, 최영의 음모론은 1388년(창왕즉위년) 6월 최영의 체포와 12월 최영의 죽음으로 끝나지 않았다. 이익은 최영의 유배 이후에 이성계를 제거하려는 정치적 움직임도 최영 음모의 연장으로 간주하며 1388년 10월 이색(李穡)의 명나라 사행을 음모의 예로 들었다.

(1388년 10월) 이색이 사신으로 명나라에 갈 때 돌아오지 못하고 변란이 생길까 두려워하여 태조에게 함께 갈 것을 요청했다. 태조는, "내가 그대와 함께 사신으로 가면 나랏일은 누가 맡겠는가?" 하면서, 아들 태종을 서장관(書狀官)으로 삼게 했다. 이색이 돌아와서, "황제는 주관이 없는 사람이다. 황제가 반드시 이것을 물을 것이다라고 생각했는데, 황제가 묻지 않았다. 또 황제가 묻는 것은 모두 내가 생각하지 않은 것이었다"라고 했다. 지금까지 전해

지는 말에 따르면, 이색이 황제에게 고려를 정벌할 것을 요청했는데 황제가 들어주지 않았다고 한다. 이에 근거할 때 이색과 같은 사람들의 생각을 짐작할 수 있다.[11]

이 글에 따르면, 이색이 명나라에 사신으로 가서 명나라 황제에게 고려를 정벌해달라고 요청했는데, 바로 이성계를 제거하려 했던 최영 계획의 일환이었다는 것이다.

이익은 최영의 죽음 이후 1390년(공양왕2) 5월 윤이(尹彝)와 이초(李初) 사건도 최영 음모의 또 다른 연장으로 보았다. 윤이와 이초 등이 명나라 황제에게 이성계가 왕씨가 아닌 자기 인척인 공양왕을 왕위에 앉히고, 그에 반대한 이색 등의 고위관료들을 살해하거나 유배시키고 명나라를 공격하려 한다고 무고한 사건이다. 윤이와 이초는 명나라 황제에게 이성계 일파를 제거해달라며 명나라 군대의 파견을 요청했다.[12] 이 사건은 곧 사실이 아닌 것으로 밝혀져 없던 일이 되었지만, 이 사건을 계기로 이성계를 비롯한 개혁파들이 반대파를 제거하고 정국의 주도권을 장악하게 되었다. 그러나 이익은 이 사건을 다른 시각에서 평가했다.

명나라 천자가 군사 출병을 꺼리지 않았거나 사신으로 간 조반(趙胖) 등이 (윤이와 이초의 무고를) 힘을 다해 따져서 밝히지 않았다면 천자의 군대가 출병했을지도 모르는 것이다. 이때 (이 사건에 연루된) 김종연(金宗衍)은 도망가고 윤유린(尹有麟)은 자결했으니, 실제로 이러한 일이 있었던 것이다. 진실로 이 사건(윤이와 이초 사건)은 역시 최영의 음모와 같은 것임을 알 수 있다. 당시 세밀하게 사건을 꾸며 모의하는 것이 많았으며, 철령위 사건도 반드시 최영이 꾸미지 않았다고 말할 수 없는 것이다.[13]

이익은 윤이와 이초 사건 역시 이성계를 제거하려는 최영 음모의 또다른 연장으로 보았다. 심지어 철령위 사건도 최영이 조작한 것이 꼭 아니라고는 말할 수 없다고 했다. 이익은 윤이와 이초 사건으로 미루어 보아 최영의 요동 정벌은 이성계를 제거하기 위한 음모가 맞다고 했다.

음모론의 시작과 계승

최영의 요동 정벌 음모론은 이익이 처음 제기한 것이 아니다. 조선 중기 심광세(沈光世, 1577~1624)[14]가 처음으로 제기했다. 이익은 심광세의 주장을 수용한 것이다. 심광세의 최영 음모론은 그의 문집 《휴옹집(休翁集)》에 실려 있다.

> 내가 선배와 스승으로부터 여러 비사를 들었다. 당시 우리 태조의 공명(功名)이 날로 높아가고 또 이씨가 왕이 된다는 얘기도 있었다. 최영은 이를 꺼렸으나 죄를 줄 만한 구실이 없었다. 그래서 요동을 치게 하여 명나라에 죄를 짓도록 만든 뒤에 그것을 핑계로 제거하려고 계획을 만들어냈다고 한다. 이는 큰 잘못이다. 어찌 나라를 비우고 군대를 동원할 수 있겠는가? 남을 위태롭게 하면서 자신을 편안하게 하려다 도리어 화를 입었으니, 한 몸을 보전하지 못한 어리석은 사람이 아닌가?[15]

안정복은 《동사강목》에서 요동 정벌에 대한 사론을 작성하면서, 심광세의 이 글을 인용했다.[16] 또한 그는 이익의 주장도 받아들여 《동사강목》에 반영했다. 다음의 기록에서 확인할 수 있다.

_____ **최영 장군 묘** 경기도 고양시 대자산 기슭에 있으며, 아내 문화 류씨와 합장됐다. 고려 말 이성계와 함께 정국을 주도하며 요동 정벌을 단행했으나 이성계의 위화도 회군으로 뜻을 이루지 못하고 결국 처형당했다. 출처: 문화재청

어떤 이는 말하기를, "이때 우리 태조께서 높은 덕이 날로 성하여 공을 시기하는 자가 모함하려고 중국을 부추겨 고의로 우리나라에 일이 벌어지게 하였다" 하는데, 후일 윤이와 이초의 일을 보면 그런 것 같다. 이에 대해 명 태조가 곧 그만둔 것으로 보아 또한 그의 본뜻이 아니었음을 알 수 있다.[17]

이 글에 따르면, 최영이 요동 정벌을 일으켜 중국을 자극해 이성계를 제거하려 했다는 것이다. 안정복이 인용한 '어떤 이'는 바로 스승 이익을 가리킨다. 이익의《성호사설》에 같은 사실이 기록되어 있기 때문이다. 이같이 안정복은 이익의 요동 정벌 음모론을 받아들여《동사강목》서술에 반영

했다. 이 책의 다른 부분에서도 자신의 주장을 다음과 같이 반복했다.

> 고려 말의 역사책이 많기는 하나 꺼리고 감추어서 자세하지 않다. 사건에
> 나타난 것을 가지고 말하면, 최영이 요동을 정벌한 것이나 이색이 창왕에게
> 명나라 황제를 친히 알현할 것을 독촉한 것은 그만둘 수 없었던 것인가? 뒤
> 에 윤이와 이초의 사건도 매우 의심스럽다. 윤이는 윤유린의 사촌동생이다.
> 이때 김종연은 도망가고 윤유린은 자살한 것으로 보아 실제로 이런 일이 있
> 었음을 알 수 있다. 당시 태조가 위세와 명예가 날로 번성해 나라의 힘으로
> 는 억제하지 못해 그를 얽어 모의하는 일이 많았다. 슬프다, 천명이 (이성계에
> 게) 돌아갔는데 어찌하랴.[18]

안정복은 고려 말 기록은 감추어진 사실이 많아 자세한 내용을 알 수
없는 경우가 많다고 했다. 그 가운데에서도 최영의 요동 정벌, 이색이 창
왕에게 명나라 내방을 요청한 사실, 윤이와 이초 사건은 당시 날로 높아
지는 이성계의 권위와 명망을 나라가 통제할 수 없어 공작한 일이라 했
다. 역시 이익의 견해를 그대로 수용했다.

역사가가 자신이 사는 시대의 제약을 벗어나 역사를 객관적으로 평가
하는 일은 참으로 어려운 일이다. 이익은 조선사람으로서 조선 건국의
필연성과 건국자 이성계 중심의 의리론 관점에서 최영의 요동 정벌을 평
가했다. 또한 화이론(華夷論)에 근거한 사대 명분론의 관점에서 요동 정
벌의 부당성을 지적하는 등 자기 시대의 제약과 한계 속에서 최영을 평
가했다. 시대의 제약을 뛰어넘는 역사 서술과 평가는 불가능한 것일까?
최영의 요동 정벌 음모론은 자기 시대와 왕조의 입장에 깊이 발을 딛고

있어 이러한 의문을 제기해본다. 당대의 제약과 한계를 직시하고, 그 속에서 새로운 역사 서술과 평가를 시도하는 일이 도리어 역사학의 발전에 자극을 줄 수 있기 때문이다.

3 이숭인

개혁과 탄핵 정국의 희생양

이숭인(李崇仁, 1347~1392)은 1362년(공민왕11) 과거에 급제하여 관료의 길로 들어섰다. 공민왕은 1367년(공민왕16) 성균관을 중건하고 성리학을 진흥하기 위해 이색에게 성균관 교육의 책임을 맡겼다. 이때 스무 살의 이숭인은 성균관 학관(學官)에 임명되어 유생들을 교육했다. 이숭인은 성리학에 밝은 신진기예의 유학자였다. 또한 그는 문장에도 능했다. 고려 말 명나라에 보내는 외교문서는 대부분 그의 손을 거쳐 작성되었다. 그는 1386년(우왕12)과 1388년(창왕즉위년) 두 차례 사신으로 명나라에 다녀왔다. 명나라 황제는 이숭인의 문장이 자세하고 적절하다고 칭찬했다. 이색은 우리나라 문장가 가운데 이숭인만 한 사람이 없다고 칭찬했다.

그러나 이숭인은 1389년(창왕1) 10월 위화도 회군 이후 실권을 잡은 이성계 세력에 의해 탄핵, 유배되었다. 뛰어난 재능과 화려한 이력에도 불구하고 여러 차례 탄핵과 유배를 전전했으며, 끝내는 비참하게 생을 마감한 불행한 인물이었다. 이숭인에 대한 탄핵과 유배는 이성계 일파의 개혁을 반대하는 세력에 정치적 탄압이 시작되었음을 알리는, 이른바 개혁과 탄핵 정국의 첫 신호탄이었다.

<이숭인 연보>

개혁의 첫 삽, 이숭인 탄핵

1389년(창왕1) 10월 간관 오사충, 남재(南在) 등이 올린 탄핵 상소로 이숭인은 유배형을 받아 고향인 경산부(경상북도 성주)에 유배되었다. 탄핵 상소에 따르면, 이숭인의 죄목은 다음과 같다.

> 이숭인은 왕실 종친을 모함해 '큰 윤리'를 훼손한 것이 첫 번째 죄입니다. 모친상 후 3년이 다 지나지 않았는데 (예법을 어겨) 과거 시험관이 되고 육식을 한 것이 두 번째 죄입니다. 중국에 사신으로 가서 직접 물건을 매매하고 상인과 이익을 다투어 사신의 절도를 잃은 것이 세 번째 죄입니다. 법관이 왕명을 받아 종친의 진위를 분별했는데, 이숭인이 왕의 명을 어기고 도망해 숨은 것이 네 번째 죄입니다. 왕이 그를 사면하고 다시 관직에 임명한 우대를 받았는데도 왕께 나아가서 사례하지 않은 것이 다섯 번째 죄입니다.[2]

여기에서 첫 번째, 네 번째, 다섯 번째 죄목은 한 사건과 관련되어 있다. 왕실 종친으로 신종의 7대손 영흥군 왕환은 1371년(공민왕20) 처남 신순(辛珣)이 신돈(辛旽) 일당으로 처형될 때 연좌되어 울릉도에 유배 도중 표류해 일본에서 살았다. 1389년(창왕1) 9월, 우리말도 잃어버리고 치매인 상태로 귀국하자, 왕환의 진위 여부를 둘러싸고 논쟁이 있었다. 이때 이숭인은 일본에서 귀국한 왕환이 진짜 왕환이 아니라는 의견을 냈는데, 결국 진짜로 밝혀지면서 종친 무고죄로 처벌을 받게 되었다. 그러나 왕이 이성계의 건의를 받아들여 이숭인을 사면하고 복직시켰다. 간관들은 이숭인이 왕에게 나아가 감사의 예를 올리지 않았다는 것을 죄목으로 삼았다. 이같이 이숭인은 종친 모욕죄, 상중(喪中)에 과거 시험관을 맡은 죄, 사신으로 중국에서 매매에 종사한 죄 등의 죄목으로 탄핵의 대상이 되었다. 이숭인이 상중에 과거 시험관을 맡은 것은 7년 전 1382년(우왕8)의 일이다. 중국에 사신으로 가서 문제가 된 때도 1년 전인 1388년(창왕즉위년)이다. 지난 일을 새삼스럽게 끄집어내 그를 탄핵한 것이다.

삼년상을 둘러싼 논쟁

탄핵을 받고 이숭인이 직접 자신을 변호한 기록은 찾을 수 없다. 이숭인이 탄핵된 직후 1389년 10월 권근이 이숭인의 탄핵에 반대하면서 간관이 제시한 죄목에 대해 반박하는 상소문을 올렸다. 그러자 간관이 권근의 상소를 재반박하는 상소를 올린다. 이숭인의 죄목을 둘러싼 권근과 간관 사이의 치열한 논쟁은 마치 법정에서 검사와 변호사 사이의 법리 논쟁을 연상케 한다. 그 가운데 논란의 중심은 모친 상중에 이숭인이 과거 시험관을 맡은 일이었다. 대간들과 권근 사이에 오간 논박과정을 소개하면 다음과 같다. 먼저 간관의 주장이다.

부모상으로 3년이 지나지 않으면 고시관을 맡을 수 없습니다. 이숭인은 산기상시(散騎常侍, 정3품 간관)였을 때 모친상을 당했는데도 국자감시 고시관을 요구했고, 고위직인 산기상시 대신 상호군(上護軍)으로 직급을 낮춰 과거시

험을 주관했습니다. 또 모친상을 당한 지 겨우 100일이 지났는데 태연하게
고기를 먹어, 사람의 도리를 훼손했습니다. 이는 불효입니다.[3]

이와 같이 삼년상 중에 고시관을 맡고 육식을 한 것이 이숭인을 탄핵
한 이유의 하나였다. 권근은 다음과 같이 반론했다.

이숭인이 불효자가 된 것은 모친이 죽은 지 3년이 지나지 않았는데 고시관
이 되었기 때문입니다. 당시 이숭인의 부친 이원구(李元具)가 늙고 병들어 목
숨이 아침저녁으로 위급했습니다. 그는 생전에 자식이 고시관이 되는 영광
을 보고자 했습니다. 나라도 이숭인의 재주를 소중히 여기고 이원구의 뜻을
안타깝게 여겨 고시관으로 임명했습니다. 만약 이숭인이 사양했다면 이는
죽은 어미만 알고 살아 있는 아비를 모르는 것입니다. 이는 (삼년상을 어겼다
는) 후일의 비난을 면하기 위해 살아 있는 아비의 뜻을 돌보지 않은 것이 됩
니다. 이숭인 역시 내심으로 편안하지 않았지만 고시관을 맡은 것입니다.[4]

권근은 죽은 모친보다 살아 있는 부친에 대한 효도가 더 중요하다고
했다. 국가도 이를 인정해 이숭인에게 고시관을 허락했다는 것이다. 권
근은 나아가 삼년상이 제대로 정착되지 않아 처벌이 온당하지 않다며 이
숭인을 옹호했다.

우리나라 사람 가운데 삼년상을 제대로 치르는 사람은 만에 하나일 정도입
니다. 게다가 나라에서는 상중에 있는 사람에게 벼슬을 내리는 법을 만들어
상을 제대로 치르려는 마음을 빼앗고 있습니다. 만약 이숭인에게 벌을 주려
면 반드시 삼년상을 제대로 치른 사람만을 등용해야 하는데, 이는 만 가지

를 버리고 하나를 얻는 것으로서 커는 컨하께서 케대로 된 사람을 등용하지 못할까 두렵습니다. 이숭인이 아비를 사랑하는 마음을 살피지 않아 불효의 누명을 얻는다면 어찌 안타깝지 않겠습니까?[5]

권근은 당시 삼년상을 제대로 치르지 않는 현실을 지적하며 이숭인을 옹호했다. 죽은 자보다 살아 있는 부모에 대한 효를 강조한 것에는 현실을 중시하는 그의 입장이 반영되어 있다.

창왕은 권근의 주장을 받아들여 이숭인 처벌 문제를 도평의사사(都評議使司), 문하부(門下府), 헌부(憲府)에 넘겨 재심의하게 했다. 그 결과 헌부에서는 삼년상을 어긴 이숭인과 그를 옹호한 권근의 탄핵을 더 강하게 주장했다.

이숭인은 상중에 (권세가) 임견미와 염흥방에게 아첨해 (산기)상시 벼슬을 얻어 주요 부커에 있으면서 또한 과거시험을 관장했습니다. 상시 자리는 간관이라서 예법을 훼손할 수 없어 상호군으로 직급을 낮추어 고시관이 되었습니다. 또 (상중인데도) 길복(吉服)을 입고 공자 사당에 들어갔고, 명륜당에 앉아 태연하게 고기를 먹고 남에게 영예로움을 자랑했습니다. 이러한 짐승과 같은 행동으로 삼한의 후학들을 이끈다면, 이는 컨하의 새로운 청치에 잘못을 끼치는 것입니다. 이숭인을 추궁하지 않을 수 없습니다. 이숭인이 고시관이 된 것이 아버지께 효도하기 위한 것이라는 권근의 주장은 컨하를 기만하고 인륜을 모독한 것입니다. 권근 또한 이숭인이 죄를 지어 탄핵된 이유를 모르지 않을 것인데, 사사로운 감청에 이끌려 거짓으로 문장을 지어 컨하를 속이고 해당 관리들을 해치려 했습니다.[6]

_____ **이숭인 초상** 조선 후기에 그려진 작자 미상의 이숭인 초상이다. 이숭인은 명 태조와 중국 사대부들이 탄복할 정도로 뛰어난 문인이었다. 1406년 권근 등이 조선 태종의 명을 받아 이숭인의 시문집《도은선생집(陶隱先生集)》을 간행했다. 출처: 위키미디어 커먼즈

낭사(郎舍) 역시 같은 의견을 냈다. 즉 "이숭인의 죄가 이와 같은데 권근은 친구를 위해 말을 꾸미고 속여 그를 두둔하고 해당 관청을 모함하려 했습니다. 그의 죄는 이숭인보다 더 무거워 용서할 수 없습니다. 다시 이에 대해 재상들이 논의하는 것은 마땅하지 않습니다. 권근의 직첩을 거두고 죄를 밝혀 그를 바로잡아 주시기 바랍니다"라고 했다.[7] 이숭인을 옹호한 권근의 죄가 더 무겁다며 그의 처벌을 주장했다. 결국 창왕은

두 사람에게 유배형을 내려, 권근은 우봉현(牛峯縣, 황해도 금천), 이숭인은 경산부로 각각 유배되었다. 이들이 유배된 1389년(창왕1) 10월은 위화도 회군으로 우왕이 폐위되고 창왕이 즉위한 지 1년 4개월이 된 때였고, 한 달 뒤 창왕도 폐위된다. 이렇게 급박한 정국의 한가운데에서 이숭인 탄핵 사건이 일어난 것이다.

이익과 안정복의 다른 생각

《고려사》를 비롯해《동국통감》,《여사제강》등을 편찬한 조선 역사가 대부분은 이 사건을 두고 특별한 사론을 남기지 않았다. 다만 조선 후기 역사가 이익은 다음과 같이 이 사건을 평가했다.

이숭인은 한 시대의 명사이다. 그러나 간관은 "이숭인이 모친 상중에도 불구하고 국자감시의 고시관이 되기를 요구했습니다. 상을 당한 지 겨우 100일이 지났는데, 태연하게 고기를 먹어 사람의 도리를 훼손했습니다"라고 비난했다. 권근은 이를 반박하는 상소를 올려 이숭인을 옹호하려 했다. 즉 "이숭인의 부친 이원구가 늙고 병들어 목숨이 아침저녁으로 위급했습니다. 그는 생전에 아들이 고시관이 되는 영광을 보고자 했습니다. 나라도 이숭인의 재주를 소중히 여기고 이원구의 뜻을 안타깝게 여겨 고시관으로 임명했습니다. 만약 이숭인이 고시관을 사양한다면 이는 죽은 어미만을 알고 살아 있는 아비는 모르는 것입니다"라고 했다. 권근은 유교를 숭상하는 사람인데도 이렇게 말했으니, 고루한 풍속에서 벗어나는 일이 이같이 어려운 것이다. 탄식할 만한 일이다.[8]

이 글에서 이익은 권근이 이숭인을 옹호한 내용을 두고 유교 예법에 충실하지 못하고 고루한 습속에 젖어 있다고 비판했다. 그는 이 사건을 유교 예법의 문제로 평가했다. 이러한 유교 예법은 조선시대에 들어와 더욱 강화되었는데, 이익은 조선 당대의 관념과 시각으로 권근을 비판했다. 이 논쟁이 벌어진 고려 말의 정치적 상황에 대해서는 관심을 보이지 않았다.

그러나 안정복은 스승 이익과 다른 관점에서 이 사건을 평가했다. 그는 이숭인 탄핵 문제가 제기된 정치적 배경에 주목했다. 그는 사건이 있기 한 해 전인 1388년(창왕즉위년) 10월, 이색과 이숭인이 함께 명나라에 사신으로 간 사실에 주목했다. 안정복의 생각을 살펴보자.

> 이색은 명나라 하정사를 자청해 천자를 만나 창왕의 알현을 요청하고 명나라가 고려를 감독해줄 것을 청한 적이 있었다. …… 뒤에 간관들이 이숭인의 죄를 논하면서, "이색의 간사한 계책에 따라 창왕의 명나라 황제 알현을 독촉하고 우왕을 세우려 했다"라고 했다. (개혁파를 견제하려는 이색의) 정치적 의도가 이때 처음 드러났으며, 일의 형세가 매우 급박했음을 알 수 있다.[9]

안정복은 당시 사신으로 간 이색과 이숭인이 창왕의 황제 알현과 함께 명나라에 고려를 감독해줄 것을 요청한 사실을 거론하며, 이들의 사행이 결국 명나라를 통해 이성계와 개혁파 세력을 견제하고 우왕을 복위시키는 데 목적이 있었다고 보았다. 따라서 이숭인 탄핵은 이들의 움직임을 차단하려는 개혁파의 정치적 의도에서 비롯된 것이라 했다. 스승 이익과 다르게 안정복은 이숭인 탄핵 사건을 단순한 예법의 문제로 보지 않았던 것이다.

탄핵의 나비효과

이숭인이 과거시험을 주재하는 고시관을 맡은 때는 1382년(우왕8)이
다. 왜 7년 전의 고시관 문제를 끄집어내 이숭인을 탄핵하려 했을까? 또
한 당사자인 이숭인 대신 왜 권근이 자청해서 이숭인을 변호하려 했을
까? 적지 않은 의문이 꼬리를 잇는다. 그에 대한 해답은 이미 앞에서 언
급한 안정복의 사론에서 찾을 수 있다. 그는 이숭인과 이숭인을 옹호한
권근의 탄핵과 유배의 배경에 고려 말 정국의 주도권을 둘러싼 대립과
갈등이 깔려 있음을 지적했다.

한편 이숭인과 권근이 처벌을 받자, 당시 문반의 최고위직 판문하부사
(判門下府事)로 있던 이색은 당시 사신단의 정사로서 부사 이숭인이 탄핵
되었다는 이유로 사직을 요청한 후 장단(경기도 파주)으로 낙향한다. 단지
그 이유 때문에 이색이 사직했을까? 사직한 이유가 부족해보인다.

이색은 이숭인과 권근의 탄핵 배후에 반개혁파를 제거하려는 이성계
세력의 정치적 음모가 있음을 알아채고 앞으로 닥칠 불행한 조짐을 예감
하고 있었던 것이다. 조선왕조가 수립되기까지 이숭인은 여러 차례 탄핵
과 유배를 당했다.

공양왕 때 간관이 논했다. "이숭인과 하륜(河崙)은 컨에는 이인임의 심복이
었습니다. 뒤에는 이색의 간사한 계책을 쫓아 창왕을 재촉해 명나라 황제에
게 조회하려 했고 우왕을 세워 고려 왕실 혈통을 없애려 했습니다"라고 했
다. 왕은 그를 다른 군으로 유배했다. 윤이와 이초 사건으로 청주옥에 갇혀
있다가 홍수로 형을 면케받았다. 얼마 지나지 않아 거주의 자유가 허락되었
다. 소환되어 지밀직사사(知密直司事)와 동지춘추관사(同知春秋館事)에 임명되

었다. 그 후 정몽주 당이라는 이유로 파직되어 먼 곳으로 유배되었다.[10]

이 기록에 따르면, 1388년 10월 이색과 이숭인이 명나라에 사신으로 가서 창왕의 알현을 요청해 창왕의 입지를 강화하려 하자, 이를 견제하려는 이성계 일파의 반격으로 1389년 10월 탄핵 사건이 일어난 것이다.

1389년(창왕1) 11월 최영의 조카 김저(金佇)가 황려부(黃驪府, 여주)에 유배된 우왕을 복위시키려다 발각된 사건, 이른바 '김저의 옥사(獄事)' 혹은 '우왕 복위사건'으로 불리는 사건이 일어났다. 이숭인은 사건에 연루되어 다시 탄핵을 받아 유배되었다. 1390년(공양왕2) 5월 윤이와 이초 사건으로 청주옥에 갇혔다가 사면되었다. 1392년 4월 정몽주의 피살 이후 정몽주 당이라는 이유로 유배되었다. 이숭인 탄핵 사건은 위화도 회군 후 이성계 세력이 반대세력을 제거해 조선 건국으로 나아가는 고려 말 정치적 격동의 시작을 알리는 신호탄이었다. 이숭인에 대한 탄핵이 1389년 10월의 탄핵과 유배에서 종결되지 않고 계속된 사실에서 확인할 수 있다. 이숭인 탄핵 사건은 궁극적으로 이성계 세력이 이색 등 창왕 옹립 세력을 제거하려는 정치적 공세의 일환이었다.

4 권근

권근의 행적과 절의론

권근(權近, 1352~1409)에 대한 조선 역사가들의 평가는 매우 부정적이다. 조선 역사가들은 고려 말 조선 초 인물을 평가할 때 고려왕조에 대한 충절과 의리라는 기준으로 평가했다. 예를 들면 조선 건국에 참여하지 않고 고려에 절의를 지킨 길재(吉再)나 원천석(元天錫) 같은 인물을 긍정적으로 평가했다. 반면에 조선 건국에 참여한 인물은 절의를 지키지 못한 인물로 부정적으로 평가했다. 권근은 후자에 해당되었다.

그런데 조선 건국에 참여한 정도전, 조준(趙浚), 하륜 등은 그렇지 않았는데, 권근은 왜 비판을 받았을까? 조선 초기에는 권근도 비판받지 않았다. 그가 비판받기 시작한 것은 건국 후 약 100년이 지나서였다. 선조(재위 1567~1608) 무렵 사림파들이 정계로 진출해 점차 정국 주도권을 잡기 시작했다. 사림파들은 건국에 참여해 기득권층이 되고 보수화된 훈구세력을 공격하면서, 반대로 조선 건국에 참여하지 않은 인물들을 절의파로 추앙하기 시작했다. 그러면서 고려 말 절의파들과 정치적 입장을 같이하다가 조선 건국에 참여한 인물을 '변절자'로 비판했다. 그런 비판의 표적이 된 대표적인 인물이 권근이었다. 문제는 조선 건국에 참여했다는 사실에 절의의 잣대를 들이대 비난할 경우 고려 말의 복잡한 정치사회적 맥락을 놓칠 수 있다는 것이다. 역사 인물이 자기 시대의 과제를 어떻게 인식하고 어떻게 행동했는지를 고찰하는 일은 인물 탐구에서 중요한 부분이다. 한 인물의 삶과 생각 속에는 시대상이 담겨 있기 때문이다. 따라서 권근이라는 인물을 통해서 고려 말 조선 초의 역동적이고 복잡했던 역사를 살펴볼 수 있다.

〈권근 연보〉

조선 역사가와 권근의 출처관(出處觀)

조선 역사가들이 권근을 어떻게 평가했는지는 조선 중기 역사가 신흠
(申欽, 1566~1628)의 글에서 알 수 있다.

권근은 고려 말 유명한 대부(大夫)이다. 그가 죄인이 된 것은 이색과 이숭인
때문이다. 만약 그가 유배를 당했을 때 거기에 만족하고 편안하게 지냈더라
면, 그의 훌륭한 문장과 식견이 어찌 두 사람보다 못하다 하겠는가? 그런데
조선 건국과 천도를 찬양한 〈계룡(鷄龍)〉이라는 시 한 수로 갑자기 태조의
총애를 받는 신하가 되었다. 슬프다. 조선왕조에서 지위는 삼사(三司)에 미치
지 못했고, 나이도 60을 누리지 못했고 얻은 것도 보잘것없었다. 당시 그를
비웃는 시에, "대낮에 양촌이 의리를 말하나/ 세상 어느 때인들 어진 이가
없을까"라고 했다. 어찌 수치스럽지 않은가? 오직 자손들 중 벼슬하는 이가
끊어지지 않아, 지금은 오히려 훨씬 나아졌다. 그 때문에 사람들은 모두 "양
촌, 양촌" 하면서 그가 덕행이 있는 것처럼 말한다. 심하구나. 그 이름을 도
척질함이여.[1]

신흠은 권근이 조선왕조 수립에 찬동하지 않았더라면 그의 문장과 식
견이 이색, 이숭인 두 사람에 못지않을 정도로 훌륭한 평가를 받았을 텐
데, 그렇지 않아 지탄받는다고 했다. 신흠은 권근이 조선 건국에 동조한

일을 두고 처음으로 비난한 인물이다. 한편 그는 조선 건국에 불참한 원천석 등 고려 말 절의파 인물을 높이 평가했다. 그의 생각은 조선 후기 역사가 이익과 안정복에게 영향을 끼쳤다. 안정복은 이익에게 편지를 보내며 권근의 행적을 다음과 같이 비판했다.

> 권근이 변신해 발자취를 고친 행위는 실로 유가로서 수치스러운 일입니다. 변혁의 때에는 집안을 망치고 근본을 뒤엎는 사람들이 줄을 잇는데, 권근 또한 그러한 부류에서 벗어날 수 없었던 것은 그에게 늙은 부친이 계셨기 때문입니다. 그가 '기로지송(耆老之頌, 늙은이를 기리는 글)'과 '계룡지행(鷄龍之行, 이성계가 새 도읍지인 계룡산에서 권근을 부르자 그곳에 가면서 쓴 글)'을 쓴 것은 늙은 부친을 섬기려는 부득이한 사정에서 나온 것이나, 그의 뜻을 용서할 수 있겠습니까? 뒷날 그는 〈진정표(陳情表)〉에서 그가 세운 공로를 낱낱이 적으며 원종공신에 책봉되기를 원했습니다. 전 왕조의 구신(舊臣)으로서 그 행적이 매우 어지러운데도 공신에 책봉되어 의심과 비방을 해소하려 하는 생각이 진실로 가련합니다.[2]

안정복은 권근이 원종공신으로 책봉되기 위해 태조에게 〈진정표〉[3]를 올린 것을 변절의 대표적인 예로 들어 이같이 비난했다. 이익도 다른 글에서 이색, 권근, 정몽주 세 사람을 절의론의 입장에서 비교해 평가했다.

> 고려 말기의 인망(人望)은 세 사람이었는데, 권근은 이색에 미치지 못하고 이색은 정몽주에 미치지 못했다. 남의 신하로서는 마땅히 정몽주를 본받아야 하기 때문에 조선조에서 정몽주를 맨 먼저 포상하고 높였다.[4]

_____ **권근 3대 묘소** 충청북도 음성에 자리한 이 묘소는 권근과 둘째 아들 권제(權踶), 손자 권람(權擥)의 3대묘다. 권근은 조선 건국 후 대제학을 거쳐 재상에 올랐으며 《동국사략(東國史略)》 등 조정의 편찬사업에 참여했다. 권제도 《고려사》 편찬에 참여했으며, 《용비어천가(龍飛御天歌)》를 지었다. 권람은 장원급제 후 여러 관직을 거쳐 좌의정을 지냈고, 《동국통감》 편찬의 감수책임을 맡았다. 저자 제공

이익은 이 글에서 세 사람 가운데 권근을 가장 낮게 평가했다. 그런데 권근은 자신의 조선 건국 참여에 대해 어떤 생각이었을까?

군자가 세상에 나가거나 물러나는 법은 일정하지 않다. 요컨대 때와 의리에 적합해야 한다. 세상의 도가 쇠하고 간사한 권력자가 권력을 잡고 탐관오리가 벼슬을 할 때 군자는 물러나 자취를 감추어야 한다. 세상의 운세가 흥하여 정치와 교화가 훌륭하면 조정에 나가서 지혜와 힘을 다해 공을 세우고 백성에게 혜택을 끼쳐야 한다. 어진 군자는 세상의 도가 어떠한 상태인지를 반드시 살펴서 나서거나 물러서야 한다. …… 지금은 훌륭한 군주와 어진 군

자가 조정에 가득하니 모든 관청에 마땅한 사람을 얻었다.[5]

　권근은 난세에는 물러나 있고, 치세에는 조정에 나가 공을 세우고 백성에게 혜택을 끼치는 것이 군자의 올바른 처신이라 했다. 그는 새 왕조 조선이 때와 시대정신이 적합해 세상에 나가는 것이 바람직하다고 생각했다.

　권근은 고려왕조에 대한 절개와 의리를 강조한 사림파의 절의론과는 다른 견해를 가지고 조선 건국에 참여했다. 사림파들이 고려 말 절의파를 재평가한 일은 조선 건국에 참여한 공신과 훈구파 중심의 역사를 넘어서 역사 인식과 이해의 폭을 넓혔다는 점에서 긍정적이다. 그러나 절의의 잣대만으로 복잡다단한 고려 말 정치사를 단순하게 재단하여 균형 잡힌 역사 평가를 남기지 못했다.

끊이지 않는 탄핵과 유배

　이숭인은 1389년(창왕1) 10월 삼년상 중에 고시관을 맡은 일 등으로 탄핵을 받아 경산부로 유배된다. 이숭인을 옹호했던 권근도 이숭인과 함께 탄핵을 받고 우봉현으로 유배된다. 이색은 사신단의 일원으로 수행한 이숭인과 제자인 권근이 탄핵을 받아 유배되자 사직하고 장단의 별장으로 낙향한다. 이에 관해서는 이미 이숭인 편에서 소개한 바 있다. 왜 권근은 이숭인의 탄핵에 반대하고 그를 옹호했을까? 아마도 이숭인의 탄핵이 자신에게 닥칠 불행의 서막이 되리라고 예감했기 때문일 것이다.

　그 불길한 예감은 한 달 만에 현실화되었다. 1389년(창왕1) 11월 우왕 복위사건으로 대규모 숙청의 회오리 바람이 몰아쳤다. 창왕이 폐위되고 개혁파의 전제 개혁에 반대한 인물들이 대거 숙청되었다. 권근은 이미 우봉현에 유배되어 숙청의 바람에서 벗어났는가 싶더니, 이해 12월 '예부 자문 사탁(私坼) 사건'이 정치 문제로 불거지면서 이에 연루되었다. 여기서 '자문'은 명나라 예부가 고려에 보내는 외교문서이다. '사탁'은 문서나 편지를 몰래 열어본다는 뜻이다. "화(불행)는 한 번에 끝나지 않고 연이어 닥친다(禍不單行)"는 얘기가 권근에게 들어맞게 되었다. 이숭인과 함께 유배된 것은 권근의 불행이 시작된 것이었다.

이 사건이 일어나기 전인 1389년(창왕1) 6월 권근은 윤승순과 명나라에 사신으로 갔다. 창왕의 명나라 황제 알현을 요청하기 위해서였다. 이해 9월 권근이 귀국했다. 이때 권근이 가져온 문서가 바로 명나라 예부에서 고려에 보낸 '예부 자문'으로 명나라 황제의 명이 담겨 있었다. 그런데 이 문서를 조정에 바로 전달하지 않고 권근이 몰래 뜯어보았다는 것이다.

사헌부가 권근이 예부 자문을 개인적으로 뜯어본 죄를 논했다. "예부 자문은 우리나라 사직의 존망과 관련된 것입니다. 문서를 곧바로 도당에 보내 재상들이 함께 열어보아야 했습니다. 그런데 권근은 며칠 동안 문서를 개인적으로 보관하고 몰래 열어 보았습니다. 또한 은밀하게 모의해 천기를 누설했습니다. 그의 음모는 헤아리기 어렵고 불충하기 그지없습니다. 그를 추궁하고 죄를 주어 뒷사람들의 경계로 삼아야 합니다." 왕은 권근을 심문하지 않고 먼 곳으로 유배시켰다.[6]

권근은 예부 자문 사건으로 다시 탄핵을 받아 황해도 우봉현에서 경상도 영해로 더 멀리 유배되었다. 권근은 그 뒤에도 계속된 처벌 요구로 경주와 흥해(1390. 1), 김해(1390. 4), 청주(1390. 5) 등지로 유배를 거듭했다. 이 사건은 권근을 유배하는 것으로 끝나지 않고 연루자에 대한 처벌로 확대되었다. 이미 폐위된 창왕의 외조부와 당시 정계 원로 이색도 이 사건에 연루되었다. 다음의 기록이 그러하다.

대간은 번갈아 상소를 올렸다. …… "권근은 명나라 황제의 교서를 몰래 열어 본 후, 이를 먼저 이림(李琳)에게 보이고 다시 이색에게 보였습니다. 그들의 마음이 왕씨(고려 왕실)에 있지 않은 것이 분명합니다. …… 먼 곳에 유배하는 것에 그치고 죄를 묻지 않는다면, 뒷날 불충한 사람을 어떻게 징계할 수 있겠습니까?"라고 했다.[7]

대간이 번갈아 상소를 올렸다. …… "이색은 마음속으로 (우왕과 창왕이 왕씨가 아니라는) 잘못을 알면서도 (공민왕 시해 후) 이인임이 신씨(辛氏, 우왕)를 옹립할 때 한마디 말도 하지 않았습니다. (위화도 회군 후) 조민수가 창왕을 세울 때는 앞장서서 계책을 세웠습니다. 그리고 올해 (11월) 다시 신우(우왕)를 복위시키려 했습니다. 이색의 죄는 앞에서 올린 상소에서 미처 다 말씀드리지 못했습니다."[8]

이색이 공민왕이 시해된 후 우왕이 신돈의 자식임을 알고서 왕으로 옹립했고, 위화도 회군 후에는 우왕의 아들 창왕을 옹립했다는 것이다. 예부 자문에서 명나라 황제가 언급한, 이른바 '우왕 신씨설'을 근거로 과거 우왕을 옹립한 사실까지 포함해 이색의 처벌을 주장했다.

권근이 예부 자문을 조정에 알리지 않고 미리 뜯어보았다는 것은 하나의 구실에 불과했다. 권근 처벌론의 배후에는 거대한 정치적인 음모가 자리잡고 있었다. 창왕과 우왕의 폐위와 죽음은 서막에 불과했다. 이후 창왕의 외척인 이림과 이귀생(李貴生) 부자가 유배되었다. 또한 위화도 회군 후 창왕 옹립을 주장했던 이색과 이종학(李種學) 부자, 그리고 이숭인, 하륜, 이분(李芬), 문달한(文達漢) 등이 탄핵을 받아 파직되거나 유배되었다. 그 외 변안열(邊安烈), 홍영통(洪永通), 우현보(禹玄寶), 왕안덕(王安德), 우인열, 정희계(鄭熙啓) 등도 탄핵되거나 유배되었고, 일부는 죽임을 당했다.

예부 자문 내용과 진위 문케

권근이 가져온 예부 자문에는 어떤 내용이 담겨 있었을까?

사신 윤승순과 권근이 명나라에서 돌아왔다. 명나라 예부가 황케의 교서를 받아, 고려의 도평의사사에게 자문을 보냈다. "1389년 8월 8일 예부상서(禮部尙書) 이원명(李原名) 등 관원들이 봉천문(奉天門)에서 황케의 교서를 받았다. 그 내용은 다음과 같다. '고려 국내에 일들이 많다. 고려의 신하 가운데 충신과 역켝이 뒤섞여 있어 하는 일이 모두 좋은 방책이 아니다. 왕씨(王氏, 공민왕)가 시해되어 왕위를 이을 자손이 끊어졌다. 비록 다른 성씨를 왕씨라고 꾸며 왕으로 삼았다고 하나, 이는 대대로 삼한(고려)을 지키는 올바른 방책이 아니다.' …… 지금 고려는 음모와 거짓으로 인해 아직도 편안하지 않다. 설사 역모로 나라를 얻는다 한들 그것을 지키는 것이 가능할까? 만약 역모가 용납된다면 다시 역모를 일으킨 자가 뒤를 잇게 될 것이다. 이는 먼커 역모를 일으킨 자가 가르친 것이니, 무엇을 원망할 것인가?"[9]

이 글에 따르면, 명나라 황제는 공민왕이 시해된 후 즉위한 왕(우왕)이 가짜 왕씨이며, 이는 고려에 도움이 되지 않는 일이라고 했다. 명나라 황제의 교서가 사실일 경우 우왕을 폐위한 이성계 일파에게는 희소식이었고, 우왕의 아들 창왕을 폐위할 명분까지 얻을 정도로 중요한 문서가 된다. 이성계를 비롯한 개혁파 세력은 이 문서에 근거해 가짜 혈통의 창왕을 폐위하고 고려 왕실 출신을 왕으로 세운다는, 이른바 '폐가입진'을 내세워 창왕을 폐위하고 끝내는 창왕과 우왕 모두 죽였다.

명나라에서 받아온 예부 자문이 이렇게 중요한 문서였다면 1389년(창왕1) 9월 권근이 귀국했을 때 바로 공개해서 논의했어야 했다. 그런데 3개월이 지난 12월에야 비로소 정치 문제가 되었다. 당시 조정에서는 예부 자문의 내용이 조작된 것인지 그 실체 여부를 가리지 않았다. 그렇지만 그 신빙성을 의심하게 하는 기록이 있다. 그중 하나는 명나라 황제가 당시 예부상서 이원명에게 전한 말이 담긴 명나라 실록의 기록이다.

고려라는 나라는 사고가 많고 신하들은 충성스러운 자와 역척이 섞여 있어, 하는 것이 모두 좋은 방책이 아니고 왕의 폐립(廢立)을 마음대로 하니 어찌 삼한을 대대로 지키는 길이겠는가? 자기들이 이미 그 임금을 가두어놓고 어린 아들(幼子, 창왕)의 알현을 와서 말하니 반드시 숨은 꾀가 있으니, 믿을 것이 못 된다.[10]

이 기록에 따르면 예부 자문에는 고려 신하들이 마음대로 왕을 폐하고 세운다며 책망하는 내용만 들어 있다. 《고려사》와 같이 다른 성씨를 왕으로 삼은 것을 문제시했다는 내용은 없다. 이 기록에 근거해보면, 이성계 일파가 권근 등의 눈을 속여 자문이 도당에 회부되기 전에 내용을 고친 후, 도리어 자문을 몰래 열어본 죄를 권근에게 덮어씌운 것으로 추정할 수 있다.[11] 이 사건의 당사자인 권근은 뒷날 조선 태종에게 올린 상소문에서 당시 명나라에서 이원명과 나눈 대화 내용을 다음과 같이 언급했다.

> 저는 문하평리(門下評理) 윤승순과 함께 창왕의 명을 받아 창왕의 황제 알현을 청하러 중국에 갔습니다. (명나라) 예부상서 이원명은 저희들을 다음과 같이 책망했습니다. "그대들은 왕의 명으로 재상이 되었다. 그런데 왕에게 알리지 않고 너희들이 받은 벼슬을 다른 사람에게 함부로 주고, 그 사람은 왕명이 없이 멋대로 너희들로부터 벼슬을 받으면 왕이 그들에게 죄를 주지 않겠는가? 그대들 나라 국왕은 황제의 명을 받아 왕위를 이었는데, 지금 황제에게 청하지도 않고 멋대로 그 아들에게 왕위를 주었다. 이것이 무슨 예인가?" 이에 "저희들은 상황이 급박해서 황제께 보고하지 못했습니다"라고 답변했습니다. 그러나 명나라가 고려에 보낸 자문에 따르면, "다른 성씨를 왕으로 세웠고, 신하 중에 현명하고 지혜로운 사람이 없다"라는 말이 있었습니다. 창왕 부자는 이 때문에 왕위를 잃었던 것입니다.[12]

권근의 상소문에 따르면, 명나라에서는 창왕이 왕씨가 아닌 다른 성씨라는 사실을 문제 삼은 것이 아니라, 창왕의 즉위를 미리 승인받지 않고 신하들이 일방적으로 즉위시킨 사실을 문제 삼았던 것이다. 그러면서 권근은 명나라가 보낸 자문에는 다른 성씨를 왕씨로 꾸며서 왕으로 세운 사실을 책망한 내용이 담겨 있었다고 했다.

사신으로 명나라에 갔던 권근은 예부 자문을 갖고 귀국해 조정에 전달한 당사자였다. 또한 우왕과 창왕의 혈통을 문제로 삼은 이 문서를 미리 뜯어보았다고 해서 권근이 커다란 곤경에 처했음은 앞에서 설명한 바 있다. 그런데 권근은 상소문에서 다른 성씨를 왕으로 세웠다는 자문의 내용을 부정하지 않았다. 이 내용은 조선 건국의 정당성과 관련되는 문제이며, 조선 건국에 참여한 그로서는 어쩔 수 없이 받아들일 수밖에 없었을 것이다. 대신에 그는 당시 이 문서를 보낸 명나라 예부상서 이원명과 대화한 사실을 공개하면서 당시 명나라가 두 왕의 혈통을 문제 삼지 않았다는 사실을 우회적으로 드러내고 있다. 고려 말 자신을 정치적인 곤경에 빠뜨린 예부 자문이 알려진 것과 달리 두 왕의 혈통문제를 언급하지 않았음을 우회적으로 밝히려는 것이 상소를 올린 목적이었다. 절의를 훼손했다는 비난을 받으면서 조선 건국에 참여한 목적의 하나는 여기에 있었을 것이다.

이른바 '예부 자문 사탁 사건'의 본질은 우왕과 창왕의 혈통 문제를 제기해 창왕을 폐위하고 반대세력을 제거해 이성계를 비롯한 개혁파들이 권력기반을 다지는 데 있었다고 하겠다. 권근은 자신의 의지와 관계없이 이 사건의 회오리에 휩싸인 인물이었다. 그러면서 조선 초 행적까지 도마 위에 올라 절의론의 관점에서 비난받았다. 그러나 조선의 역사가들처럼 절의론의 관점으로 권근을 평가한다면 고려 말 조선 초의 복잡다단한 정치적 상황을 단순화시켜 정작 역사가 어떻게 움직였는지를 보지 못할 수 있다. 권근의 행적에는 고려 말 조선 초 정치적 대립과 갈등이 함축되어 있었다. 이러한 점을 염두에 두어야 권근에 대한 평가가 공정해질 수 있겠다.

4부

폐가입진론에
연루된 인물론

1 이색 I

탄핵의 늪에 빠지다

목은(牧隱) 이색(李穡, 1328~1396)은 고려 말 공민왕, 우왕, 창왕, 공양왕의 신임을 받고 최고위직 문하시중을 역임한 정계 원로였다. 또한 성균관에서 신진 성리학자들을 배출해 유종(儒宗)으로 추앙받은 당대 최고의 유학자였다.

그러나 그는 1388년(우왕14) 위화도 회군 이후 정국을 장악한 이성계와 개혁파 사대부들로부터 집중 공격을 받았다. 고려 말 인물 가운데 이색만큼 개혁파의 정치적 공세에 시달린 인물은 없었다. 이색은 약 열두 차례 탄핵을 받았다. 그 결과 그는 유배 네 번에 네 차례 유배지가 옮겨지는 등 여러 유배지를 전전했다. 위화도 회군과 전제 개혁, 우왕과 창왕이 폐위되고 공양왕이 즉위하는 등 약 4년간의 급박한 고려 말 정국은 이색의 개인사에 지울 수 없는 고통과 치욕을 안겨주었다. 당시 정국의 쟁점이었던 '우왕·창왕 신씨설'은 가짜 신씨 왕을 폐하고 진짜 왕씨를 세워야 한다는, 이른바 폐가입진론으로 발전해, 두 왕을 폐위와 함께 죽음으로 몰아갔다. 개혁파의 칼날은 거기에 멈추지 않고, 창왕을 옹립하고 고려왕조 질서를 유지하려던 세력에게 향했다. 그 표적의 하나가 이색이었다. 이색의 탄핵을 둘러싼 논쟁 속에는 고려 말 정국의 핵심 쟁점이 망라되어 있다.

⟨이색 탄핵 연표⟩
* 월·일이 기록된 경우 시간순으로 정리. 월만 기록된 경우 기사 순서에 따라 정리

1389년(공양왕1)

12월 1일	간관 오사충과 조박(趙璞)의 이색 탄핵 상소(8가지 죄목). 이색, 파직됨
12월 5일	대간, 이색 탄핵 상소(우왕과 창왕 즉위 죄목). 이색, 1차 유배(장단)
12월 14일	우왕과 창왕 참형
12월	간관 오사충 등 이색 탄핵 상소

1390년(공양왕2)

1월	헌부, 이색 탄핵 상소(창왕 옹립과 우왕 복위 죄목)
	간관, 이색 탄핵 상소(이색 처형 주장). 이색, 관직 삭탈됨
2월	대간, 두 차례 탄핵 상소. 오사충 등이 장단에서 이색을 고문하며 신문함
4월	대간, 번갈아가며 이색 탄핵 상소. 이색, 2차 유배(함창咸昌, 상주)
윤4월	대간, 재차 이색 엄벌 요구
5월 1일	이색, 윤이와 이초 사건 연루. 함창에서 청주로 이송해 투옥됨(1차 이배移配)
6월	청주에 큰 홍수로 함창으로 이송(2차 이배)
11월	사면되어 개경 밖 지방에서 거주하도록 함

1391년(공양왕3)

5월	정도전, 국왕과 도당에 각각 이색 처형 상소
6월	헌부, 두 차례 이색 치죄 요구. 3차 유배(함창)
9월	성헌(省憲, 간관과 대간)과 형조, 이색 처벌 논의. 정몽주, 이색의 감형 주장
11월	국왕, 이색 불러들임

1392년(공양왕4)

4월 4일	정몽주 피살. 이색, 4차 유배(금주衿州, 시흥)
6월	이색, 여흥(驪興, 여주) 이배(3차 이배)
7월	조선왕조 개국. 이색, 장흥 이배(4차 이배)
10월	유배에서 풀려나 지방에서만 거주 허용, 한산(韓山, 서천) 귀향

명나라 사행과 사전 개혁

1388년(우왕14) 5월 위화도 회군 이후 요동 정벌을 주도한 우왕이 폐위되고 최영도 제거되었다. 7월 이성계와 함께 회군의 주역이었던 조민수도 유배되었다. 이로써 이성계와 개혁파들이 정국을 완전히 장악하게 되었다. 8월 이색은 최고위직인 문하시중에 임명되었지만, 개혁파에 둘러싸여 실권을 행사할 수 없는 처지였다.

돌파구가 필요했다. 이색은 사신을 자청해서 10월 명나라에 갔다. 그는 명나라 황제에게 새로 즉위한 창왕의 명나라 황제 알현과 명나라의 고려 감국(監國), 즉 관리를 파견해 고려를 감독해줄 것을 요청했다. 이색은 명나라의 힘을 빌려 창왕의 위상을 높여 이성계와 개혁파를 견제하려 했다. 그러나 명나라 황제가 거부해 이색의 노력은 물거품이 되었고, 도리어 그는 개혁파의 의심과 불신을 받게 되었다. 거기에다 1389년(창왕1) 4월 도당회의에서 이색은 옛 법을 가볍게 고칠 수 없다면서 개혁파가 주도한 전제 개혁을 반대했다. 이색의 주장에 반개혁파인 우현보, 변안열 및 창왕의 외조부 이림도 동조했다. 조선 초 편찬된 《고려사절요》는 이로 인해 사전(私田)을 혁파하고 공전(公田)을 회복하려는 사전 개혁이 지연되었다고 기록하고 있다.[1] 이 일로 이색에 대한 개혁파의 반감은 더욱 커졌으며, 이색은 개혁파의 정치적 공세의 표적이 되었다.

개혁파의 첫 정치적 공세는 앞에서 살폈듯이 1389년(창왕1) 10월 이색의 문인 이숭인과 권근에 대한 탄핵과 유배였다. 그러나 이는 서막에 불과했다. 1389년 11월 이른바 '김저의 옥사'라 불리는 우왕 복위운동이 일어났다. 우왕이 측근이자 최영의 친족인 김저와 정득후(鄭得厚)를 시켜 이성계를 살해하려던 계획이 탄로난 것이다. 이 사건으로 창왕이 폐위되고 공양왕이 즉위한다. 개혁파에 의해 왕으로 옹립되었지만, 공양왕은 개혁파를 견제하기 위해 장단에 퇴거해 있던 원로정치인 이색을 복직시켰다. 이 조치는 도리어 이색에 대한 직접적인 정치적 공세를 앞당기게 했다.

탄핵의 시작

1389년(공양왕1) 12월 1일 간관 오사충, 조박 등이 처음으로 이색을 탄핵하는 상소를 올렸다. 이색 탄핵 상소문의 첫 부분이다.

이색은 공민왕을 섬기고 유학의 영수이자 재상이었습니다. 공민왕이 후사가 없이 죽자 권신 이인임이 욕심을 부려 어린 왕을 옹립하려 했고, 이색은 우왕을 옹립하는 논의에 도움을 주었습니다. 위화도 회군 후 여러 장수들이 왕씨를 왕으로 세우려 했는데, 이인임의 인척인 대장 조민수가 우왕의 아들 창을 옹립하려는 계책을 꾸며 이색에게 물었습니다. 이색은 일찍부터 창을 옹립할 생각을 갖고 있어서 창왕 옹립에 찬동했습니다. 이색의 아들 이종학은 (창왕의) 외척들에게 여러 신하들이 고려 왕통의 인물을 왕으로 세우려 했으나, 끝내 우왕의 아들을 왕으로 세운 것은 우리 아버지의 힘 때문이라고 말했습니다.[2]

이 상소문에 따르면, 이색은 공민왕 사후 이인임이 우왕을 옹립한 것을 도왔고, 위화도 회군 후 창왕을 옹립했다고 한다. 상소문에는 인용한 대로 가짜 왕인 ①우왕 옹립과 ②창왕 옹립의 두 가지 죄목 외에도 ③우왕 복위 시도, ④이인임·임견미·염흥방의 불법 행위에 침묵, ⑤요동 정벌에 침묵, ⑥사전 개혁 반대, ⑦외척 이림에 아첨해 문하시중을 그에게 물려줌, ⑧유학의 영수로서 대장경을 간행하여 불교에 아첨 등 모두 여덟 가지 죄목을 들었다.

이해 12월 5일 대간들은 다시 이색에 대해 다음과 같은 탄핵 상소를 올렸다. 이때 이색의 죄목은 우왕과 창왕 옹립, 폐위된 우왕의 복위 시도 등 세 가지였다.

> **이색은 마음속으로 잘못을 알면서도 이인임이 신씨(우왕)를 옹립할 때 한마디 말도 하지 않았습니다. 조민수가 창왕을 세울 때는 앞장서서 계책을 세웠습니다. 그리고 올해 다시 신우(우왕)를 복위시키려 했습니다. 이색의 죄는 앞에서 올린 상소에서 미처 다 말씀드리지 못했습니다.[3]**

이때 이색은 탄핵을 받아 처음으로 장단에 유배되었다. 이후 그는 조선이 세워질 때까지 수차례 탄핵을 받아 여러 차례 유배되었다.

이색의 반론

개혁파들이 거론한 이색의 죄목은 최초 여덟 가지(1389년 12월 1일)에서 우왕 즉위, 창왕 즉위, 우왕 복위 등 세 가지(1389년 12월 5일)로 줄어든다. 이후 여러 차례 탄핵 과정에서 죄목이 거론되지 않은 경우도 있었지만, 죄목이 거론된 경우는 창왕 옹립과 우왕 복위 시도 두 가지가 반드시 포함되었다. 이 두 가지 죄목에 대해 이색은 어떻게 해명했을까? 그의 죄목은 여러 기록에서 확인할 수 있지만, 이색이 직접 해명한 기록은 거의 찾을 수 없다. 따라서 개혁파의 주장만 일방적으로 언급되어 있는 《고려사》 같은 기록은 객관성이 결여되어 있다고 하겠다.

이색이 창왕 옹립에 관해 언급한 기록은 1390년(공양왕2) 2월 왕이 오사충 등을 장단에 보내 이색을 직접 신문할 때 기록이 유일하다. 당시 오사충 등은 조민수로부터 이색이 창왕 옹립을 주도했다는 자백을 받은 것을 근거로 삼아 이색을 신문했다. 그러나 이색은 창왕을 옹립했다는 혐의를 다음과 같이 부정했다.

> 이색은 다음과 말했다. "위화도 회군 후 새 왕을 세울 때, 조민수가 종친과 우왕의 아들 창 가운데 누가 더 마땅한가를 나에게 물었다. 당시 조민수는 회군 군사를 이끈 장수이고, 창왕의 외조부인 이림과 친족이면서 생각도 같이하고 있었다. 나는 감히 그의 말을 거역할 수 없었고 우왕이 이미 오래 재위했으니 아들 창이 즉위하는 것이 마땅하다고 답했다. 내가 앞장서서 창왕을 세우자고 말하지 않았다."[4]

이색은 당시 위화도 회군 주역이자 창왕의 외조부와 친족인 조민수의 요청을 거역할 수 없어서 창왕 옹립에 찬성했다고 했다. 그러나 이 기록뿐만 아니라 다른 기록에서도 창왕이 신씨라고 말한 사실은 찾을 수 없다. 이색의 아들 이종학도 마찬가지였다.

이종학은 홀로 나서서 사람들에게 말하기를, "공민왕이 이미 우왕을 세자인 강녕군(江寧君)으로 봉해 세자부(世子府)를 설치했다. 또 천자가 우왕을 책봉했다. 이성계가 어찌 공민왕의 명을 어기고 여흥왕(驪興王, 우왕)을 폐한단 말인가?"라고 했다.[5]

이종학은 우왕이 이미 공민왕 때 세자로 책봉되었고, 즉위 후 중국의 책봉을 받았다고만 했다. 한편 이색은 우왕 복위 시도 죄목도 다음과 같이 부정했다.

지난해(1389) 명나라에 있을 때 예부상서 이원명이 "너희 나라는 아비를 쫓아내고 아들을 왕으로 세웠다. 천하에 이런 법이 있는가? 왕(우왕)과 최영이 모두 갇혀 있는데 이 또한 무엇 때문인가?"라고 말했습니다. 나는, "최영이 왕을 사주해 (명나라) 요양을 침범하려 했다. 장군 조민수와 이성계가 반대해 의주에 도착해 더 이상 군사를 나아가게 하지 않으며 여러 차례 회군을 요청했다. 그러나 허락을 얻지 못해 회군해 최영을 구금했다. 이때 왕이 회군한 여러 장수들을 살해하려 하여, 태후가 왕을 폐위시켜 강화도에 모셨다"라고 답했습니다. …… 귀국 후 시중 이성계에게, "명나라 이원명의 말은 귀로 들었지만 차마 입에 올리기 어렵습니다. (지금 우왕이 있는) 여흥은 먼 곳이니 가까운 곳으로 모셔, 왕을 쫓아냈다는 명분을 주지 말아야 합니다"라는 말만 했을 뿐, 우왕을 맞아들이자는 논의는 하지 않았습니다.[6]

이색은 명나라에 우왕을 쫓아냈다는 구실을 주지 않기 위해, 이성계에게 유배지를 여흥보다 가까운 곳으로 옮기자고 얘기했을 뿐이며 우왕을 복위시키려는 뜻은 없었다고 주장했다. 개혁파의 주장에 대해 이색이 직접 언급한 기록은 이 두 가지밖에 없다.

우왕은 신씨가 아니다

창왕은 신씨이기 때문에 폐위되어야 한다는, 이른바 폐가입진론은 고려를 무너뜨리고 조선을 세우는 데 주요한 명분이 되었고, 조선왕조의 정통성과 직결되는 쟁점이었다. 그렇기 때문에 조선 전기에 편찬된 정사인 《고려사》와 《동국통감》 등에서는 우왕과 창왕이 신씨로서 부정하게 왕위에 올랐다며 정통성을 문제 삼았다.

이색은 두 왕의 옹립에 관여한 이유로 여러 차례 탄핵을 받고 유배를 전전하며 사실상 정치적 생명이 끝장났다. 그러나 이색이 두 왕이 신씨라는 사실을 인정했다고 언급한 기록은 《고려사》 등에서 찾을 수 없다. '창왕 신씨설'은 개혁파 세력의 일방적 주장에 불과했다. 시간이 흘러 조선 중기 이후에는 오히려 폐가입진론에 대한 반론이 제기되었다. 이때 조선의 역사가들은 이색과 연관시켜 반론을 제기했는데, 이 과정에서 이색이 새롭게 주목받았다.

《연려실기술(燃藜室記述)》을 편찬한 이긍익(李肯翊, 1736~1806)은 이에 대해 《축수편(逐睡篇)》[7]을 인용하여 자신의 생각을 다음과 같이 밝혔다.

고려 말 혁명 때의 역사 기록은 의심나는 것이 많다. 우왕과 창왕의 사실이 그러하다. 만약 우왕이 진짜 신돈의 자식이라면 우왕을 폐위할 때 마땅히 고려 왕실의 어진 사람을 선택해 왕으로 세워야 했다. 어찌해서 이색에게 의견을 물었는가? 이색은 또한 마땅히 컨왕(우왕)의 아들을 세워야 한다고

했다. 그러므로 우왕과 창왕이 신씨가 아님을 알 수 있다(《축수편》).[8]

이긍익은 우왕이 신돈의 자식이었다면 우왕이 폐위될 때 문제를 제기했어야 했다고 말했다. 창왕 옹립 당시 이색이 전왕의 아들을 세워야 한다고 했을 때에도 문제가 제기되지 않았다. 창왕을 폐위할 때에서야 비로소 우왕이 신돈의 아들이라는 주장이 나왔다. 따라서 우왕과 창왕이 신돈의 혈육이 아닌 것이 분명하다고 했다.

이긍익은 또 최창대(崔昌大, 1669~1720)의 문집 《곤륜집(昆侖集)》을 인용하며 이색이 가짜 왕씨인 창왕을 옹립하지 않았다고 주장했다.

어떤 이가 말하기를, "이색이 (역성) 혁명 때 즉시 목숨을 바치지 아니했다. 비록 정몽주와 같이 명확한 처신은 아닐지라도, 처음부터 끝까지 이색은 왕씨에 마음을 두고 절의를 온전히 지킨 사람이다." …… "'(이색이) 마땅히 전왕의 아들을 세워야 한다'고 한 말로 본다면, 그가 우왕이 왕씨가 아니라고 단정하지 않았음을 알 수 있다. 가령 이색이 우왕이 신돈의 아들이라는 것을 분명히 알았다면, 비록 우왕을 폐위시킬 때 절개를 세우지 못했다 하더라도 우왕을 폐한 다음 다른 왕씨를 뽑아 세우자는 의논을 하지 않았겠는가? 이 또한 그의 숨은 뜻을 볼 수 있다"(《곤륜집》).[9]

이긍익은 이색이 우왕을 신씨라고 한 적이 없다며 이색을 옹호했다. 인용문과 같이, 이색이 창왕 즉위 때 '전왕의 아들'을 왕으로 세우려 한 것은 당시까지 우왕이 신씨라는 주장이 없었고, 우왕이 신씨라는 이유로 폐위된 것이 아님을 뒷받침하는 것이라 했다. 만약 신씨라는 이유로 폐위되었다면 이색이 창왕의 즉위를 주장했을 때 반대하는 의견이 있었을 것이라고 했다. 다음은 《대동야승(大東野乘)》(18세기 전반, 편자 미상)에 실린 이덕형(李德泂, 1566~1645)의 주장이다.

재상 윤근수(尹根壽)가 일찍이 말하기를, "우왕은 왕씨인데, 간신들이 다른 성(신씨)으로 바꾼 것이다"라고 했다. 문정공(文貞公) 신흠의 문집에서도, "이 색은 당연히 전왕의 아들을 세워야 한다고 했으니, 진실로 대신이 할 일이 었다"라고 했다. 여기에서 전왕의 아들이란 우왕의 아들 창왕을 가리킨다. 두 분은 모두 문장이 훌륭하고 공정한 분이고, 고금의 전적을 널리 읽으신 분들로 보고 생각한 바가 많았을 것이다. 그러므로 두 분의 말씀은 당연히 실제 기록과 같은 것이다. 내가 일찍이 《고려사》를 읽고서 항상 마음속으로 분하게 여기고 탄식했다. 그래서 나의 생각을 이 책의 끝에 몰래 적어놓아, 능히 분별할 수 있는 군자를 기다린다.[10]

이 글은 《대동야승》에 실린 이덕형의 〈송도기이(松都記異)〉의 일부이다. 이덕형은 이 글에서 우왕 신씨설을 부정했다. 그 근거로서 같은 시대의 윤근수(尹根壽, 1537~1616)와 신흠의 주장을 인용했다. 이에 따르면, 고려 말 간신들이 우왕의 성을 신씨라고 갖다 붙였다는 것이다. 또한 전 왕의 아들을 세워야 한다는 이색의 주장은 대신으로서 해야 하는 발언이며, 그 말이 곧 우왕이 신씨라는 것을 뜻하지 않는다고 했다. 따라서 우왕과 창왕을 신씨라고 기록한 《고려사》 기록은 잘못된 것이라고 비판했다.

조선 중기인 16세기 무렵에 조선왕조 정통성의 기반이 되었던 우왕·창왕 신씨설을 부정하는 주장이 제기되기 시작했다. 조선 건국 이후 아무도 건드릴 수 없던 금단의 영역인 신씨설이 비로소 비판을 받기 시작했다. 조선 후기에 편찬된《동사강목》에서는 신씨설이 공식적으로 부정되었다. 역사적 진실을 외면한 역사학은 언젠가는 비판을 받게 된다는 교훈을 깨우쳐 준다. 봄이 되면 새싹은 무거운 바위로 억눌러놓아도 그 틈새를 비집고 반드시 올라오게 되어 있다. 역사의 진실은 겨울을 지나 싹을 틔우고 꽃을 피우고 결실을 맺게 하는 자연의 순리와 같이 억눌리고 휘청댈지라도 반드시 제자리를 찾고 온전한 모습을 드러내게 된다.

2 정도전

이색 처형을 주장하다

1367년(공민왕16) 공민왕은 성균관을 중건해 성리학 연구와 교육의 중심으로 삼고자 했다. 이때 이색이 성균관의 책임자로 임명되었다. 정도전(鄭道傳, 1342~1298)은 부모상을 마친 1370년(공민왕19) 성균박사(成均博士)가 되어 정몽주, 이숭인, 하륜, 박상충(朴尙衷), 김구용, 박의중, 권근, 윤소종(尹紹宗) 등과 함께 이색의 문하에서 수학했다. 이색이 정도전의 스승인 셈이다. 그로부터 약 20년이 지난 1391년(공양왕3) 5월 정도전은 상소를 올려 스승 이색의 처형을 주장했다. 더불어 공양왕의 인척인 우현보도 처형할 것을 주장했다.

상소문이 제출된 1391년 5월은 또한 김자수(金子粹), 김초(金貂), 허응(許應), 정총(鄭摠) 등의 척불(斥佛) 상소가 처음 올라온 때이기도 하다. 또한 사전 개혁이 마무리되어 과전법(科田法)이 시행된 것도 이때였다. 이같이 1391년 5월은 개혁파가 정국의 주도권을 장악한 시기였다. 이때 정도전은 스승 이색의 처단을 요구하는 상소를 올렸다. 이 상소문에는 우왕·창왕 신씨설을 주장한 당시 개혁파의 입장이 잘 드러나 있다. 한편으로 상소문 속에는 스승에 대한 은혜와 개혁이라는 대의 사이에서 갈등하는 개혁가 정도전의 고뇌가 묻어나 있다. 그럼에도 불구하고 왜 정도전은 스승의 처형을 주장해 스승을 궁지에 몰아넣었을까? 궁금하지 않을 수 없다.

〈정도전 연보〉

1342년(충혜왕복위3)	출생
1360년(공민왕9)	성균시 합격
1362년(공민왕11)	예부시 합격
1363년(공민왕12)	충주 사록(司錄) 임명
1366년(공민왕15)	부친 및 모친상. 영주에서 삼년상을 치르며 경전 연구 토론
1370년(공민왕19)	성균박사 임명. 이색·정몽주·이숭인 등과 성리학 강론
1375년(우왕1)	북원 사신 영접 반대. 나주 회진현(會津縣) 유배
1383년(우왕9)	함흥으로 이성계를 찾아가 참모가 됨
1384년(우왕10)	여름 2차 함흥 이성계 방문
	정몽주의 서장관으로 명나라 사행
1388년(우왕14)	성균관 대사성 임명
1389년(공양왕1)	공양왕 추대, 공신 책봉
1390년(공양왕2) 윤4월	정당문학 임명
6월	윤이와 이초 사건 해명 위해 명나라 사행
1391년(공양왕3) 1월	삼군도총제부(三軍都摠制府) 우군총제사(右軍摠制使) 임명
5월	이색과 우현보 처형을 주장하는 상소 올림
9월	평양부윤(平壤府尹) 임명. 고향 봉화로 추방
10월	직첩(職牒, 임명장)과 공신녹권(功臣錄券) 회수되고, 나주로 이배
1392년(공양왕4) 4월	보주(甫州)에 구금
6월	유배지에서 소환
7월	봉화군 충의군(忠義君) 임명
	공양왕 폐위. 조선 건국. 개국공신 책봉
1398년(태조7)	왕자의 난으로 피살

개혁파의 새로운 공세

1389년 11월 창왕을 폐위하고 공양왕을 추대함으로써 이성계, 정도전, 정몽주 등 개혁파가 정국의 주도권을 장악했으나, 1390년 5월 윤이와 이초 사건 이후 개혁파 내부에 분열이 일어났다. 공양왕 추대 공신의 한 사람인 정몽주가 공양왕을 뒷받침하고 이색, 권근 등 유배된 인물들의 감형을 주장하면서 점차 다른 길을 걷기 시작했다. 공양왕 또한 개혁파에 의해 유배된 인물들에게 사면 조치를 단행하면서 정몽주와 보조를 맞췄다.

개혁파 입장에서는 공양왕을 중심으로 결집되기 시작한 이색, 우현보 등의 보수세력에 대한 견제가 필요했다. 참고로 우현보는 손자 우성범(禹成範)이 공양왕의 사위로 공양왕의 인척이자 보수세력의 대표적 인물이었다. 앞서 언급했듯이 이색과 우현보의 처형을 요청한 상소문이 제출되었을 때 척불 상소도 제기되었다. 그런데 척불운동을 주도한 사람도 정도전이었다. 따라서 이색 처형과 척불 상소는 보수세력에 대한 개혁파의 공세의 시작이었다.

정도전의 상소문에는 이색과 우현보의 처형을 주장한 10여 조항이 담겨 있는데, 이 글에서는 이색 처형과 관련된 부분을 중점적으로 다룰 것이다. 상소문의 형식은 누군가의 가상 질문에 정도전 스스로 답하는 형식, 즉 자문자답 형식으로 구성되어 있다. 이 글은 상소문의 서술 순서를 따르지 않고 이색을 공격한 내용 중심으로 서술할 것이다.

부처에 아부한 반역자

정도전은 스승의 처형을 주장한 상소문을 작성하면서 내면의 갈등을 겪었던 모양이다. 그런 모습은 상소문의 다음 기록에서 알 수 있다.

> 어떤 사람은 저에게, "이색과 우현보는 선배이며 유학을 공부한 옛정이 있는데, 자네가 힘써 공격하는 것은 너무 각박하지 않은가?"라고 말합니다.[1]

정도전은 그에 대해 다음과 같이 답했다.

> 옛날 소식(蘇軾, 1037~1101)이 주희(朱熹, 1130~1200)보다 선배이지만, 주희는 소식이 이단의 논리로 예악을 없애고 유학을 파괴했다면서 소식을 가차 없이 꾸짖었습니다. …… 하물며 다른 성씨와 무리를 이루어 (고려 왕실의) 왕씨를 차단한 것은 왕조의 죄인이자 유학을 파괴한 괴수입니다. 어찌 선배라고 해서 용서할 수 있겠습니까?[2]

정도전은 자신을 주희에, 이색을 소식에 비유했다. 자신이 이색을 비판하는 것은 이단의 논리로 유교와 예악을 파괴한 소식을 주자가 비판한 것과 같은 입장이라 했다.

참고로 1389년 12월 오사충, 조박 등이 이색을 탄핵하면서 그 죄목의 하나로, "유학의 영수로서 부처에 아첨하여 대장경을 간행해서, 온 나라 사람들이 다투어 본받아 풍속을 그르쳤다. 자제들을 시켜 사람들에게 그 일은 아버지 이색의 뜻이 아니라 할아버지 이곡(李穀)의 뜻을 받든 것이라고 말하게 했다. 이는 부친을 이단에 빠뜨려 돌보지 않는 것과 같다"라고 비판한 바 있다.³ 정도전 역시 부처에 아첨한 이색이 이단의 논리로 유교와 예악을 파괴한 소식과 같다고 했다. 정도전은 성리학 정통을 잇는 적통자임을 자임하면서 부처에 아첨한 이색을 비판하는 것은 당연하다고 했다.

또한 정도전은 이색이 창왕을 즉위시키고 우왕을 복위시키려 했는데, 이는 고려 왕실의 혈통을 끊고 왕위를 찬탈한 반역행위라고 했다.

가만히 생각해보면, 왕위를 찬탈한 반역죄보다 더 무거운 형벌은 없습니다. 왕씨가 왕위에 오르는 것을 막고 신씨(우왕)의 아들 창을 왕위에 즉위시켰으며, 우왕을 다시 맞이해(복위시켜) 왕씨의 혈통을 끊으려 한 것은 왕위를 찬탈한 반역행위이며 난신적자(亂臣賊子)의 수괴입니다. 그런데도 구차하게 친벌을 면한 지 여러 해 되었습니다.⁴

정도전은 이색을 왕위를 찬탈한 반역자라고 했다. 이러한 정도전의 주장에 이의를 제기하는 사람들도 있었다. 정도전은 다음과 같이 응수했다.

어떤 사람은 "춘추시대 케나라 진항(陳恒)과 위나라 주우(州吁)는 임금을 시해한 반역을 저질렀다. 그러나 이색과 우현보는 왕을 시해한 일이 없는데, 춘추시대 사람과 동일시하는 것은 지나치지 않은가?" 또 어떤 사람은 "(이색과 우현보의) 죄를 날조해 덮어씌운 것인지 어찌 알겠는가?"라고 말합니다.

······ 다른 성씨와 일당이 되어 왕통을 끊은 행위는 종묘를 옮기고 왕실의 성 씨를 멸해버린 것이니 그 죄는 시역한 죄보다 더욱 큽니다.[5]

또한 정도전은 창왕을 옹립한 이색을 무신 권력자 임연(林衍) 집권 당 시의 재상 이장용(李藏用)과 비교했다.

어떤 사람은 "죄인 가운데 유학의 영수인 사람(이색)이 있고 또 왕실의 인척 인 사람(우현보)도 있다. 법에 따라 처리하기에는 어려운 점이 있다"고 말하 기도 합니다. 옛날에 임연이 원종을 폐위시킨 후 원종의 동생 왕창(王淐)을 옹립했습니다. 그는 먼저 결정해놓고 시중인 이장용에게 알렸습니다. 이장 용은 어찌할 바를 모르고 단지 "예, 예"라고만 했습니다. 뒤에 원종이 복위 했을 때 이장용은 최고 재상이면서 반역 모의와 반란을 막지 못한 이유로 서인으로 강등되었습니다. 그런데 지금 유학의 영수라는 이색을 이장용과 비교하면 어떠합니까? 이색은 간악한 음모를 먼저 꺼내 왕씨가 왕으로 즉위 하는 것을 막고 창왕을 즉위시켰습니다. 그러나 이장용은 다만 임연이 원종 을 폐위하는 음모에 복종했을 뿐입니다.[6]

참고로 무신 권력자 임연이 원종을 폐하고 동생 안경공(安慶公) 왕창을 즉위시킨 것은 1269년(원종10) 6월이다. 정도전은 상소문에서 당시 재상 이장용은 임연의 반역행위를 방관했는데도 서인으로 강등되었다면서, 이색은 신씨인 창왕을 옹립해 왕씨의 혈통을 끊은 주모자로서 임연의 음 모에 소극적으로 처신한 이장용보다 더 간악한 반역행위를 저질렀기 때 문에 처형되어야 한다고 주장했다.

공민왕과 천자의 책봉을 부정하다

당시 이색을 옹호하는 여론도 적지 않았다는 사실은 정도전의 상소에
도 나타나 있다.

> 어떤 사람은 "이색이, '우왕은 비록 신돈의 아들이나, 공민왕이 아들이라 하
> 며 강녕대군(江寧大君)으로 봉했다. 또 천자의 책봉을 받아 왕이 되었다. 또
> 이미 우왕의 신하가 되어서 우왕을 쫓아내는 것은 크게 잘못된 일이다'라고
> 말했다. 그의 말도 옳지 않은가?"라고 말합니다.[7]

이에 따르면, 우왕이 이미 공민왕 때 책봉을 받았으며 뒤에 명나라의
책봉을 받았다는 사실에 근거해 이색이 우왕 폐위를 잘못되었다고 비판
한 내용에 문제가 없다는 식으로 옹호했다는 것이다. 정도전은 이 기록
에서 어떤 사람의 말을 인용하며 이색이 우왕을 신돈의 아들이라고 말했
다고 했는데, 앞에서 말했듯이, 이는 이색을 탄핵한 정도전이나 대간들
의 주장에 불과하다.

정도전은 먼저 공민왕의 책봉에 대해 다음과 같이 반박했다.

> 그러나 왕위는 태조의 왕위이고 사직도 태조의 사직이니 공민왕이 함부로
> 결정할 바가 아닙니다. …… 성현(聖賢)은 토지와 인민은 선왕으로부터 받았
> 으므로 현재의 왕이라도 마음대로 다른 사람에게 줄 수 없다고 했습니다.
> …… 공민왕이 어찌 태조께서 물려주신 왕위와 백성을 역신 신돈의 아들에
> 게 함부로 줄 수 있겠습니까?[8]

정도전은 왕위는 하늘의 뜻으로 정해지기 때문에 사사로이 정할 수 없다고 했다. 비록 공민왕이 우왕을 세자로 책봉했지만, 우왕은 신돈의 자식이기 때문에 고려 왕실의 인물이 아닌 자에게 왕위가 전해져 잘못된 일이며, 따라서 우왕과 창왕의 즉위는 정당하지 않다는 것이다.

우왕은 공민왕이 시해된 1374년(공민왕23)에 즉위했지만, 약 10년이 지나고 1385년(우왕11)이 되어서야 비로소 명나라로부터 왕으로 책봉받았다. 이에 대해서도 정도전은 다른 성씨가 고려왕이 되었다는 명나라 황제의 말을 인용해 다음과 같이 비판했다.

천자의 책봉은 당시 권신들이 공민왕의 아들이라 속여서 받은 것입니다. 뒤에 천자가, "고려 왕위를 이을 후사가 끊어지는 바람에 왕씨라고 꾸며 다른 성씨를 왕으로 삼았다. 이는 대대로 삼한을 지키는 올바른 방책이 아니다"라고 했습니다. 또 "과연 현명하고 지혜로운 신하가 있어서 왕과 신하의 지위를 청하는가?"라고 했습니다. 천자가 앞서 보냈던 책봉이 잘못되었음을 알아서 그렇게 말한 것입니다. 그런데 어찌 함부로 책봉을 말할 수 있습니까?[9]

이색을 옹호한 주장

당시 이색 탄핵을 반대하는 여론도 있었겠지만, 당사자인 이색의 기록은 물론 다른 기록에서도 찾기 어렵다. 그런데 이색의 처형을 주장한 정도전의 상소문에서 당시 반대 여론을 엿볼 수 있어 역설적이다. 상소문의 다음 부분을 살펴보자.

어떤 사람은, "이색이 우왕을 다시 맞이하려고 모의했을 때는 바로 아들 창왕이 재위하고 있을 때이다. 그러하니 우왕을 맞이하지 않더라도 왕씨가 어찌 부흥할 수 있겠는가?"라고 말합니다. 또 말하기를, "우왕을 맞이해 왕씨의 혈통을 끊으려 했다는 주장은 이색에게 죄를 더하려는 말이다"라고 말합니다.[10]

여기에서 정도전이 인용한 이야기에 따르면, 당시 창왕이 재위하고 있어 왕씨가 부흥할 수 없으니, 굳이 우왕을 복위시킬 이유가 없었다. 따라서 이색이 우왕 복위운동에 가담했다는 혐의는 이색을 처벌하기 위해 모략한 말이라는 것이다. 이로 미루어 보아 당시 이색의 처벌을 둘러싸고 논란을 있었음을 간접적으로 확인할 수 있다. 이색 처벌을 반대하는 주장에 정도전은 다음과 같이 답했다.

당시 충신과 의사들이 천자의 명을 받들어 다른 성씨를 축출하고 왕씨를 회복시키려고 논의하고 있었습니다. 그런데 가짜 왕 신씨의 무리들이 명나라 예부에서 보낸 문서를 먼저 얻어 보고 천자가 가짜 왕을 바꾸라는 명을 내렸고 충신들이 그에 대해 논의하고 있음을 알아차렸습니다. 그들은 창왕이 유약하다고 하여 그의 아버지 우왕을 왕위에 올려 자신들의 사적인 이익을 달성하려 했습니다. 이것이 어찌 우왕을 맞이해 왕씨의 혈통을 끊으려고 모의한 것이 아니라고 하겠습니까?[11]

정도전은 보수파들이 명나라 황제가 '고려에서 왕씨가 아닌 다른 성씨가 왕이 되었다'라고 논한 내용이 담긴 외교문서를 먼저 뜯어 보고 왕씨를 회복시키려는 개혁파의 시도를 좌절시키기 위해 유약한 창왕 대신 우왕을 복위시키려 했다는 것이다.

역사의 죄인이 되지 않겠다

정도전이 국왕과 도당에 연거푸 상소를 올리자, 정도전을 핀잔하는 얘기도 있었다. 정도전은 다음과 같이 답했다.

어떤 사람은, "이미 이색이 사직했는데, 컨하게 죄를 주라는 글을 올리고 도당에도 케기하니 심하지 않은가?"라고 말합니다. …… 진실로 임금을 시해한 역척은 누구라도 죽일 수 있으며, 그 악행은 컨하 어디에서나 마찬가지입니다. (공자는) 노나라에 있으면서 케나라의 역척에 대해 참지 못했습니다. 하물며 같은 나라에 있는 역척을 어찌 참을 수 있겠습니까? (공자는) 대부의 말척에 있으면서도 이웃나라 청치에 대해 참지 못했는데, 하물며 공신의 반열에 있는 케가 왕실의 역척을 참아야 하겠습니까?[12]

정도전은 이색이 신씨를 왕으로 옹립해 왕씨의 혈통을 끊은 것은 임금을 시해한 반역과 같다고 주장했다. 그는 임금을 시해한 역적은 누구라도 죽일 수 있다는 《춘추》의 논리를 들어 이색의 처형을 정당화했다. 그러면서 스승 이색의 처형을 주장하는 자신의 심정을 다음과 같이 말했다.

(당나라) 고종이 무재인(武才人)을 봉해 무후(武后)로 삼으려 할 때 커수량(褚遂良)과 허경종(許敬宗)은 함께 재상이었습니다. 커수량은 끝내 반대하다 죽임

文憲公三峯遺像

_____ **정도전** 이성계와 함께 역성혁명을 일으켜 조선을 세운 개국공신으로 성리학을 바탕으로
나라의 기틀과 체제를 마련했다. 그림은 정도전 국가표준영정으로 1994년 권오창 화백이 제작
했다. 문헌사(文憲祠) 소장

을 당했습니다. 허경종은 고종의 뜻에 순종해, "이 문제는 폐하 집안의 일
이니, 제가 알 수 없는 일입니다"라고 했습니다. 고종은 허경종의 말에 따라
마침내 무재인을 무후로 봉했으며, 허경종은 죽을 때까지 부귀를 누렸습니
다. 반면에 측천무후를 물리치고 중종을 옹립하려 한 공신인 5왕은 반정을
의논하다가 함께 처형당했습니다. 지금에 와서 보니 허경종의 처신은 성공
했고, 저수량과 5왕은 실패했습니다. 그러나 허경종이 누린 한때의 부귀는

나부끼는 바람이 귀를 스치는 것과 같이 흔적도 없이 사라졌습니다. 그러나 저수량과 5왕의 아름다운 명성과 의로움은 역사책에서 빛을 발하며 우주를 관통해 함께 남아 있습니다. 저는 비록 미천하고 어리석으나 허경종을 수치로 여기고 저수량을 사모합니다.[13]

스승의 처형을 주장하는 자신의 처지를 측천무후 책봉을 반대하다 처형당한 저수량에 비유했다. 저수량은 소신을 굽히지 않아 처형당했으나, 그의 의로운 행위는 역사에 길이 남아 전해졌다. 스승의 처형을 주장한 자신 또한 당대에 비난을 받더라도 뒷날 역사가들에게 평가받을 것이라고 확신했다.

우왕·창왕 신씨설은 조선 건국에 정당성을 제공해주었지만, 현대의 역사가들은 부정적 입장이다. 조선 중기 역사가 신흠도 정도전의 상소문에 대해, "스스로 주장하고 스스로 화답해서 마치 귀신의 말과 같았다. 그 일이 국왕의 폐위와 관계되어 사람들이 함부로 말하지 못하게 하여 함정을 만드는 참혹함이 이보다 더 심한 때가 없었다"[14]고 지탄했다. 그러나 600여 년 전 당시에는 신씨설을 내세워 개혁파들이 이색 등 보수파를 제거하고 새 나라를 세우는 승리를 거두었다. 누군가는 당시 신씨설이 득세해서 진실이 밀려났다는 점에서 역사의 후퇴라고 얘기할 수도 있다. 그러나 역사적 진실을 밝히는 일은 긴 시간을 필요로 했다. 앞서 언급했듯이 조선 중기 이후에야 신씨설에 대한 비판이 처음으로 제기되었다. 그럼에도 불구하고 개혁파가 조선을 건국하고 역사의 주인공이 될 수 있었던 원인의 하나는 당시의 시대정신과 과제를 정확하게 인식하고 해결하려고 노력한 점이다. 보수파는 이 점에서 개혁파를 넘어설 수 없었다. 정도전 등 개혁파는 당시 하층민들에게 큰 고통을 안겨준 토지 소유 문제를 시대 과제로서 인식하고 해결하기 위해 매진했다. 특히 사전 개혁은 하층민과 하급 관료와 군인들의 절대적인 지지를 받았다. 그에 반해 보수파는 하층민의 고통을 외면하고 기득권을 고수하다 정치적으로 몰락했을 뿐만 아니라 왕조를 지키는 데도 실패했다. 때로는 진실이 절박한 시대 과제와 시대정신에 묻힐 수도 있다는 게 역사가 주는 교훈이다.

3 이색Ⅱ

이색을 위한 조선 역사가의 변론

이색은 개혁파의 탄핵을 받아 여러 곳의 유배지를 전전했다. 약 5년간 고려 말 개혁과 탄핵 정국(1388~1392)에서 이색만큼 여러 차례 탄핵을 받고 유배를 전전한 인물을 찾을 수 없다. 그럼에도 불구하고 앞에서 언급했듯이 이색이 자신을 변호한 얘기는 거의 찾아볼 수 없다. 조선 초기에 편찬한 《고려사》에도 이색 열전 등 이색과 관련된 부분은 개혁파의 입장을 중심으로 서술되어 있다.

조선 후기 역사가들은 이색을 어떻게 평가했을까? 이익의 《성호사설》에서 가장 많이 언급된 고려 인물이 이색이다. 〈목은대절(牧隱大節)〉(권18), 〈목은불굴(牧隱不屈)〉(권21), 〈우계마(牛繼馬)〉(권22), 〈우금지무(牛金之誣)〉(권26) 등 네 편의 글에서 이색을 논했다.[1] 여기에서는 이익의 글을 중심으로 조선 후기 역사가들이 이색을 어떻게 평가했는지 두 가지를 살펴보고자 한다.

하나는 이색의 절의 문제이다. 성리학적 역사 인식에서는 절의 문제가 인물 평가의 중요한 기준이 된다. 또 다른 하나는 남송 성리학자 호인(胡寅, 1098~1156)이 진(晉) 원제(元帝, 재위 317~322)의 출생과 즉위에 대해 논평한 사론이다. 호인의 사론은 이색이 우왕과 창왕이 신씨라는 사실을 알고 창왕을 즉위시키는 데 협조했다는 유력한 증거로서 언급된 자료이다. 물론 이색이 실제 창왕을 옹립하기 위해 호인의 사론을 언급했는지는 알 수 없다. 다만 《고려사》에 그렇게 언급되었을 뿐이다. 이익은 앞서 언급한 네 편의 글에서 이색의 절의 문제와 호인의 사론을 논했다. 이에 대해 각각 살펴보기로 한다.

〈이색 연보〉

굽히지 않았으나 세우지 못한 절의

이익은 이색이 쓴 시를 들여다보며 이색의 절개와 지조를 논했다. 이색은 1392년(공양왕4) 4월 정몽주가 피살되자 다음의 시를 남겼다.

> 간관과 대간의 탄핵 공세가 오늘에 이르러
> 오천(烏川, 정몽주)이 화를 입어 사람의 마음을 놀라게 하네
> 이리커리 오가는 내게 무슨 어려운 일 있으랴
> 송헌(松軒, 이성계)이 나를 깊이 아끼는 마음에 다시 감사하네[2]

이색은 정몽주의 죽음을 애도하기보다 자신의 유배생활을 근심한다. "이리저리 오가는 내게 무슨 어려운 일 있으랴/ 송헌(이성계)이 나를 깊이 아끼는 마음에 다시 감사하네"라는 시구를 통해, 탄핵 공세 와중에 정몽주가 피살되자 위기의식을 느껴 이성계의 도움을 얻으려 했다.

이어서 이익은 1389년 12월 장단 유배생활 중에 이색이 지은 시를 인용했다.

> 《중용》,《대학》읽을 때 증자(曾子)와 자사(子思)를 배웠지
> 영왕(瀛王, 풍도馮道)이 너의 스승이라고 모두 말하였다
> 요즈음 장락(長樂, 풍도의 호)은 나뿐이 아닌데

_____ **이색** 조선 후기에 옮겨 그려진 관복 차림의 이색 초상화다. 공민왕의 개혁정책에 따라 성균관을 맡아 성리학을 진흥하며 정몽주, 정도전, 이숭인 등 신진사대부 성장에 기여했다. 출처: 문화재청

귀거래사 짓는 이가 그 누구인가³

사람들이 자신을 중국 5대10국 시대 다섯 나라의 재상을 지낸 풍도에 빗대어 비난하자 씁쓸해하는 심경을 드러내고 있다. 풍도는 다섯 나라 조정에서 여섯 명의 임금을 섬긴 것을 자랑하며 스스로 장락로(長樂老)라고 호를 붙였다고 한다. 이색은 의리를 저버린 풍도에 자신을 빗댄 세태

를 탄식했다.

이익은 이색이 자신의 처지를 애석해하는 시를 인용하며 다음과 같이
비판했다.

(목은 이색은) 스스로 자신을 죄인이나 천부(賤夫)로 비유했다. 비록 (사람들이
자신을 풍도와 같은 인물로 비유한 데 대해) 슬퍼했지만, (조선 개국 후 그는) 가마를
타고 태조를 만나서 구차하게 살려 했다는 비난을 면치 못했다. 태조에게
굽히지 않았다고 할 수 있으나, 절개를 세웠다고 할 수는 없을 것이다.[4]

이런 말(위의 시 내용)은 하지 않았으면 차라리 낫지 않았겠는가? 결국 연자
탄(燕子灘, 여주의 강)의 배 안에서 후회하였으나 미칠 수 없게 되었다. 고려 말
기의 인망은 세 사람이었는데, 권근은 이색에 미치지 못하고, 이색은 정몽
주에 미치지 못했다. 남의 신하로서는 마땅히 정몽주를 본받아야 하므로 조
선조에서 정몽주를 맨 먼저 포상하고 높였다.[5]

이와 같이 이익은 이색이 고려왕조에 절의를 지켰지만, 처신에서 문제
가 있었다고 지적했다. 예를 들면, 이색이 권력자 이성계에게 구명을 요
청한 것이나 자신의 처신을 구차하게 변명한 것은 절의의 인물로서 부족
한 점이라고 평가했다. 따라서 이색의 절의는 정몽주에 미치지 못한다고
평가했다. 그러나 신흠은 이익과 다르게 이색의 절의를 높이 평가했다.

고려 말년 여러 어진 이가 화를 입은 것이 몇 가지 단서가 있다. 하나는 이색
을 가리킨 것이고, 하나는 중국에서(명나라 황제가 고려에게) 다른 성씨를 왕으
로 세웠다고 한 말이다. (이색이) 창왕을 세운 것은 당연한 일이며, 진실로 대

신으로서 해야 할 도리이다. 중국에서 그렇게 말했다는 것은 실케 중국에서 나온 것이 아니다. 당시 고려에서 두 마음을 가진 사람이 만들어낸 말이다. 스스로 주장하고 스스로 화답해서 마치 귀신의 말과 같았다. 그 일이 국왕의 폐위와 관계되어 사람들이 함부로 말하지 못하게 하여 함청을 만드는 참혹함이 이보다 더 심한 때가 없었다.[6]

신흠은 개혁파의 주장과 다르게 이색이 창왕을 옹립한 것을 두고 올바른 일이라 했다. 또한 예부 자문에서 황제가 고려의 왕이 다른 성씨라고 한 말은 조작된 것이며, 정도전의 상소문은 귀신의 말과 같이 허황하며 폐위 문제를 함부로 언급하지 못하게 위압하는 글이라 했다.

이덕형도 이색을 고려 말 절의를 지킨 인물로 꼽았다.

고려조에서 절의를 지킨 신하로서 정몽주는 나라가 망하기 전에 희생되었다. 이색, 이종학, 이숭인, 김진양(金震陽)은 모두 왕조가 바뀐 후에 목숨을 잃었다. 서견(徐甄)은 고려가 망하자 물러나 노년을 마쳤다. 길재는 소를 올려 벼슬을 하지 않았다. 절의를 지킨 인물은 일곱 사람뿐이다.[7]

호인의 사론에 의문을 케기하다

앞에서 이야기했듯이, 이색이 가짜 왕씨인 우왕과 창왕을 옹립했다고 공격받고 반론한 기록은 거의 찾을 수 없다. 한편 《고려사》에 이색이 남송 성리학자 호인의 사론을 인용해 창왕 옹립의 불가피성을 언급했다는 기록이 있다.

이색은 일찍이 사람들에게 "옛날 진나라 원케가 왕위를 이어받았다. 이에 대해 북송 유학자 호인은, '원케의 성은 우씨(牛氏)인데도 진나라 왕통(사마씨 司馬氏)을 이어받았다. 그런데도 동진(東晉)의 군신(群臣)들이 이를 평온하게 여기고 고치지 않은 것은 무슨 까닭일까? 당시 오랑캐가 번갈아 침범해 강남지방이 힘이 약해서 옛부터 이어온 왕업에 의지하지 않으면 인심을 붙들어 맬 수 없었고, 있는 것을 버리고 새로운 것을 만드는 것이 아주 어려웠기 때문이다. 이는 형세를 살펴 일을 이룬 것으로 어쩔 수 없는 일이다'라고 했다. 내가 신씨를 왕으로 세우는 데 반대하지 않은 것도 이러한 뜻이 있다"라고 말했다.[8]

오랑캐의 침입으로 위태로운 나라를 구하기 위해 중국 진나라 군신들이 왕통인 사마씨 대신 우씨인 원제를 군주로 삼아 동진을 건국했듯이, 이색은 고려 말 불안한 정세 때문에 불가피하게 신씨인 창왕을 옹립했다는 것이다. 참고로 진나라 원제는 진나라 귀족과 강동(江東) 세력가들의 지지로 동진(317~418)을 건국한 사마예(司馬睿, 재위 317~323)이다. 진나라(서진西晉, 265~316)를 건국한 무제(武帝) 사마염(司馬炎, 재위 265~290)의 조카이다.

이색이 호인의 사론을 언급했다는 내용은《고려사》이색 열전과《고려사절요》(권34, 공양왕 2년 2월)에 기록되어 있다. 개혁파는 이색이 호인의 사론을 언급한 것이 창왕 신씨설을 뒷받침하며, 이색이 신씨인 창왕을 옹립했다는 증거라고 주장했다.

그러나 이익은 이색이 호인의 사론을 언급하고 창왕을 신씨라고 알고서 왕으로 옹립했다는 기록에 의문을 제기했다. 이익은 진나라 원제가 우씨가 아니라는 사실은 심약(沈約)이 쓴 정사(正史)《송서(宋書)》에 밝혀져 있으며, 만약 사마씨가 아닌 다른 성씨가 왕통을 이었다면, 사마씨 집안의 사람들이 가만히 있었을지 의문이라 했다. 이익의 비판은 다음과 같이 계속된다.

그런데 이색이 호인의 사론을 증거로 삼은 이유는 무엇일까? 당시 신씨 부자는 외로운 병아리나 시든 쥐에 불과했다. 또 당시 고려 왕실의 종친도 많은데 무엇 때문에 그렇게 (신씨를 옹립) 했을까? 어떤 이는 "(이색이) 당시 일을 분명하게 말할 수 없어 그렇게 말한 것이 아닐까?"라고 말하기도 한다. 그러나 후세 사람들이 이색의 이 말에 근거해 (창왕의 혈통에 대해) 옳고 그름의 진실을 말하는 것은 어리석은 사람 앞에서 꿈을 말하는 것과 같은 일이다. 한마디 말로 결론을 내린다면, 옛사람들은 허물 속에서도 허물이 없음을 반드시 찾으려 한다. 이색은 평생 훌륭한 절의의 인물로서, 그의 말에서 허물을 찾는 것은 옳은 일이 아니다.[9]

이익은 당시 우왕 부자가 세력이 미약하고 왕실 종친도 많아 진나라와 다른 상황이었다는 것이다. 따라서 이색이 호인의 사론을 언급했다는 주장은 맞지 않고, 그가 호인의 사론을 근거로 창왕을 신씨로 알고서 옹립했다는 주장 또한 옳지 않다고 했다. 한편 송시열(宋時烈, 1607~1689)도 이색이 호인의 말을 빌려 말했다는 것은 사실이 아니라고 했다. 즉 "이는 곡필에 가까운 것이다. 당시 혁명에 가담한 사람들이 왜 이색의 말을 빌려 창왕 폐위가 정당하다고 거듭 강조하려 했겠는가?"라고 했다.[10]

신씨설을 부정하다

이익의 주장은 다음에도 계속된다.

고려 말 우왕을 폐위할 때, 이색은 "마땅히 전왕의 아들을 세워야 한다"고
했고 창왕이 즉위했다. 성이 신씨라서 (우왕을) 폐하고 다시 신씨(창왕)를 세
웠다면 그것을 의심하지 않은 것은 무슨 까닭인가? 이색이 비록 (전왕의 아들
을 세워야 한다고) 말했더라도 창왕을 즉위시킨 사람은 이색이 아니다. 이보다
앞서 우왕을 폐위시킨 자들이 이색의 말을 거역할 수 없어 창왕을 즉위시킨
것일까? …… 당시 왕씨가 나라에 널리 있었는데도 어찌 왕씨를 택하지 않
고 이미 폐위된 왕(우왕)의 어린 아들을 즉위시켰겠는가? 이때 우왕이 살아
있으면서 폐위되었는데 아들이 왕이 된 것은 진 원제와는 아주 다르다.[11]

이익은 창왕 즉위 당시 왕씨 성을 가진 종친이 많았고, 우왕이 폐위되
었는데도 아들 창왕이 즉위한 것은 진 원제와 다른 경우라고 했다. 만약
우왕이 신씨라는 이유로 폐위되었다면, 이색이 우왕의 아들인 창왕을 세
우고자 할 때 왜 사람들이 의심하지 않았을까 하고 의문을 제기했다. 설
령 신씨라는 이유로 우왕을 폐한 후 아들 창왕을 즉위시켰더라도 그것은
이색이 한 일은 아니라고 했다. 이익은 이색이 왕씨 혈통을 끊고 신씨를
옹립했다는《고려사》기록은 잘못된 것이라 했다.

우왕에 관한 사실에는 의심할 점이 있다. 이색의 말이 비록 무게가 있다 하
지만, 만약 신씨라 해서 (우왕을) 폐했다면 이색이 전왕의 아들을 세워야 한
다고 하여 어찌 그 아들을 다시 세울 수 있었을까? 우왕을 폐위시킬 힘이라

면 창왕을 즉위시키는 것을 저지할 수 있었을 것이다. 우왕을 폐위한 것도 조민수이며, 창왕을 세운 것도 조민수다. 이 또한 무슨 까닭인가? 나는 우왕이 폐위된 것은 북벌(요동 정벌) 때문이라 생각한다. 그 무렵 우왕이 신씨라는 얘기가 있었더라도 모두 개인적으로 주고받는 정도이지, 분명하고 올바른 문제로 제기된 수준은 아니었다. 그렇기 때문에 창왕이 즉위했어도 아무도 다른 얘기를 하지 않았다. 이 사실은 당시 역사책에서도 알 수 있다.[12]

이 글에서 이익은 우왕이 신씨가 아니며, 우왕의 폐위는 최영과 함께 단행한 요동 정벌 때문이라고 했다. 우왕 폐위와 창왕 즉위는 조민수가 주도했으며 이색은 관여하지 않았다고 했다. 또한 우왕 신씨설은 위화도 회군과 창왕 즉위 당시까지 정식으로 제기된 문제가 아니라고 했다. 이색의 말에 따라 창왕이 즉위했다면 당시 우왕 신씨설이 제기되지 않았다는 증거가 된다는 것이다. 이익은 우왕 신씨설이 제기된 시점을 다음과 같이 논했다.

그러나 일이 한번 기울어져 권력이 한쪽으로 집중되자 신씨라는 말이 돌고 돌아서 움직일 수 없는 사실이 되었다. 이에 따라 역사가들이 글을 지어 후세에 전해 진위를 알 수 없게 했다. 어찌 우왕이 폐위될 때 왕씨(원문은 '劉'로 오기)가 아니라는 대의를 내세워 천하에 고하지 않았는가? 만약 그렇게 했다면 이색도 "전왕의 아들을 세워야 한다"는 말을 꺼내지 않았을 것이다. 명나라에 우왕을 폐하고 다시 명나라 홍무 연호를 사용한다고 알렸을 때도 우왕이 신씨라는 말은 없었다.[13]

이익은 우왕 신씨설은 이성계 일파에게 권력이 집중된 이후 본격화되었다고 했다. 이 글에서 밝히지 않았지만, 우왕 복위운동과 창왕 폐위 무렵 이른바 '폐가입진' 논의가 나올 무렵일 것이다. 결국 이익은 이색이 왕씨 혈통을 끊고 가짜인 신씨를 왕으로 즉위시켰다는 기록이 사실이 아니라고 부정했다.

《고려사》, 《동국통감》이 편찬된 15세기까지는 우왕·창왕 신씨설은 거스를 수 없는 것이며, 그것을 부정하는 것은 조선왕조 자체를 부정하는 일이었다. 그러나 조선 중기 이후 조선 건국의 이념과 명분이 약화되고, 정치·사회·경제의 변동에 따라 정치세력 간 대립과 분열이 나타나기 시작했다. 그에 따라 시대 과제와 시대정신에 대한 인식도 변하면서 신흠, 이덕형 등 조선 중기 역사가들이 '신씨설'에 의문을 제기하기 시작했다. 이익 역시 조선 건국 명분의 하나인 우왕 신씨설을 공개적으로 부정한 용기 있는 역사가의 한 사람이었다. 이익의 제자 안정복이 저술한 《동사강목》은 신씨설을 부정하는 내용을 공식적으로 기록한 첫 역사책이었다. 이 점에서 이익은 시대의 변화를 바르게 읽고 과거를 새롭게 이해하려 한 역사가라 할 수 있다. 역사가로서 이익의 권위와 명성이 지금까지 유지될 수 있었던 이유이다.

4 우왕

조선왕조판 '역사 바로 세우기'

고려왕조 역사서는 조선 태조 때 처음으로 《고려국사(高麗國史)》를 편찬한 이후 《수교 고려사(讎校高麗史)》와 《고려사전문(高麗史全文)》까지 세 차례 편찬을 거쳐 《고려사》와 《고려사절요》로 완성되었다. 두 책은 현재 가장 오래된 고려사 책으로 전해지고 있다. 두 책의 편찬에 60년의 긴 세월이 걸렸던 이유는 무엇일까? 두 가지 이유가 있었는데, 그 이유에서 《고려사》 편찬의 특징을 살필 수 있다. 하나는 서술체제의 문제였다. 기전체(紀傳體)는 서술 범위가 넓고 자세하게 기록하는 장점이 있으나, 사건을 체계적으로 이해하기 어려운 단점이 있다. 편년체(編年體)는 시간의 순서에 따라 서술되어 있어 읽는 사람에게 편리하지만, 많은 내용을 자세하게 기록하지 못하는 단점이 있다. 두 서술 체제의 장점을 살리기 위해 기전체의 《고려사》와 편년체의 《고려사절요》가 함께 편찬되었다. 다른 하나는 우왕과 창왕의 시대를 어떻게 서술할 것인가 하는 문제였다. 구체적으로 위화도 회군과 우왕 폐위(1388)부터 조선 건국(1392)까지의 전환기에 태조 이성계의 위상과 조선왕조 건국의 정당성을 어떻게 서술하느냐 하는 문제였다. 이 두 가지 이유로 《고려사》 편찬은 여러 차례 수정을 거치면서 60년이라는 오랜 시간이 걸렸다.

1995년 김영삼 정부는 12·12 군사반란을 주도하고 5·18 광주민주화운동을 탄압한 전두환, 노태우 두 전직 대통령을 구속하고 사형을 선고했다. 김영삼 정부는 이들을 구속한 명분으로 이른바 '역사 바로 세우기'를 내세웠다. '역사 바로 세우기'는 5·16 군사정변 이후 뿌리를 내린 군사독재의 잔재를 청산하기 위해 김영삼 정부가 단행한 개혁정치의 하나였다. 조선왕조 개국을 전후해서도 이와 비슷한 움직임이 있었다. 역사가 때로는 반복된다고 한다면 우왕과 창왕의 15년 역사는 20세기 후반에 행해진 '역사 바로 세우기'의 원조라 할 수 있다. 《고려사》에서 우왕과 창왕의 역사는 왕의 역사를 서술한 〈세가(世家)〉가 아니라 신하의 역사를 서술한 〈열전(列傳)〉에 실려 있다. 그것도 '반역 열전'에 실려 있다. 이같이 두 왕이 재위한 15년을 475년 고려왕조 왕의 역사에서 제외함으로써 《고려사》는 기형적 형태의 역사책이 되었다. 왜 그랬을까?

《《고려사》 편찬 과정》

1392년(태조1)	태조, 고려사 편찬 명을 내림
1395년(태조4)	정도전, 정총 등 《고려사》《고려국사》, 편년체, 37권) 편찬 완료
1414년(태종14)	태종, 《고려국사》 수정 지시
1424년(세종6)	유관(柳觀), 윤회(尹淮) 등 《수교고려사》(편년체) 편찬 완료
1442년(세종24)	신개(申槪), 권제(權踶) 등 《고려사전문》(기전체) 편찬 완료
1451년(문종1)	김종서(金宗瑞), 정인지(鄭麟趾) 등 《고려사》(기전체, 139권) 편찬 완료
1452년(문종2)	김종서 등 《고려사절요》(편년체, 35권) 편찬 완료

왜곡된 서술체계

《고려사》는 기전체 형식의 역사책이다(139권). 왕의 역사는 〈세가〉(46권), 신하의 역사는 〈열전〉(50권), 제도와 문물의 역사는 〈지(志)〉(39권), 연표 등은 〈표(表)〉(2권)의 항목에 각각 수록되어 있고, 〈목록(目錄)〉(2권)이 있다. 〈열전〉의 분량이 가장 많다. 그러나 〈세가〉에 들어가야 할 우왕과 창왕의 역사 5권이 열전에 포함되어 있어, 실제로는 〈세가〉가 51권이 되고 〈열전〉이 45권이 되어 〈세가〉가 가장 많은 셈이다.

우왕과 창왕의 역사가 왕의 역사인 〈세가〉가 아니라 〈열전〉에 실린 것은 우왕의 혈통 문제 때문이다. 이 문제는 《고려사》 편찬을 여러 차례 수정하게 할 만큼 민감하고 중요한 문제였다. 바로 조선 건국의 정당성과 관련되었기 때문이다. 《고려사》에는 다음과 같이 우왕이 신돈의 아들로 기록되어 있다.

신우(辛禑, 우왕)의 어린 시절 이름은 모니노(牟尼奴)이다. 신돈의 비첩 반야(般若)의 소생이다. 어떤 사람은, "처음 반야가 만삭이 되자, 신돈이 친구인 승려 능우(能祐)의 어머니 집에 반야를 보내 출산하게 했다. 능우 어머니가 아이를 길렀으나, 1년이 되지 않아 죽었다. 능우는 신돈의 책망이 두려워 이웃집 군인의 아이 중에서 죽은 아이와 닮은 아이 하나를 훔쳐 다른 곳에 둔 후 아이가 병이 들어 다른 곳에 옮겨 키우겠다고 하여 신돈의 허락을 받았다.

1년이 지나 신돈이 자기 집에서 길렀다." …… 공민왕이 항상 대를 이을 아들이 없음을 근심했다. 어느 날 신돈의 집에 갔다. 신돈이 키우던 아이를 가리키며, "전하께서 이 아이를 양자로 삼아서 뒤를 잇게 하십시오"라고 했다. 왕은 아이를 곁눈질로 보고 웃기만 하고 대답하지 않았다. 그러나 이미 마음속으로 동의했다.[1]

우왕 열전 첫머리에 기록된 내용이다. 이에 따르면, 신돈의 진짜 아들은 신돈의 친구 집에서 양육되다 사망했다. 신돈의 책망을 두려워한 친구가 비슷하게 생긴 이웃집 아이를 훔쳐 신돈의 아들로 속여 양육했다는 것이다. 사실이라면 우왕은 혈통상 가짜 왕씨이며 더욱이 신돈의 친자도 아닌 셈이다. 왜 이런 사실이 공개되지 않은 채 공민왕 때 대군으로 책봉되고, 공민왕 사후 왕으로 즉위해 14년 동안 왕 노릇을 할 수 있었는지 믿어지지 않는다.

우왕을 왕망에 비유하다

《고려사》를 편찬한 조선 초기 역사가들은 가짜 왕씨인 우왕과 창왕을 왕의 반열에 둘 수 없다고 했다. 그래서 왕의 역사를 기록한 〈세가〉가 아니라 신하의 역사를 기록한 〈열전〉, 그중에서도 '반역 열전'에 두 왕의 역사를 기록했다.

가짜인 신씨(우왕과 창왕)를 강등시켜 (세가에 넣지 않고) 열전에 넣어 기록한 것은 함부로 왕위를 훔친 죄를 엄중하게 벌하기 위한 것입니다.[2]

신우 부자는 반역자 신돈의 서자로서 16년간 불법으로 재위했다. 그렇기 때문에 《한서(漢書)》에서 왕망(王莽)을 열전에 실은 예에 근거해 그들을 강등시켜 열전에 기록한다. 이는 역적을 엄하게 처벌하려는 뜻이다.[3]

이 글은 《고려사》 편찬 책임자 정인지가 밝힌 편찬 방침의 일부다. 여기에서 두 가지 사실을 확인할 수 있다. 즉 우왕과 창왕은 왕씨가 아니라 신돈의 아들이며, 두 왕의 역사를 〈열전〉에 편입한 것은 한나라 왕망의 예를 따랐다는 것이다.

참고로 왕망은 기원후 5년에 전한(前漢)의 평제(平帝)를 독살하고 어린 유영(劉嬰)을 내세웠다가 왕위를 찬탈해 신(新)나라를 세운 인물이다. 비록 신나라가 15년이라는 짧은 기간 존속했어도 황제에 올랐는데, 왕위를 찬탈했다는 이유로 그에 관한 역사는 《한서》 〈열전〉에 실려 있다. 《고려사》 편찬자들은 우왕 역시 왕망과 같이 왕씨의 왕위를 찬탈했기 때문에 〈열전〉에 싣는다고 했다. 우왕을 왕망에 비유한 것은 고려 말 역사기록에 이미 나타나고 있다.

(1) 우리 태조께서 삼한을 통합한 지 400여 년이 지나 왕위가 공민왕에게 전해졌는데, 불행하게도 아들을 두지 못하고 돌아가셨습니다. 우왕 부자가 왕위를 농간했는데, 그 화가 왕망보다 못하지 않았습니다. 전하(공양왕)께서 천명을 받아 중흥하신 것은 (후한) 광무제(光武帝)가 정통을 계승해 조종(祖宗)의 제사를 받든 것에 부합합니다.[4]

(2) 옛날 한나라 성제(成帝, 재위 BC33~BC7) 때 일식이 있자, 모두 외척이 권력을 행사할 징조라고 말했습니다. 성제가 의심해서 (당시 재상인) 장우(張禹)

에게 묻자, 그는 늙고 자식이 약해 외척의 화를 입을까 두려워해 분명하게 말하지 않았습니다. 결국 왕망이 한나라를 무너뜨리게 만들었습니다.[5]

(1)은 공양왕 때 기록으로 우왕 부자를 왕망에, 공양왕을 왕망의 신 왕조를 무너뜨린 후한의 광무제에 비유했다. (2)는 정도전이 이색의 처형을 상소한 글인데, 이색을 한나라 재상 장우에 비유했다. 장우가 외척의 발호를 방관해 왕망의 왕위 찬탈로 이어졌듯이, 이색의 방관적 태도가 우왕의 왕위 찬탈로 이어졌다는 것이다.

이같이 우왕과 창왕이 왕위를 찬탈했다는 주장은 공양왕을 추대할 무렵에 나타났다. 정도전은 1391년 5월 이색과 우현보의 처형을 주장한 상소에서 두 왕의 즉위는 고려 왕실의 혈통을 끊고 왕위를 찬탈한 반역행위라고 했다. 그 내용은 다음과 같다.

가만히 생각해보면, 왕위를 찬탈한 반역죄보다 더 무거운 형벌은 없습니다. 왕씨가 왕위에 오르는 일을 막고 신씨(우왕)의 아들 창을 왕위에 즉위시켰으며, 우왕을 다시 맞이해(복위시켜) 왕씨의 혈통을 끊으려 한 것은 왕위를 찬탈한 반역행위이며 난신적자의 괴수입니다. 그런데도 구차하게 천벌을 면한 지 여러 해 되었습니다.[6]

이러한 정도전의 주장은 조선 건국 후 그가 편찬하기 시작한 《고려국사》(1395)에 반영되었을 것이고, 우왕과 창왕을 반역 열전에 넣은 《고려사》 편찬 방침으로 이어졌을 것이다.

반역 열전의 기준

조선 후기 역사가 이익은 우왕과 창왕이 왕의 지위를 인정받지 못하고,《고려사》반역 열전에 편입된 것은 잘못이라 했다. 그의 주장은 다음과 같다.

> 정인지의 《고려사》에서 우왕 부자를 반역 열전에 넣었는데, 그 뜻이 공평하지 않다. 《자치통감강목資治通鑑綱目)》에서 진시황은 영씨(嬴氏)가 아니고 진나라 원제는 사마씨가 아니라고 단언하면서도 오히려 그 직위와 호칭은 없어지지 않았다. 만약 별도로 두 진나라(秦과 晉)의 역사를 편찬한다면, 이 두 임금을 반역의 대열에 포함시켜야 하는가?[7]

이익은《고려사》편찬 책임자인 정인지가 우왕과 창왕을 반역 열전에 넣은 것을 비판했다. 주자의《자치통감강목》에서는 진시황과 진나라 원제를 각각 왕통인 영씨와 사마씨가 아니라고 하면서도 반역 열전에 넣지 않았다. 이익은《자치통감강목》의 필법에 따라 우왕과 창왕이 신씨라 하더라도 반역 열전에 들어갈 이유가 없다고 했다. 나아가 이익은《고려사》편찬방침에 대해서도 비판했다.

> 왕망은 직접 왕위를 찬탈한 반역을 저질렀다. 그렇게 세운 왕조가 대를 이어 전해지지 못했기 때문에 본기(本紀)에 들어갈 수 없었다. 만약 왕망의 자손들이 오래 왕조를 유지했다면 어떻게 처리했을까? 반역(叛逆)의 '반'은 나라에 반란을 일으켰다는 뜻이다. '역'은 국왕을 시해했다는 뜻이다. 그런데 우왕으로 말할 것 같으면, 선왕(공민왕)이 아들로 삼아 왕위를 물려주었고,

아들로서 왕위를 이어받았다. 그 마음속에 털끝 만큼이라도 나쁜 뜻이 싹텄을 리가 없었다. 그렇기 때문에 (우왕을) 반역이라 할 수 없다.[8]

이에 따르면, 왕망은 반역해서 왕위를 찬탈한 행위로 반역 열전에 실렸다. 그러나 우왕은 국왕을 시해하거나 나라에 반란을 일으킨 반역행위를 하지 않았다. 공민왕이 우왕을 아들로 삼아 왕위를 물려주었다. 그렇기 때문에 우왕과 창왕을 왕망과 같은 반열로 평가하는 것은 옳지 않다는 것이다.

이익은 나라에 반란을 일으켰거나 국왕을 시해한 인물만 반역 열전에 포함되어야 한다는 원칙을 제시했다. 구체적으로 무신정권기 인물인 조위총과 명종을 예로 들었다.

조위총 같은 자는 서경을 거점으로 하여 군사를 일으켰다가 윤인첨에 사로잡혀 참형을 당했다. 그런데도 《고려사》 반역 열전에 들어 있지 않다. 정중부와 이의방은 의종을 시해한 원흉이다. 그런데도 명종은 정중부 등을 존대하고 총애했고, 가마솥에 들어 있는 의종의 시체를 수습해 장례를 지내지 않았다. 조위총이 이의방 등이 임금을 시해하고 장사도 지내지 않은 죄를 성토했다. 그 때문에 5년이 지난 뒤에야 비로소 장례를 지냈다. 이는 정중부 등만 반역을 한 것이 아니고 명종도 의종을 시해하고 스스로 즉위한 죄가 있으니 역사가들이 반드시 기록해야 한다. 어찌 조위총을 잘못했다 하겠는가?[9]

이 내용에 따르면, 조위총은 의종 시해자와 시해된 의종을 장례하지 않은 것을 성토했다. 따라서 그를 반역 열전에 넣지 않은 것은 옳은 일이다. 또 의종 시해자를 처단하지 않고 장례도 지내지 않은 명종을 반역 열전에 넣지 않은 것은 잘못된 일이라 했다. 이같이 이익은 국왕을 시해하거나 왕조에 반란을 일으키지 않은 우왕과 창왕을 반역 열전에 넣은 것은 잘못이라 했다.

변화된 조선 후기 역사 서술

우왕과 창왕을 반역 열전에 넣은 것을 비판한 이익의 주장이 실제 역사서에 반영된 사례가 있을까? 임상덕(林象德, 1683~1719)은《동사회강(東史會綱)》을 저술하며 고려의 역사를 공민왕에서 마무리했다. 공민왕 이후 우왕, 창왕, 공양왕의 약 20년(1374~1392) 역사를 서술하지 않았다. 안정복은 임상덕의 생각을 다음과 같이 설명했다. 임상덕은 태조 이성계의 즉위는 천명인데도 당시 사관들이 직분을 다하지 못해 공정한 태도를 잃고 고려 말 역사를 잘못 서술해 의심을 받게 되었다고 했다. 임상덕은 우왕 신씨설을 의심했지만 확실하게 말할 수 없기 때문에 우왕 이후의 역사를 서술하지 않은 것이다.[10] 이같이 임상덕은《고려사》에서 우왕과 창왕이 신돈의 자식이라 하며 왕으로서의 정통성을 부정한 것에 의문을 제기한 역사가의 한 사람이었다.

한편 안정복 역시《동사강목》편찬과정에서 고려 말 역사를 어떻게 서술할 것인가 하는 문제를 크게 고심했다. 그는《동사강목》에서 우왕 신씨설을 부정했다.《동사강목》수정본을 완성해 정조에게 바치기 위해 1783년(정조7) 정자상(鄭子尙, 본명 鄭志儉, 1737~1784)에게 보낸 편지에서 그의 생각을 읽을수 있다.

정인지가 쓴 《고려사》에서 고려 말의 왜곡된 서술은 한마디로 말하기 어려울 정도입니다. 우리 조선은 천명을 받아 하늘과 사람이 귀의했습니다. 우왕과 창왕이 왕씨인지 신씨인지를 가리는 일이 무슨 관계가 있겠습니까? 조준과 정도전의 무리가 옛 신하들을 넘어뜨리려고 이러한 논의를 제창한 것입니다. 이색과 길재는 백세(百世)의 모범이 되는 분인데 어찌 천왕의 아들을 세워야 한다는 의논을 제창했으며, 또 어찌 우왕을 위해 3년간이나 마음속으로 상례를 올렸겠습니까? 이를 보면 알 수 있습니다.[11]

안정복은 우왕과 창왕이 왕씨라는 근거를 다음과 같이 들었다. 이색이 창왕을 전왕의 아들이라 하며 즉위하게 했을 때 아무런 이의가 없었다. 또한 길재가 이미 폐위되어 죽임을 당한 우왕을 왕으로 받들어 뒷날 3년 동안 마음으로 예를 갖춘 사실을 들었다. 우왕과 창왕은 고려 왕실의 적통이며, 우왕 신씨설은 조준과 정도전 등이 이색과 같은 반대파들을 제거하기 위해 조작했다는 것이다.

안정복은 《고려사》에서 우왕과 창왕을 각각 '신우(辛禑)', '신창(辛昌)'으로 표기하며 두 왕을 신돈의 자식으로 기록한 것과 다르게, 《동사강목》에서 '신우'와 '신창'을 각각 '전폐왕 우(前廢王禑)'(권16 상·하 참조)와 '전폐왕 창(前廢王昌)'(권17 상 참조)으로 서술했다. 안정복은 조선을 지배하던 '우왕·창왕 신씨설'을 부정하고, 우왕과 창왕을 고려 왕실의 적통으로 인정하고 이성계 일파에 의해 폐위된 국왕으로 보았다. 이렇게 《동사강목》은 우왕과 창왕의 정통성을 인정한 최초의 역사서가 되었다.

역사는 과거와 현재의 대화다. 역사 해석에는 과거보다 현재가 더 크게 작용한다고 할 수 있는데, 역사를 쓸 때 역사가의 사관이나 그가 살던 시대의 시대정신과 가치에 크게 영향을 받기 때문이다. 조선 건국의 정당성과 명분이 되었던 우왕·창왕 신씨설은 건국 당시에는 부정할 수 없는 진실처럼 중요한 가치를 갖는 듯했다. 그러나 조선 후기에 들어서면서 신씨설은 흔들리기 시작했다. 시대의 변화에 따른 사관의 변화일까? 은폐되고 왜곡된 사실이 베일을 벗고 진실의 모습을 드러낸 것일까? 어느 쪽도 배제할 수 없는 가능성을 지니고 있지만, 분명한 것은 특정 시대의 가치와 이념이 역사적 진실을 영원히 묻어둘 수 없다는 사실이다.

5 창왕

왕과 폐가입진

창왕(재위 1388.6~1389.11)은 약 1년 5개월을 재위하다가 이성계 등의 개혁파에게 신씨 핏줄의 가짜 왕으로 몰려 폐위되고 참형을 당한 비극의 군주였다. 창왕은 9세에 즉위했다. 34명의 고려 왕 가운데 8세에 즉위한 충목왕(재위 1344~1348) 다음으로 어린 나이였다. 창왕은 외조부 이림과 명망이 높았던 이색 등의 후견에 의존했다. 창왕의 재위 기간은 짧았지만 고려에서 조선으로 왕조 교체의 계기가 되는 사건들이 집중된 시기였다.

창왕 재위 시기에 최대 현안은 사전 개혁이었다. 개혁을 주도한 세력은 위화도 회군 후 실권을 장악한 이성계 일파였다. 개혁파는 9세의 어린 창왕을 내세워 사전 개혁 교서를 반포하게 했다. 1388년(창왕즉위년) 7월부터 이듬해까지 조준을 비롯해 사전 개혁을 촉구하는 상소가 이어졌고, 8월 전국의 토지 조사가 시작되었다. 사전 개혁은 하급 군인과 관료 및 하층민의 지지를 받았지만, 창왕을 옹립한 조민수·이색·이림 등 이른바 보수세력의 반대 또한 만만치 않아서 개혁의 추진력 확보에 어려움이 많았다. 창왕의 나이가 어렸지만 국왕이라는 상징성은 컸다. 사전 개혁 반대세력이 정치적인 결속력을 가질 수 있었던 것도 국왕의 상징성에 의존했기 때문이다. 개혁파는 반대세력의 우산인 창왕을 폐위하면 사전 개혁 반대세력을 제압할 수 있다고 판단했다. 창왕을 폐위한 명분은 혈통 문제였다. 우왕·창왕 신씨설은 이때 처음 제기되었다. 왕위의 정통성이 문제가 되면서 고려 말 정국은 급격하게 요동치기 시작했다.

〈창왕 재위 연표〉
* 날짜가 기록되지 않은 경우는 기사 순서에 따라 정리

1388년(창왕즉위년)

6월 9일	창왕 즉위
	조민수와 이성계를 공신으로 책봉함
7월	최영을 가두고 요동 정벌의 죄로 고문하며 신문함
	조준 등 사전 개혁 상소 올림
	설장수, 명나라에 사행하여 우왕의 양위 알림
	사전 혁파 반대한 조민수, 조준의 탄핵으로 창녕 유배
8월	이색을 문하시중, 이성계를 수시중(守侍中)으로 임명함
	조준, 관직 및 행정 제도 개혁 상소 올림
	창왕, 사전의 조세를 절반만 거두게 함
9월	우왕의 유배지를 여흥군으로 옮김
10월	이색과 이숭인, 명나라 사행하여 고려 감국 및 명문가 자제들의 유학 요청
	급전도감(給田都監) 설치
11월	강회백(姜淮伯) 등 명나라 사행하여 창왕의 명나라 황제 알현 요청
12월	최영 처형

1389년(창왕1)

3월	명나라, 창왕의 황제 알현 요청 거절

4월	이색, 명나라에서 귀국
	도평의사사, 사전 혁파 논의. 이성계·조준·정도전 등은 찬성하고, 이색·이림·우현보·변안열·권근·유백유(柳伯濡) 등은 반대. 논의 참여 53명. 10명 중 8~9명 찬성. 반대파들은 거족(巨族) 출신
6월	윤승순과 권근, 명나라 사행하여 창왕의 알현 요청
7월	문하시중 이색, 사직을 청하면서 이림(창왕의 외조부) 천거. 이색은 판문하부사, 이림은 문하시중에 각각 임명
8월	조준, 사전 혁파 상소. 경기지역은 사대부에게 과전으로 지급하고, 나머지는 혁파해 녹봉과 군비로 충당할 것을 주장함
9월	권근, 명나라에서 귀국. 뒷날 명나라 외교문서 미리 뜯어본 혐의 받음
10월	오사충 등 이숭인 탄핵. 이숭인, 경산부 유배
	권근, 이숭인 옹호 상소로 우봉현 유배
	이색, 사직 후 장단에 퇴거
11월 13일	김저·정득후, 이성계 제거 및 우왕 복위 시도 실패
14일	창왕 폐위되어 강화도로 추방. 우왕 강릉으로 이배
15일	공양왕 즉위
12월	공양왕, 서균형(徐鈞衡)과 유구(柳珣)에게 지시해 우왕과 창왕을 죽임

폐가입진론의 체기

우왕·창왕 신씨설은 가짜 신씨를 내리고 진짜 왕씨를 세워야 한다는, 이른바 '폐가입진론'으로 발전해 창왕 폐위의 명분이 되었다. 《고려사》에서 '폐가입진'이 언급된 부분은 이성계 세력이 모여 창왕을 폐위하고 공양왕을 옹립하자고 논의했다는 기록이 유일하다.

> **신창**(후름, 창왕) **원년**(1389) 11월 정축일(13일) 김저가 우왕과 함께 난(우왕 복위운동)을 일으키다 발각되어 옥에 갇혔다. 무인일(14일) 우왕의 유배지를 강릉으로 옮겼다. 우리 태조(이성계)가 심덕부(沈德符), 지용기(池湧奇), 정몽주, 설장수, 성석린(成石璘), 조준, 박위(朴葳), 정도전과 함께 흥국사에 모여 병사들을 세워놓고 의논해 말하기를, "우왕과 창왕은 원래 왕씨가 아니니 왕으로 받들 수 없다. 또 천자의 명도 있었다. 마땅히 가짜를 폐하고 진짜를 세워야 한다(廢假立眞). 정창군(定昌君) 왕요(王瑤)가 신종의 7대손으로, 가장 가까운 왕족이다. 그를 왕으로 세워야 한다"고 했다.[1]

1389년(창왕1) 11월 14일 이성계, 심덕부, 지용기, 정몽주 등 9명은 우왕과 창왕은 가짜 왕씨(신씨)이므로 진짜 왕씨를 왕으로 세워야 한다는, 이른바 폐가입진의 명분을 내세워 창왕을 폐위하고 공양왕을 왕으로 옹립하기로 결정했다. 이에 따라 창왕은 폐위되어 강화도로 추방되고, 우왕은 여흥에서 강릉으로 이배되었다.

이 기록에서 '폐가입진'이라는 말과 함께 명나라 황제의 명이 있었다는 말이 나온다. 그 전해 명나라의 외교문서에서 명 황제가 "왕씨(공민왕)가 시해되어 왕위를 이을 자손이 끊어졌다. 비록 다른 성씨를 왕씨라고 꾸며 왕으로 삼았다고 하나, 이는 대대로 삼한을 지키는 올바른 방책이 아니다"라고 언급했다고 나온다.[2] 즉 우왕과 창왕은 왕씨가 아니라 다른 성씨라는 것이다. 이튿날 11월 15일 공양왕이 즉위했다. 그러나 창왕의 폐위로 사태가 끝나지 않았다.

> 왕이 효사관(孝思觀, 봉은사奉恩寺의 태조 진영을 봉안한 건각)에 가서 우왕과 창왕의 목을 벤 사실을 태조(왕건)의 영전에 축문(祝文)을 써서 고했다. "(즉위한 지) 6일이 지난 갑신일(11월 20일) 백관을 거느리고 태묘(太廟)에 반정을 고했습니다. 우왕과 창왕의 목숨을 보전하고 천자의 명을 기다렸습니다. 간관 오사충 등이 우왕과 창왕의 목을 벨 것을 청하면서, '《춘추》의 법에 난신적자는 죽일 수 있으며, 재판관을 기다릴 필요 없이 먼저 죽이고 나중에 보고하면 된다'라고 했습니다. 이어서 사재부령(司宰副令) 윤회종(尹會宗)이 상소하기를, '두 흉악한 인간은 나라의 죄인으로, 왕씨의 신하가 하늘을 함께할 수 없는 원수입니다. 하루도 왕씨의 땅에 두어서는 안 됩니다'라고 했습니다. …… 그래서 저는 우왕은 강릉에서, 창왕은 강화도에서 목을 베게 했습니다."[3]

폐위 후 한 달 만인 12월 14일 창왕은 강화도에서 참형을 당했다. 강릉으로 유배지가 옮겨진 우왕도 같은 날 참형을 당했다. 이렇게 기록을 살펴보면, 우왕·창왕 신씨설에 근거한 폐가입진은 창왕이 폐위되고 공양왕이 옹립되면서 공식화되었고, 이후 조선 건국을 합리화하는 명분이 되었다.

폐가입진의 뿌리는 창왕 폐위 2개월 전인 1389년(창왕1) 9월 사신으로 갔던 권근이 갖고 온 명나라 외교문서이다. 그 문서에서 명나라 황제가 고려에서 공민왕 시해 후 다른 성씨를 왕으로 삼았다고 언급했다는 것이다(자세한 내용은 3부 4장 권근 편 참고).

뒤늦게 제기된 혈통 문제

창왕 폐위 이전에는 혈통 문제가 제기된 적이 없었다. 위화도 회군 직후 창왕이 즉위할 당시 창왕 대신 왕씨를 세우자는 논의가 있었다고《고려사》등에 기록되어 있으나, 조선 초기《고려사》편찬 과정에서 추가된 내용이다. 위화도 회군 직후인 1388년(창왕즉위년) 7월 이성계 일파는 설장수를 명나라에 보내 창왕의 즉위를 알린다. 물론 표문은 우왕이 아들 창왕에게 왕위를 물려준다는 형식이다. 표문에 다음과 같이 기록되어 있다.

제(우왕)가 어린 나이에 왕(공민왕)이 갑자기 세상을 떠나고 조모인 홍씨(공민왕 어머니)의 가르침에 힘입어 재위했습니다. 불행히 조모가 돌아가셨습니다. …… 근래 최영이 권신 임견미 등을 목 베어 죽이고 문하시중이 되었습니다. 그는 정치와 군사의 권한을 모두 장악해 마음대로 사람을 함부로 죽였습니다. 저(우왕)를 꾀어 군사를 일으키기를 유도해 요양을 공격하려 했습니다. 여러 장수가 모두 불가하다고 했습니다. 생각건대 최영이 이렇게 된 것은 저 때문입니다. 저는 병이 있는데 나라 일이 번잡해서 한가로운 곳에

서 병을 치료하려 합니다. 과거 케 고조, 증조, 조부의 3대가 아들에게 왕위

를 물려준 예에 따라 아들 창에게 임시로 나라일을 맡기려 합니다.[4]

우왕은 군사를 일으켜 요동을 정벌한 책임을 지고 아들 창왕에게 양위
한다고 했다. 이 표문은 위화도 회군으로 권력을 잡은 세력의 뜻에 따라
작성되었다. 그런데도 우왕은 자신이 공민왕의 아들이라고 혈통을 밝히
고 있다. 즉 위화도 회군 직후만 하더라도 우왕의 혈통에 아무런 문제가
제기되지 않았음을 알 수 있다.

1389년(공양왕1) 11월 창왕 폐위 당시 우왕의 혈통 문제가 처음 제기되
자, 이색의 아들 이종학은 다음과 같이 비판했다.

이종학은 홀로 나서서 사람들에게 말하기를, "공민왕이 이미 우왕을 세자
인 강녕군으로 봉해 세자부를 설치했다. 또 천자가 (1385년에) 우왕을 책봉
했다. 이성계가 어떻게 공민왕의 명령을 어기고 감히 여흥왕(우왕)을 폐한단
말인가?"라고 했다.[5]

공민왕은 1373년(공민왕22) 7월 우왕을 강녕부원대군(江寧府院大君)으
로 삼아 세자로 책봉했다. 우왕의 혈통이 문제가 되었다면 이때 제기되
었어야 했다. 더욱이 우왕은 1385년(우왕11) 명나라의 책봉을 받아 정통
성에 문제가 없다는 것이 이종학의 주장이다. 이로 미루어 보면 창왕 폐
위 당시에도 혈통 문제에 대해 개혁파와 다른 견해가 있었으며, 폐위의
명분으로 제기된 폐가입진론이 그만큼 설득력이 부족했음을 알려준다.
우왕의 즉위나 늦어도 폐위 때 혈통 문제가 제기되었더라면 훨씬 설득력
이 있었을 것이다.

우왕을 세자로 책봉한 공민왕

공민왕과 노국대장공주의 왕릉 조성 사업이 완료된 1377년(우왕3), 이 색이 우왕의 명에 따라 공민왕과 노국대장공주를 위한 비문(광통보제선사 비廣通普濟禪寺碑)을 작성했다. 비문에 따르면, 윤환(尹桓), 경천흥, 이인임, 최영, 목인길(睦仁吉), 양백연(楊伯淵), 이성계 등 49인의 당대 재상급 고위 정치인이 비문 건립을 우왕에게 건의하여 허락을 받았다. 그에 따라 이색이 비문을 작성했다고 한다. 비문에서 공민왕의 치적을 평가한 내용을 소개하면 다음과 같다.

중국을 존중하고 제후의 도를 지킨 것은 천하 최고의 덕이다. 선대 국왕을 섬겨 자식으로서 도리를 다한 것은 천하의 큰 효도이다. 세자를 세워 나라의 근본을 바로 세운 것은 천하의 큰 계획이다. 외적의 침입을 막아 천하가 그의 지혜를 우러러보았다. 옥중의 죄수를 심사하여 형벌을 완화해 천하가 그 너그러움을 중하게 여겼다. 궁하고 어려운 백성에게 구휼을 베풀어 그의 은혜에 감격했다. 생명을 놓아주고 살생을 금해 천하가 그를 어질게 여겼다. 음악, 복식, 법제, 의례, 예속을 바로 잡고 흥하게 하여 시대를 번성하게 했다.[6]

이 내용을 살펴보면, 공민왕의 치적의 하나로 우왕을 세자로 삼아 나라의 근본을 바로 세운 점을 꼽고 있다. 재상급의 중요한 인물들이 비문 건립에 참여한 사실 자체가 당시 그들이 공민왕이 우왕을 세자로 삼은 사실을 인정하고 있음을 알려준다. 우왕 3년 당시까지만 하더라도 고려 말 개혁파가 주장한 폐가입진론이 들어설 여지가 없었던 것이다.

_____ **광통보제선사비** 이색이 우왕의 명을 받아 작성한 비문이 새겨진 비로, 북한 개성에 있다. 공민왕과 노국대장공주의 명복을 빌기 위해 광통보제선사(廣通普濟禪寺)를 세운 사실과 함께 이색, 최영 등 공민왕릉과 사찰을 세우는 데 관계한 이들의 관직과 이름 등이 기록되어 있다. 저자 제공

왜곡된 역사기록

조선 중기 역사가 신흠은 고려 말 역사기록은 믿을 수 없을 정도로 심하게 왜곡되어 있다고 평가했다.

《고려사》에서 논평은 모두 믿을 수가 없다. 고려 말 사실은 더욱 어긋나고 오류가 많다. 이 사실들은 비록 함부로 다룰 수 없는 것이라 하더라도, 진실을 전해야 할 역사책이 어찌 그 사실을 모조리 없애고 덮어버렸는가? 창왕을 세운 일, 우왕을 맞이한 일, 윤이와 이초를 보낸 일 등 이 세 건을 큰 죄목

으로 삼아 원로대신들을 뒤집어엎고 유배시켜 끝내 조선왕조를 개창했다. 청도컨이니 윤소종이니 조준 같은 자들은 하늘도 없었는가? 《고려사》를 편찬한 청인지는 세종과 문종 두 대에 걸쳐 신임을 받아 재상의 지위에 이르렀으나, 마침내 임금을 시해한 역적이 되었다(《상촌집(象村集)》).[7]

이 글은 이긍익이 《연려실기술》에 신흠의 문집 《상촌집》에서 인용한 부분이다. 신흠은 《고려사》 기록이 고려 말 중대한 사건이었던 창왕 즉위, 우왕 복위, 윤이와 이초 사건 등을 왜곡해 진실을 전하지 않았다며, 이를 편찬한 정인지를 비난했다. 또 이들 사건을 계기로 고려의 원로대신들이 유배되었고 결국 조선 건국으로 이어졌다며, 정적들을 공격해 몰락시키고 나라를 뒤집어엎은 정도전, 윤소종, 조준을 비난했다. 한마디로 우왕과 창왕에 관한 《고려사》 기록은 믿지 못하며, 근본적으로 진실을 은폐하고 있다고 주장했다. 이는 결국 우왕과 창왕의 혈통 문제, 즉 우왕 신씨설이 잘못된 사실이라며 부정하는 것이다. 한편 이덕형도 우왕 신씨설을 다음과 같이 부정했다.

우왕은 실로 의심할 것 없이 공민왕의 아들이다. 고려의 운수가 다해가자 왕의 기강이 해이해지고 장수와 재상 들이 각자 사병을 거느려 나라 형세가 위태로웠다. 조준과 청도컨 무리가 부귀에 급급해 왕을 교체하기로 음모를 세웠다. 500년 왕업이 오래도록 이어져서 왕에게 요상하고 긴급한 죄악을 뒤집어씌워 보고 듣는 것을 현혹시키지 않는다면 혁명을 이룰 수 없었다. 처음에는 애매한 말을 퍼뜨리다가 마침내 함부로 성씨를 바꾸어 신씨라 부르며 더러운 짓을 꾸짖렀다. 20년 동안 신하로서 섬긴 임금 부자를 머리를 나란히 하여 죽게 했다. 사람의 도리가 없어졌으니 어찌 통탄하지 않겠는가?[8]

이덕형은 우왕·창왕 신씨설은 조준과 정도전이 왕조 교체를 위해 조작한 음모이며, 우왕이 공민왕의 아들이라는 사실은 의심할 것이 없다며 확신했다. 조선 초기에 편찬된 《고려사》에서 조선 건국의 주요한 명분으로 삼았던 우왕, 창왕의 혈통 문제가 조선 중기 이후 역사가들에 의해 비로소 부정되기 시작한 것은 주목할 만한 일이다. 조선 후기 역사가 이익도 우왕 신씨설을 부정했다. 그의 주장은 다음과 같다.

> 우왕에 관한 사실에는 의심할 컴이 있다. …… 나는 우왕이 폐위된 것은 북벌(요동 컹벌) 때문이라 생각한다. 그 무렵 우왕이 신씨라는 얘기가 있었더라도 모두 개인컥으로 주고받는 컹도이지, 분명하고 올바른 문케로 케기될 수준은 아니었다. 그렇기 때문에 창왕이 즉위했어도 아무도 다른 얘기를 하지 않았다. 이 사실은 당시 역사책에서도 알 수 있다.⁹

이 글에서 이익의 주장이 분명하게 드러난다. 그는 우왕 신씨설은 우왕 폐위와 창왕 즉위 당시까지도 정식으로 제기된 문제가 아니라고 했다. 이익은 우왕이 폐위된 것은 신씨라는 혈통 때문이 아니라 최영과 함께 단행한 요동 정벌 때문이라 했다.

역사 전개 과정에는 새로운 변화가 시작되는 전환의 시점이 존재한다. 그 시점은 역사 전개의 한가운데 있는 사람들로서는 알아차리기 쉽지 않다. 어느 정도 시간이 지나고 나서야 어느 사건이 어떻게 전환점이 되었는지를 깨닫게 된다. 전환점을 파악하는 것은 역사의 큰 흐름을 이해하는 데 좋은 공부가 된다. 고려의 멸망을 재촉한 전환점, 달리 말하면 조선 건국의 전환점이 된 사건은 무엇이었을까? 그 답은 역사를 보는 시각에 따라 다양하겠지만, 1389년 11월 창왕 폐위가 조선 건국과 고려 망국의 결정적인 전환점이었다고 볼 수 있다. 우왕 즉위와 폐위, 창왕의 즉위 시기까지는 개혁파가 완벽하게 독자적으로 정국을 주도할 정치적 시간과 공간이 그리 크지 않았다. 창왕 폐위를 계기로 개혁파는 비로소 사전 개혁을 단행하며 과전법을 제정하게 되고, 윤이와 이초 사건으로 보수 세력에게 정치적 타격을 입혀 마침내 조선 건국의 대업을 완성할 수 있었다.

5부

조선에서 부활한
고려 인물론

1 최치원

고려와 만난 최치원

우리 역사에서 가장 많이 언급된 인물 가운데 한 사람은 최치원(崔致遠, 857~?)이다. 최치원은 조선의 역사가들에게도 많은 주목을 받았다. 조선 역사가들은 도통(道統, 주자학의 계보)과 절의의 관점에서 최치원을 주목했다. 성리학은 도통을 중시했고 도통은 문묘에 배향된 인물을 중심으로 이뤄졌다. 문묘뿐 아니라 서원에도 덕행이 뛰어난 인물이 선정되어 배향되었다. 이렇게 문묘나 서원에 배향된 인물의 후손이나 제자는 명망을 물려받으며 중앙과 지방에서 학문적 권위와 정치적 지위를 보장받았다. 또한 성리학은 왕조와 군주에 대해 충의 덕목을 중시했다. 절의를 평가하는 기준이 충이었으며, 충의 중심가치가 절의였다.

최치원은 어린 나이에 당나라에 유학을 가서 과거에 급제하고 관료생활을 하다가 신라에 귀국해서 활동했다. 그런데 최치원은 신라 때보다 고려 때 오히려 더 주목받고 추앙받았다. 최치원은 유학자로서 뚜렷한 자취를 남기지 않았지만, 고려의 문묘에 배향되었다. 또한 훌륭한 문장가로 높은 평가를 받아 '문창후(文昌侯)'라는 작위도 받았다. 이와 같이 최치원은 고려 때 다시 되살아났다고 할 수 있다.

조선 역사가들이 최치원에 주목한 이유도 고려 때 높아진 그의 위상 때문이다. 최치원은 통일신라시대에 태어나 생애 대부분을 살았지만, 살아 있던 시기에는 재능에 비해 높이 평가받지 못했다. 그랬던 그가 고려 때 새롭게 주목을 받게 된 이유는 무엇일까?

〈최치원 연보〉

최치원 행적과 고려왕조

고려 중기 문장가 이규보(李奎報, 1168~1241)는 최치원을 높이 평가했다. 이규보는 당나라에서 과거에 급제하여 관료로 활동한 최치원이 《당서(唐書)》 열전에 실려 있지 않음을 아쉬워했다. 그는 최치원의 행적을 정리하면서 다음과 같이 그를 평가했다.

《당서》〈예문지(藝文志)〉에 최치원의 《사륙집(四六集)》 1권과 《계원필경(桂苑筆耕)》 20권이 실려 있다. 그 주석에, "고려 사람으로 급제해서 당나라 고변(高駢)이라는 인물의 회남종사(淮南從事)가 되었다"라고 기록되어 있다. 나는 이것을 읽고, 중국인의 넓은 도량을 일찍부터 칭찬했다. 외국인이라 해서 하찮게 여기지 않고 문집을 편찬하게 해주고 역사책에도 실었기 때문이다. 그럼에도 불구하고 〈문예열전(文藝列傳)〉에 최치원을 넣지 않은 속내를 알 수 없었다. 만약 최치원이 열전에 들어갈 만한 업적이 없다고 한다면 다음과 같이 말할 것이다. 그는 12세 때 중국으로 유학을 갔다. 단번에 과거에 급제해서 고변의 종사관이 되었다. 황소의 난을 진압할 때 격문을 지어 황소의 뜻을 꺾었다. 뒤에 벼슬이 도통순관시어사(都統巡官侍御史)에 이르렀다. 최치원이 고국으로 돌아가려 하자, 함께 급제한 고운(顧雲)이 〈유선가(儒仙歌)〉라는 글을 지어주었는데, "12살에 배를 타고 바다를 건너와 문장이 중국을 감동시켰네"라고 했다. 그의 행적이 이처럼 빛났던 것이다. …… 만약 외국인이기 때문이라 한다면, 이미 최치원은 〈예문지〉에 소개되어 있으며, 〈번진호용열전(藩鎭虎勇列傳)〉에도 고려 사람 이정기(李正己)와 흑치상지(黑齒 常之)의 열전이 있다. 그런데 어찌해서 〈문예열전〉에 최치원을 싣지 않았을 까? 내 생각으로 추측하자면 옛사람들은 문장을 짓는 데 서로 시기하는 마 음이 있었다. 더욱이 최치원은 외국인으로 홀로 중국에 와서 당시 이름난 동료들을 짓밟았으니, 중국인의 시기심을 자극했던 것이다. 만약 최지원을 열전에 넣어 그 사실을 적으면 그들의 시기심을 불러일으킬 것을 우려해서 그렇게 했던 것이 아닐까?[1]

최치원이 중국인을 감동시킬 정도로 훌륭한 문장을 지었기 때문에 중 국인들이 시기해서 《당서》〈문예열전〉에 수록하지 않았다는 것이다. 이 규보는 최치원을 이렇게 높이 평가했다.

최치원은 12세 되던 868년(경문왕8) 당나라로 유학의 길에 올라, 18세 되던 874년(경문왕14) 당나라 빈공진사과에 급제했다. 급제 후 약 10년 간 관직생활을 하다가 29세 되던 885년(헌강왕11) 귀국했다. 귀국하자 한 림학사(翰林學士)에 임명된다. 890년 이후 그는 대산군, 천령군, 부성군의 태수를 역임한다. 그가 당나라에 사신으로 갔다고 기록되어 있지만 확실 하지는 않다. 효공왕이 즉위하자 당나라에 표문을 올리고 894년(진성여왕 8) 진성여왕에게 시무책을 올리는 등 의욕적으로 활동했다. 그러나 진골 귀족 중심의 신분질서와 정치에 한계를 느끼고 898년(효공왕2) 해인사에 들어가 은둔생활을 하면서 생애를 마감한다. 죽은 시기는 알 수 없지만, 908년에 지은 〈팔각등루기〉가 그의 마지막 글이자 행적이다.

신라에서 최치원은 육두품 출신이라는 신분의 한계로 외교문서와 비 문 작성 외에는 뚜렷한 행적을 남기지 못했다. 그러나 그는 사후에 높이 평가받았다.

우리 태조가 일어났을 때 최치원은 그가 보통 사람이 아니며 반드시 천명을
받아 개국할 것을 알았다. 그래서 태조에게 편지를 보내 안부를 물었다. 그
속에, "계림(鷄林, 경주)은 누런 잎이며, 곡령(鵠嶺, 송악/고려)은 푸른 소나무"
라는 구절이 있었다. 최치원의 문인들은 고려 초 조정에서 높은 벼슬에 오
른 사람이 많았다. 현종은 재위 때, "최치원은 태조의 왕조 창업을 몰래 도
왔으니 공을 잊을 수 없다"라면서 교서를 내려 내사령의 관직을 추증했다.[2]

최치원이 왕건이 보통 인물이 아님을 알고, 고려 건국을 예언하는 글
을 태조 왕건에게 몰래 보냈다고 한다. 또한 《삼국유사》에 따르면, 928년
(태조11) 태조가 견훤에게 보낸 편지를 최치원이 작성했다고 한다. 이러
한 일들이 최치원이 고려왕조 창업에 몰래 공을 세웠다는, 이른바 '밀찬
조업(密贊祖業)'의 증거가 되어 고려 건국 후 100년이 더 지난 1020년(현
종11) 내사령이라는 관직을 추증했다는 것이다.

비판을 받은 '밀찬조업'

최치원의 '밀찬조업'은 조선에서도 주목을 받았다. 조선의 역사가들은
최치원의 밀찬조업을 민감하게 받아들였다. 안정복은 스승 이익에게 최
치원의 밀찬조업 행위를 비판하는 편지를 보냈다.

최치원의 행적에 의문이 있습니다. 그는 신라의 중신으로서 몰래 고려와 결

탁해, "계림엔 누런 잎이 지고, 곡령엔 푸른 소나무가 무성하다"라는 시구를 남겼습니다. 지금 경주에 (이 글을 쓴) 상서장(上書莊)이 있다는 것은 부끄러운 일입니다. 이러한 공로로 현종 때 작위를 받은 것은 실제로 그렇게 했기 때문입니다. 또 《삼국유사》에 "태조가 견훤에 답한 편지는 최치원의 글이다"라고 했으니 황당하고 믿을 수 없습니다. 이렇게 기록되기까지는 반드시 이를 컨한 자가 있을 것입니다. …… 최치원이 동국(東國)의 명망가로서 이러한 일을 했다면 커다란 잘못이 아니겠습니까? 조선의 권근과 같은 무리가 이러한 사람이 아닌가 여겨집니다. 이에 대해 가르침을 얻고 싶습니다.³

안정복은 최치원이 신라의 중신으로서 신라에 대한 의리를 저버렸다며 비난하고, 《동사강목》에 최치원의 처신을 비난하는 사론을 실었다.

최치원은 신라 때 네 명의 왕(헌강왕·청강왕·진성여왕·효공왕)을 섬기며 벼슬이 아찬(阿飡)에 이르렀다. 역사책에서 그는 벼슬살이가 순탄치 못했다고 하나 총애를 받았다고 말할 수 있다. 궁예는 신라 왕실의 반역자이고 고려 태조는 궁예의 무리였으니 그 또한 반역자였다. 태조가 비록 훌륭한 자질을 갖고 큰 꿈을 가진 케왕으로 왕조를 창업할 조짐이 있더라도 최치원이 어찌 태조에게 글을 올려 교케를 청하고 선견지명을 자랑할 수 있겠는가? …… 뒷날 고려 현종이 최치원이 몰래 고려왕조를 도운 공을 잊지 못해 시호를 내리고 포상을 한 것이, 그에게 과연 영광이 되겠는가?⁴

이 글에서 안정복은 최치원이 신라의 네 임금을 섬겼으면서도 신라에 반기를 든 도적의 무리인 왕건에게 몰래 글을 올린 것은 잘못된 것이라 했다. 그의 비판은 다음과 같이 계속되었다.

최치원은 문장으로 세상을 움직였고 끝내 고려의 공신이 되었다. 선비는 독서를 함에 있어서 의리를 깨우치는 것을 중히 여긴다. 그런데 고려의 공신이 되었으니 그 의리는 어디에 있는 것일까? …… (최치원은) 당나라와 신라에서 뛰어난 재주를 펼치지 못하고 좌절했다. 그는 작은 재주에 긍지를 가졌으나 큰 도리를 알지 못했다. 자중하지 못해 끝내는 경솔하게 처신했다. 옛사람이, "글 짓는 선비 가운데 절의를 지키는 사람이 적다"라고 한 것은 최치원을 두고 한 말일 것이다.[5]

당나라와 신라에서 재주를 펼치지 못한 최치원이 자중하지 않고 왕건을 도와 고려의 공신이 된 것은 절의를 지키지 못한 처신이라 비판했다.

문묘 배향에 대한 비판

이익은 최치원이 공자를 모신 문묘에 배향된 것을 다음과 같이 견해를 밝혔다.

선성(先聖, 공자)의 묘에 배향되는 자격을 공적으로 따졌다면 한나라의 소하(蕭何)와 조참(曹參)이 먼저 배향되었을 것이다. 최치원은 신라의 대신으로서 고려의 왕업을 몰래 도왔으니 신라에 패역을 범하여 신하답지 못했다. 더욱이 도참설(圖讖說) 같은 말을 어찌 본받을 수 있겠는가? 그가 지은 〈난랑비(鸞郞碑)〉[6]에서, "유불도(儒佛道) 3교를 포용하여 중생을 교화한다. 들어가서는 효도하고, 나와서 충성하는 것은 공자의 취지요, 무위의 일에 처하여 무언의 가르침을 행하는 것은 노자의 뜻이며, 악함을 짓지 아니하고 착함을 받들어 행하는 것은 부처의 교화이다"라고 했다. 난랑은 화랑이다. 화랑은 속되고 외설스럽기가 그지없다. 비록 덕의(德義)를 가진 선비라 하더라도, 어찌 그 사이로 몸을 굽혀 들어가겠는가? 최치원의 식견이 비열함은 이와 같았다. 하물며 노자와 부처를 공자와 같이 높여 이단으로 유교를 해치는 우두머리가 되었다. 그가 유교와 무슨 상관이 있기에 이같이 숭배하고 받드는 것일까?[7]

이익은 문묘 배향의 자격은 공로가 아니라 절의와 덕업을 기준으로 하는 것인데, 고려 건국을 몰래 도운 공으로 문묘에 배향되었다며 지탄했다. 오히려 이익은 최치원이 세운 공을 패역으로 꼬집어 말했다. 또 최치원은 불교와 도교를 숭상했기 때문에 더더욱 공자의 문묘에 배향되어서는 안 된다는 것이다. 이익은 다른 글에서도 고려 때 설총(薛聰)과 최치원이 문묘에 배향된 것을 두고 합당하지 않다고 비판했다.[8]

또한 이익은 퇴계(退溪) 이황(李滉)이 최치원을 비판한 말을 인용하며 최치원을 비판했다.

퇴계가 일찍이 말하기를, "나는 그가 부처에 아첨하는 글을 보면서 마음이 아팠는데, 그의 신주가 어찌 문묘에 감히 배향될 수 있는가?" 하였다. 이러한 정론(定論)이 있었는데도, 요즘 사람들이 퇴계에 관해 날마다 존경하고 사모하면서도 오직 퇴계의 이 말만은 채택하지 않은 까닭을 모르겠다.[9]

이황 역시 최치원이 불교를 떠받드는 글을 남겼다며 문묘에 배향될 자격이 없다고 했다. 안정복도 《동사강목》 사론에서 이황의 또 다른 주장을 다음과 같이 인용했다.

또 퇴계 이황은 이렇게 말했다. "최치원이 부처에게 바친 글을 볼 때마다 가증스러워 기피하지 않을 수 없는데, 그를 문묘에 배향했으니 어찌 공자를 욕되게 하는 일이 아니라 하겠는가?[10]

'밀찬조업'은 사실일까

《고려사》에 따르면, 현종은 1020년(현종11) 최치원에게 내사령직을 추증했으며, 그를 공자의 문묘에 배향했다.[11] 1023년(현종14)에는 최치원에게 문창후라는 작위를 내렸다.[12] 《삼국사기》에서는 최치원이 고려 건국에 밀찬조업을 한 공로를 인정받아 현종으로부터 포상을 받았다고 기록했다. 그런데 《고려사》에는 '밀찬조업'이라는 사실은 언급하지 않고 단순히 문묘 배향과 작위를 내린 사실만 기록했다. 그런 점에서 최치원의 밀찬조업은 과연 온전한 사실일까 하는 의문이 든다.

최치원이 해인사에서 은거하기 시작한 898년(효공왕2)은 견훤이 후백제를 건국하고(900), 궁예가 후고구려를 건국하기(901) 직전이다. 최치원의 마지막 행적은 908년 〈팔각등루기〉를 작성한 것으로 남아 있는데, 그의 나이 62세로 고려 건국 10년 전의 일이다. 898년 해인사에 은거할 무렵 최치원은 질병으로 고통을 받고 있다는 사실을 여러 글에 남겼다. 《삼국사기》에서 최치원이 고려 건국에 가담해 협력했다는 '밀찬조업'의 구체적인 내용은 태조에게 고려 건국을 예언하는 시를 보낸 것과 《삼국유사》에서 기록한 대로 견훤에게 보낸 태조의 편지를 작성했다는 것 등이다. 그런데 이러한 사실은 《고려사》와 《고려사절요》 등에서는 기록되어 있지 않으며, 여기에서는 다만 최치원이 문묘에 배향되고 작위를 받은

_____ **상서장**(上書莊) 경상북도 경주시의 상서장은 최치원이 태조 왕건에서 글을 지어 올린 장소로 알려진다. 출처: 문화재청

사실만 기록되어 있다. 이러한 이유 등으로 실제로 최치원이 고려 건국에 실제로 참여했는지는 현재 학계에서 사실로서 인정받지 못하고 있다.

따라서 최치원이 고려에서 문묘에 배향되고 작위를 받은 것은 달리 해석할 필요가 있다. 앞서 살펴봤듯이, 《삼국사기》 최치원 열전에는 고려 초기에 최치원의 문인들이 중앙 정계에 진출해 높은 벼슬에 올랐다고 기록되어 있다. 그들은 신라와 당나라에서 활동하다가 고려에 귀화한 인물들인데, 대표적으로 최치원의 사촌 최언위(崔彦撝)와 그의 아들 최광윤(崔光胤), 최행귀(崔行歸), 최광원(崔光遠)을 비롯해 최은함(崔殷含), 최량(崔亮) 등이 있다. 이들은 모두 유학자이자 문장가로서 정평이 난 인물들이었다. 또 최광원의 아들 최항(崔沆)은 현종을 옹립하고 보좌하며 고려의 중흥을 이룩하는 데 공헌했다. 최은함의 아들은 최승로이며, 손자 최숙(崔肅)과 증손자 최제안(崔齊顏)도 학자이자 정치가로서 명망이 높았다. 이 인물들은 모두 최치원과 같이 경주 출신의 육두품 지식인으로, 고려에서 유교 정치이념을 확립하는 데 크게 기여했다.

최치원이 문묘에 배향되고 작위를 받은 것은 밀찬조업으로 공을 세웠다기보다는 고려왕조에서 고위직에 오른 경주 출신들이 최치원을 추앙한 결과물로 해석할 수 있다. 현종의 부친 안종 왕욱(王郁)은 태조의 아들로 신라계 후비 소생이었다. 현종의 즉위로 신라계 인사들이 활발하게 활동할 수 있는 정치지형이 형성되었고, 이러한 분위기에서 최치원이 새롭게 평가받게 된 것이다.

사람은 관 뚜껑이 닫히고 나서야 비로소 올바른 평가를 받게 된다고 한다. 이를 역사적 평가라 할 수 있다. 최치원은 살아생전 활동하던 시대에는 좋은 평가를 받지 못했다. 자신의 재능을 널리 펼치고 온전히 인정받기에는 육두품 출신이라는 신분의 제약이 큰 장애가 되었다. 고려는 후삼국 전란을 거치며 옛 삼국 출신의 다양한 신분, 사상, 문화를 수용하여 건국된 통합과 포용의 나라였다. 그동안 골품제에서 소외되었던 육두품 출신의 최치원 문인들과 후예들은 새 왕조 고려에서 비로소 고위직으로 진출할 수 있었다. 신분의 제약으로 자신의 포부와 재능을 펼칠 수 없었던 최치원은 시대 전환 속에서 재조명될 수 있었다. 조선의 역사가들이 오로지 절의와 도통의 관점으로 최치원을 평가한 것은 최치원이 살던 시대의 역사 조건을 살피지 않고 자기들의 이념과 가치를 잣대로 재단하여 편협하고 일방적인 평가였다고 하겠다.

2 김득배

정몽주의 스승 김득배

조선 중기 역사가 오운은, "고려왕조 400년 이래 거란과 몽골 등이 쳐들어온 전란 가운데 비록 2년에 불과하지만 홍건적 침입 때보다 인명 살상이 많았던 적은 없었다. 왕은 남쪽으로 피난을 갔고 수도는 적의 소굴이 되었다. (삼원수는) 홍건적을 하루아침에 재빨리 소탕해 삼한을 다시 살렸다. 공민왕은 자신의 살과 피부를 잘라도 그들의 공로에 보답할 수 없다"라고 했다.[1]

1011년 거란이 개경을 점령해 왕이 나주와 전주로 피난한 이후 약 350년 뒤 홍건적의 침입으로 다시 수도가 함락되고 왕은 안동으로 피난했다. 불과 2년 남짓해 길지 않은 기간이었지만, 고려 역사상 가장 큰 인명피해를 입은 때였다. 홍건적 격퇴의 영웅 삼원수는 1차 침입을 격퇴한 직후 공신으로 책봉되었다. 그러나 불행하게도 2차 침입을 격퇴한 직후인 1362년 정세운을 죽였다는 죄목으로 모두 죽고 말았다. 거란 격퇴의 영웅 강감찬이 공신에 책봉되고 작위와 함께 최고의 지위에 올랐던 것과 대조적이다. 그런데 조선 후기 역사가들이 삼원수 가운데 김득배를 주목했다. 현대 역사학자들도 지나쳤던 인물을 조선 후기 역사가가 주목하여 특별하게 여겨진다. 조선에서 김득배가 새롭게 주목받은 이유는 무엇이었을까?

〈삼원수와 김용의 최후〉

1362년(공민왕11)

1월 22일 김용, 왕의 교서를 위조해 안우·이방실·김득배에게 정세운을 살해하게 함

1월 23일 정세운의 승전보가 행재소에 도착. (정세운의 죽음을 모르고) 왕은 이대두리
(李大豆里)를 파견해 정세운에게 옷과 술을 하사함

1월 24일 장군 목충(睦忠)이 전방에서 돌아와, "장수들이 정세운을 살해했는데, 비밀에
부치고 있다"고 보고함

1월 25일 왕은 정세운 살해에 대한 사면 교서를 내려, 삼원수 안우·이방실·김득배를
안심시켜 행재소로 불러들임

2월 29일 안우가 행궁에 출두하자 김용이 살해함. 왕명으로 이방실, 김득배 체포 수배.
이방실, 용궁현(龍宮縣, 경상북도 예천)에서 피살

3월 1일 김득배, 산양현(山陽縣, 경상북도 문경)에 피신했다가 체포되어 상주에서 효
수됨. 동생 김득제(金得齊) 유배, 김득배의 처를 투옥해 심문하고, 사위 조운
흘(趙云仡)이 장모를 설득해 남편 피신처 실토
공민왕은 왕의 명령을 대행한 정세운을 살해한 삼원수의 죄를 용서할 수 없
어 법에 따라 삼원수를 처형했다는 교서를 발표

1363년(공민왕12)

윤3월 1일 새벽에 김용이 50여 명을 비밀리에 보내 왕이 머물던 행궁을 공격함

윤3월 23일 김용, 밀성군(密城郡, 경상남도 밀양)에 유배됨

4월 20일 김용, 처형됨

살해 누명을 벗다

외적을 격퇴한 공을 세우고도 죄인이 되어 죽고 만 삼원수는 사후 약 30년 만에 사면되었다. 1391년(공양왕3) 방사량(房士良)은 다음과 같이 상소를 올리며 삼원수에 대한 사면을 요청했다.

> 중랑장(中郎將) 방사량이 시무 11조를 올렸다. ······ "열한 번째, 공훈이 있는 신하는 만세에 사직의 기둥과 초석입니다. 원컨대 지금부터 왕실에 공을 세우고 사직에 충성을 바쳤으나 불행하게도 형을 받아 처형을 당해 죽은 사람, 즉 안우·김득배·이방실·박상충 같은 사람은 추가로 포상을 하고 벼슬을 내리고 특별히 제물로 양을 내려 깨끗하고 곧은 그들의 영혼을 위로해주시기 바랍니다"라고 했다. 왕이 이를 받아들였다.[2]

방사량은 삼원수의 불행한 죽음과 그들의 공적을 특별히 거론하면서 이들을 포상하고 벼슬을 추증할 것을 건의했다. 왕이 승인함으로써 삼원수는 비로소 살인 죄인의 오명을 벗게 되었다. 조선 후기 역사가 이익은 김득배가 정세운을 살해한 사실 자체를 부정했다.

> 김득배는 정세운, 안우, 이방실과 함께 홍건적을 평정했다. 그때 김용이 왕의 교서를 위조해 세 사람에게 주면서 정세운을 죽이도록 하였다. 안우와

이방실이 김득배에게 함께하자고 모의했으나, 김득배는 따르지 않았다. 결국 안우와 이방실이 정세운을 죽였으며, 또한 김용은 세 사람에게 정세운을 죽인 죄를 덮어씌워 모두 죽였다.[3]

김용이 왕명을 위조해 정세운을 죽이라고 사주하자 안우와 이방실이 응했고, 김득배는 거부했다는 것이다. 《고려사》에 따르면, 김용의 사주를 받고 안우와 이방실이 김득배의 군막에 가서 정세운을 살해하자고 제안했다.

김득배는, "이제 겨우 적을 평정했는데, 어찌 우리들끼리 서로 죽이겠습니까? (춘추시대 제나라 장수) 사마양저(司馬穰苴)는 (자신을 무시한) 장가(莊賈)를 죽여 군율을 세웠으나, (한나라 장수) 위청(衛靑)은 (흉노에 패한) 소건(蘇建)을 죽이지 않아 고금의 밝은 귀감이 되었으니, 신중하게 하지 않을 수 없소. 만약 어쩌지 못하면 그(정세운)를 붙잡아 대궐로 보내 왕의 결청을 듣는 것이 옳지 않겠습니까?"라고 했다. …… 안우와 이방실이 다시 말했으나, 김득배는 굳게 고집을 부리며 죽일 수 없다고 했다. 안우 등은 강제로 술자리를 만들어서 사람을 시켜 정세운을 불러오게 해 장사를 시켜 죽였다.[4]

이 기록과 같이 김득배는 정세운을 죽이자고 한 안우와 이방실의 제안을 거부하고, 체포해서 왕의 처분을 받게 하자고 제안했다. 한편 다음의 기록 역시 김득배가 살해에 가담하지 않았음을 알려준다.

왕이 (정세운 피살의) 변고를 듣자 직문하(直門下) 김진(金鎭)을 보내 그 죄를 용서한다고 알린 후 모든 장수들을 행재소로 오게 하여 그들의 마음을 진정시키려 했다. 그러나 복주(福州) 수령 박지영(朴之英)이 재상들에게, 이방실이 단독으로 정세운을 살해했고 안우 등도 해를 입었다고 알리자 왕은 다른 변란이 일어날까 염려하여 곧 김진을 도로 불러들이고 군대를 동원해 이들을 토벌하려고 했다.[5]

이 기록에 따르면, 이방실이 혼자 정세운을 살해했다. 안우와 김득배는 오히려 해를 당했다. 이익은 이와 같은 《고려사》의 기록들을 참고해 김득배가 정세운 살해에 직접 가담하지 않았다고 판단했다. 왜 이익은 정세운 살해에 김득배가 가담하지 않았다는 사실을 강조하고 그를 옹호했을까?

새롭게 평가받은 김득배

조선 태조 이성계는 1392년(태조1) 고려 왕 8명과 신하 16명을 모신 숭의전을 세울 것을 명령했다. 이후 조선의 왕들도 숭의전을 유지하는 데 힘썼다. 처음 세워질 때는 8명의 왕을 모셨는데, 세종 때 왕은 4명으로 줄이고 신하 16명은 그대로 두었다. 신하 16명 가운데 홍건적 격퇴의 영웅 삼원수도 포함되었다. 삼원수는 이미 고려 말에 사면되었고 조선 초 숭의전에 배향되면서 완전히 복권되었다. 조선 후기 역사가 이익은 숭의전에 배향된 인물 가운데 정몽주와 김득배에 주목했다.

(숭의전에) 열여섯 명의 신하가 배향되어 있는데, 복지겸(卜智謙)·홍유(洪儒)·신숭겸(申崇謙)·유검필(庾黔弼)·배현경(裵玄慶)·서희·강감찬·윤관·김부식·

김취려(金就礪)·조충(趙冲)·김방경(金方慶)·안우·이방실·김득배·청몽주 등
이다. …… 신하들은 컨공(戰功)으로 배향되었는데, 오직 청몽주만 그의 빛난
컬의를 취했을 뿐이다. …… 김득배 같은 경우는 단지 무공(武功)뿐만 아니라
청몽주가 배운 스승이니, 그에게는 반드시 볼 만한 것이 있을 것이다.[6]

이익은 이 글에서 정몽주와 그의 스승인 김득배에 주목했다. 김득배는
1360년(공민왕9) 10월 과거시험 좌주로서 시험을 주관했는데 이때 정몽
주가 합격하여 김득배의 문생이 되었다. 조선 태종 이래 정몽주는 고려
말 성리학을 정착시키고 고려왕조에 절의를 지킨 인물로 높이 평가를 받
았다. 그가 숭의전에 배향된 것은 당연하다 할 수 있다. 그러나 정몽주가
누구로부터 학문을 전수받았는가 하는 학통(學統)에 대한 관심은 그동안
많지 않았다. 바로 이 지점이 이익이 김득배에 주목한 이유이다. 홍건적
격퇴의 주역이자 비극적으로 죽은 김득배를 이익은 정몽주의 스승이자
좌주(지공거)로서 주목하며 새롭게 평가하려 했다. 이 점에서 역사가 이
익의 혜안을 엿볼 수 있다.
이익은 다른 글에서, "우리나라 유학은 포은(圃隱) 정몽주에서 시작되
었다. 정몽주는 고려의 원수(元帥) 김득배의 문인이었다"라고 했다.[7] 절의
의 상징 정몽주를 강조하면서 또한 그의 스승 김득배에 주목함으로써 정
몽주에 대한 이해의 폭을 넓혔다.
참고로 김득배는 1360년(공민왕9) 10월 지공거로서 동지공거(부시험관)
한방신(韓方信)과 함께 과거시험을 주관해 정몽주, 임박(林樸) 등을 선발
하였다. 이때는 김득배가 이방실, 안우와 함께 홍건적의 1차 침입을 격퇴
하고 공신으로 책봉된 직후였다. 조정과 백성의 신망을 한껏 받고 있던
김득배가 과거 고시관으로서 뒷날 고려 말 최고 유학자가 될 정몽주를

문생으로 선발한 것이다. 문무를 겸비하고 당대 최고의 신망을 받고 있던 김득배가 좌주라는 사실은 정몽주에게도 행운이었다. 그렇지만 훌륭한 제자이자 문생을 둔 덕분에 김득배가 재평가를 받게 되어 더 큰 행운이었다고 할 수 있다.

김득배는 어떤 인물인가

다음은《고려사》열전에 수록된 김득배의 가계에 관한 기록이다.

김득배는 상주 사람이다. …… 김득배의 아버지 김록(金祿)은 벼슬이 판전의 (判典醫)였다. 이컨에 상주 향리 김조(金祚)의 딸 김만궁(金萬宮)이 있었는데, 김만궁이 7세 때 김조가 거란군을 피해 백화성(白華城)으로 도망가다 군사가 가까이 쫓아오자 김만궁을 길에 버렸다. 3일이 지나 숲속에서 그녀를 찾았는데, 그녀는, "밤에 짐승이 와서 안고 있다가, 날이 밝으면 돌아갔다"라고 말했다. 사람들이 놀라서 그 자취를 따라갔더니 호랑이였다. 그녀는 자라서 상주 향리 김일(金鎰)의 처가 되어 김록을 낳았다. 김득배는 과거에 합격하여 예문검열(藝文檢閱)에 임명되었고, 여러 번 옮겨 전객부령(典客副令)에 임명되었다. 공민왕을 따라 원나라에 들어가 수행했다. 공민왕이 즉위하자 우부대언(右副代言)에 임명되었다. 1357년(공민왕6) 서북면 홍두왜적방어도지휘사(紅頭倭賊防禦都指揮使)가 되었다. 곧 추밀원직학사(樞密院直學士)에 임명되었다. 이어서 서북면 도순문사(都巡問使) 겸 서경윤(西京尹) 상만호(上萬戶)가 되었다.[8]

김득배는 상주 출신이다. 그의 부친과 조부 모두 상주 향리였으며 김
득배의 조모 역시 상주 향리 집안 출신이었다. 이로 보아 김득배 집안은
대대로 상주의 토착향리 집안이었다. 그는 과거에 합격함으로써 향리 신
분을 벗어난다. 이 기록에서 과거 합격 후 예문검열에 임명되었다고 하
는데, 그가 예문검열로 활동한 시기는 1339년(충숙왕복위8)으로, 따라서
충숙왕 무렵에 과거에 급제한 것으로 보여진다.

김득배는 공민왕이 원나라에 머물던 시절 수행하여 측근 인물이 되었
고, 공민왕이 즉위한 1351년 11월 우부대언에 임명되며 본격적인 관료
활동을 시작했다. 김득배는 1359년(공민왕8) 권신 기철 일당을 제거한 후
2등 공신에 책봉되었다.[9] 그는 공민왕의 측근으로서 공민왕의 각종 정책
수립과 시행에 적극적으로 참여했다.

김득배는 1357년(공민왕6) 서북면 홍두왜적방어도지휘사에 임명되면
서, 중앙정치보다는 서북면과 서경지역에서 홍건적을 막는 일에 전력했
다. 1359년(공민왕8) 12월 홍건적 4만 명이 고려에 침입했는데, 이듬해 2
월 고려군의 반격으로 압록강 이북으로 쫓겨났다. 홍건적과의 싸움에 김
득배가 참전했고 3월에 홍건적을 물리친 승전보를 국왕에게 보고한다.
이때 홍건적을 격퇴한 공로로 김득배는 수충보절정원공신(輸忠保節定遠功
臣)에 책봉된다. 1361년(공민왕10) 10월 홍건적의 2차 고려 침략 당시 정
당문학으로 재상 자리에 있던 김득배는 도병마사로 임명되어, 홍건적
격퇴와 개경 수복에 크게 공을 세웠다. 이같이 김득배는 과거 출신의
문신관료이면서도, 죽음을 맞이하는 1362년(공민왕11) 3월까지 약 5년
간 홍건적의 주요 침입 루트인 서북면과 서경지역에서 군사지휘관으로
활동했다.

김득배에 주목한 이유

이익이 김득배에 주목한 이유는 홍건적 격퇴의 영웅으로서가 아니라 정몽주의 스승이라는 사실 때문이었다. 《고려사》에는 김득배와 그가 주관한 과거시험에 합격한 정몽주를 좌주와 문생 관계로 기록했다. 정몽주도 스스로 김득배의 문생이라 표현했다. 이익은 김득배와 정몽주의 관계를 스승과 제자의 사제관계로 이해했다. 특히 조선에서 절의와 도학(道學, 성리학)의 상징으로 추앙하던 정몽주의 스승이 김득배라는 사실에 관심을 가진 것이다.

김득배가 정세운을 살해했다는 죄목으로 효수되자 과거에 합격하고 2년도 지나지 않은 신참 관료였던 정몽주가 왕에게 청해 스승 김득배의 시신을 직접 수습하고 애도하는 제문까지 지은 사실에 이익은 주목했다. 다음은 정몽주가 지은 제문이다.

아 하늘이여. 우리의 죄가 무엇이며, 그(김득배)는 어떤 사람입니까? 하늘은 착한 사람에게 복을 내리고 악한 사람에게 화를 내린다고 합니다. 사람은 착한 사람에게 상을 주고 악한 사람에게 벌을 준다고 합니다. 하늘과 사람이 다르나 그 이치는 같습니다. 옛사람들은, "하늘이 정한 운수가 사람을 이기고, 사람이 많으면 하늘을 이긴다"고 말했습니다. 이는 무슨 이치입니까? 지난날 홍건척이 침범해 왕이 피난하고 나라 운명은 실낱같이 위태로웠습니다. 오직 공이 대의를 먼저 부르짖어 멀고 가까운 데 있는 사람들이 호응했습니다. 수많은 죽음에서 스스로 벗어나 삼한의 왕업을 회복시켰습니다. 지금 사람들이 먹고 잠잘 수 있게 된 것은 누구의 공이겠습니까? 비록 죄가 있더라도 (삼한을 회복한) 공으로 그 죄를 덮을 수 있습니다. (정세운을 죽인) 죄가 공보다 무겁다 하더라도 반드시 자백을 받은 후에 목을 베어야 했습니다. 어찌 말의 땀이 마르지 않고 개선의 노래가 끝나지도 않았는데, 태산과 같은 공적이 칼날을 맞아 피를 흘리게 했습니까? 이 때문에 커는 피눈물로써 하늘에 물은 것입니다. 커는 그의 충성스러운 영혼과 장대한 기백이 천추만세까지 지하에서 눈물을 흘리고 있음을 알고 있습니다. 아. 운명이 그러하니, 어찌할 것입니까.[10]

제문에서 정몽주는 홍건적을 격퇴해 삼한을 회복한 김득배의 공이 어떤 죄도 덮을 수 있을 만큼 크며, 김득배를 충성스러운 영혼과 장대한 기백을 가진 인물로 평가했다. 그렇지만 김득배가 억울한 죽음으로 인해 지하에서 눈물을 흘리고 있다고 통탄했다. 만약 김득배에게 죄가 있다면 심문을 하여 자백을 받은 후에 처벌했어야 한다고 했다. 김득배가 합당한 절차 없이 죽었다는 것이다. 정몽주는 제문을 통해 스승 김득배가 억울하게 죽었다는 사실을 암시했다.

이익은 정몽주의 제문에 감격해 다음과 같이 자신의 생각을 덧붙였다.

오직 김득배의 문인 정몽주가 김득배의 시체를 거두어 장사지냈다. 김득배는 원수에 올라 외척과 싸웠으나, 문반 출신으로 안우와 이방실의 모의에 따르지 않았다. 이는 그가 자기 몸을 바르게 하고 실천한 사람이라는 것이다. 또한 평생 커버리지 않은 정몽주를 문생으로 두었으니 가르치고 가르침을 받음이 있었던 것이다. 문(文)은 몸을 빛나게 할 수 있고, 무(武)는 공을 세울 수 있다고 했으니, 김득배의 됨됨이가 어떠한지 알 수 있다. 정몽주가 뒷날 이룩한 것이 어찌 김득배의 가르침을 받은 것이 아니라 할 수 있겠는가? 정몽주는 안으로는 (조상) 정습명이 남긴 업적을 이어받았고, 밖으로는 김득배의 가르침을 받았다. 청몽주의 시호가 문충(文忠)임은 마땅하다고 하겠다. 요즘 사람들은 청몽주만 알고 높이면서 김득배가 있다는 사실을 알지 못한다. 그렇기 때문에 나는 김득배의 훌륭함을 드러내고자 한다.[11]

이익은 정몽주가 조상이며 고려 의종 때 명신인 정습명을 계승했으며, 김득배의 가르침을 받았다고 부각시켰다. 이익은 사람들이 정몽주만 알고 있을 뿐 그의 스승 김득배의 존재를 모른다고 하면서 김득배를 역사의 무대로 불러냈다.

잊혀졌거나 무심코 지나쳤던 사실을 역사의 무대에 불러내 의미를 부여하고 역사적 생명력을 불어넣는 창조적 실천이 역사가의 역할이라고 하겠다. 정몽주가 스승 김득배의 죽음을 애도하며 올린 제문에 주목한 역사가 이익에게서 역사가의 역할을 되새기게 된다. 이익은 막 과거에 급제해 관료의 길에 첫발을 내디딘 정몽주가 위험을 무릅쓰고 억울하게 죽은 스승을 애도하고 옹호하며 보여준 곧고 당당한 태도에 감동했다. 이러한 정몽주의 스승 김득배를 역사의 무대로 불러내며, 이익은 정몽주의 도학과 절의의 연원을 밝힘으로써 역사의 지평을 넓혔다고 하겠다.

3 길재

조선에서 주목받은 길재

고려 말 삼은(三隱)이라고 할 때 보통 목은 이색, 포은 정몽주, 야은(冶隱) 길재(吉再, 1353~1419)를 일컫는다. 그러나 경우에 따라서는 삼은에 야은 길재 대신 도은(陶隱) 이숭인을 포함시키기도 한다. 삼은으로 거론되는 인물들은 모두 고려 말 조선 초 왕조 교체기에 고려왕조에 충절을 지키거나 조선 건국에 참여하지 않았다. 그런데 왜 삼은이라 하는 인물들이 경우에 따라 달라질까? 도은 이숭인은 목은, 포은과 함께 경전연구, 교육은 물론 문장, 역사편찬까지 공헌이 많았다. 따라서 도은 이숭인이 포함된 삼은은 이른바 '문장', 즉 저술활동에 중점을 둔 경우이다. 한편 야은 길재는 도학, 즉 성리학의 도통에서 중요한 위치에 있었다. 정몽주에서 시작한 도학의 계통이 야은을 거쳐 김숙자(金叔滋)－김종직(金宗直)－김굉필(金宏弼)－조광조(趙光祖)에게 이어졌다. 야은 길재는 또한 '절의'에서 한 시대의 사표가 된 인물이었다. 따라서 야은 길재가 포함된 삼은은 성리학의 중심 가치인 '절의'에 중점을 둔 경우이다.

도은은 고려 말 당시 여러 방면에 공헌하며 명성이 높았고, 야은은 조선 건국 이후에야 세상에 널리 알려졌다. 이숭인의 '문장'은 당대에 명성을 얻었고, 길재의 '절의'는 후세에 평가받은 것이다. 참고로 '사육신', '생육신'은 특정 시기에 활동한 인물을 가리키는 '특정 칭호'라 할 수 있고, 반면에 문묘에 종사된 '오현(五賢)'은 시대와 지역에 따라 인물 구성이 달라져 '통용 칭호'라 할 수 있다. 삼은의 경우 문장이나 절의 어느 쪽에 중점을 두는지에 따라 구성이 달라져 '통용 칭호'라 할 수 있다. 따라서 삼은을 두고 이 인물이 맞냐 그르냐를 따지는 접근은 바람직하지 않다고 하겠다.[1]

〈길재 연보〉

1353년(공민왕2)	출생
1370년(공민왕19)	상산(商山, 경상북도 상주) 사록(司錄) 박분(朴賁)에게서 《논어》, 《맹자》 강습 개경에서 이색, 정몽주, 권근 문하에서 성리학 수학
1374년(공민왕23)	국자감 입학. 생원시 합격
1383년(우왕9)	사마감시 합격
1384년(우왕10)	부친상
1386년(우왕12)	진사시 합격. 청주목(淸州牧) 사록에 임명되었으나 부임하지 않음
1387년(우왕13)	성균학정(成均學正)에 임명
1388년(우왕14)	성균박사로 승진
1389년(창왕1)	문하주서(門下注書)로 승진
1390년(공양왕2)	고향 선산(善山)으로 낙향
1391년(공양왕3)	계림부(鷄林府)와 안변도호부(安邊都護府) 교수(敎授)에 임명되었으나 부임하지 않음
1392년(태조1)	조선왕조 개창
1400년(정종2)	세자 이방원이 개경으로 초청하여 봉상박사(奉常博士)에 임명했으나 사양하고 귀향
1409년(태종9)	스승 권근이 사망하자, 3년 동안 마음속으로 슬퍼함(심상心喪)
1419년(세종1)	사망
1426년(세종8)	좌사간대부(左司諫大夫) 추증

은둔의 길을 택하다

1390년(공양왕2) 3월 길재는 관직생활을 그만두고 낙향했다. 낙향 길에
장단에 들러 스승 이색에게 하직 인사를 했다. 당시 이색은 창왕 즉위와
우왕 복위를 주도한 혐의로 탄핵을 받아 1389년(공양왕1) 12월부터 장단
에서 유배 중이었다. 길재를 만난 후 이색은 다음의 시를 남겼다.

〈문생인 길주서(吉注書)가 집에서 새로운 관직에 임명될 것을 기다리고 있다
가, 마침내 늙고 어린 가족들을 데리고 선주(善州, 경상북도 선산)로 돌아가기
로 결정했다. 고향으로 가는 길에 나를 찾아와 작별 인사를 하고 하룻밤을
묵고 가다〉

태학에서 유학할 때 경서에 통했다 이름나고
급제해서 주서 될 때 머리가 아직도 검었다오
가족을 데리고 고향 갈 때 나에게 작별을 고하면서
내 말을 들으려 하는 것이 간곡한 뜻이 있는 듯
책을 읽었으니 옛사람의 발자취 따라야 하고 말고
정책을 건의하는 일은 조정에 있을 때나 필요한 일이지
높은 벼슬 굴러온들 급하게 여길 것 있으리오
기러기 한 마리 아득히 하늘 끝으로 사라지네[2]

이색은 이 시에서 과거에 급제해 관직생활을 한 지 4년 만에 낙향하는 길재의 뜻을 존중하면서, 그의 낙향을 기러기 한 마리가 멀리 사라진다고 표현하며 안타까워했다. 고려 말 길재에 관한 기록은 이 시가 유일하다. 《고려사》에도 그에 관한 기록은 없다.

길재의 행적이 기록에 처음 나타난 것은 조선 정종 때이다. 1400년(정종2) 길재와 동문수학한 세자 이방원(뒷날 태종)의 초청으로 개경에 올라왔다. 이때 길재는 봉상박사에 임명되었으나 사양하고 귀향한다. 다음은 이때 그가 올린 상소문이다.

신은 본래 한미한 사람으로 신씨의 조정에서 과거에 뽑혀서 벼슬이 문하주서에 이르렀습니다. 듣건대 "여자는 두 남편이 없고, 신하는 두 임금이 없다"고 합니다. 고향으로 돌아가게 하여 두 임금을 섬기지 않으려는 신의 뜻을 이루게 하고, 효도로 노모를 봉양하게 하여 여생을 마치게 하소서.[3]

길재는 벼슬을 받지 않겠다는 이유로 고려의 신하였기에 조선에서 벼슬하지 않겠다는 '불사이군(不事二君)'을 내세웠다.

길재의 상소문을 받고 나서 다음 날 정종은 경연에서 권근에게, "길재가 절개를 지키고 벼슬하지 않으니, 예전에 이런 사람이 있었는지 알지 못하겠다. 어떻게 처리해야 하는가?"라고 물었다. 권근은 "이런 사람은 마땅히 머물기를 청하여 벼슬을 더해주어서 뒷사람들에게 장려해야 합니다. 청하여도 억지로 간다면 스스로 그 마음을 다하게 하는 것이 낫습니다. 광무제는 한나라의 어진 임금이지마는 (광무제와 동문수학한) 엄광(嚴光)은 벼슬하지 않았습니다. 선비가 진실로 뜻이 있으면 빼앗을 수 없는 것입니다"라고 답했다. 정종은 길재가 돌아가는 것을 허락하고 그 집안의 조세를 면제시켰다.[4] 사관 홍여강(洪汝剛)은 이 내용을 기록하고 다음의 사론을 남겼다.

절의는 천지의 떳떳한 근본이며, 사람이 태어나면서 받는 본성과 같은 것이다. 그러나 공을 세우고 이익을 챙기는 데 유혹되고 벼슬에 집착해서 절의를 온전하게 보전하지 못한다. 신씨(우왕과 창왕)가 망하고 의탁할 만한 후손도 남기지 않았는데, 길재는 옛 군주를 위해 절의를 지켰다. 공명을 뜬구름같이 여기고, 관직과 녹봉을 헌신짝처럼 여기며 초야에서 삶을 마치려 했다. 길재는 진실로 충성스러운 선비라 할 수 있다.[5]

고려 때 벼슬길에 올랐지만 뚜렷한 존재감을 남기지 못했던 길재는 조선에서 비로소 절의의 인물로서 모습을 드러내며, 조선의 학인들에게 오랫동안 추앙받는 인물이 되었다. 길재가 역사에서 주목을 받게 된 것은 그의 스승 권근의 역할이 컸다.

길재를 부활시킨 권근

태종이 즉위하자 권근은 상소를 올려 절의의 인물 길재에게 다시 관직을 내리고 포상해서, 조선왕조가 절의를 중시한다는 뜻을 천명할 것을 건의했다. 그 내용은 다음과 같다.

군왕이 창업할 때는 자기를 따르는 사람에게 상을 주고 그렇지 않은 사람에게 죄를 주는 것이 진실로 마땅합니다. 그러나 수성할 때는 절의를 다한 천대(前代)의 신하들에게 반드시 상을 주어야 합니다. 죽은 자는 벼슬을 추증하고 살아 있는 자는 등용해 정표(旌表)와 포상을 두텁게 해서 후세 신하들의 절의를 장려하는 것이 옛과 지금에 통하는 의리입니다. …… 혁명(조선 건국) 이후에도 옛 임금을 위해 절의를 지켜 벼슬을 사양한 사람은 오직 길재한 사람뿐이니, 어찌 고상한 선비가 아니겠습니까? 다시 예의를 갖춰 불러벼슬을 내리는 것이 마땅합니다. 그런데도 그가 이전의 뜻을 지켜 나오지않으면 그가 사는 고을에 명을 내려 정문(旌門)을 세우고 조세를 면케하여조정이 절의를 포상하는 법을 빛나게 하소서.[6]

권근은 태종에게 창업할 때와 수성할 때 인물에 대한 포상이 달라야한다고 했다. 수성할 때에는 절의의 인물에 관직 등을 포상하는 것이 고금의 원칙이라면서, 고려에 절의를 지킨 길재에 대한 포상을 건의했다. 다음은 권근이 길재를 평가한 글이다.

지금 선생(길재)은 시대가 바뀌어서 누구를 위해 충성을 바칠 데가 없지만옛 임금을 위해 의리를 지켜 신하의 절의를 잃지 않았다. 모친상을 당해 예를 다해 이단에 빠지지 않았다. 평생의 큰 절의가 이처럼 탁월하다. 바르게학문을 닦고, 독실하게 도를 따르고, 보는 것이 탁월하고 지키는 것이 확고하니 어찌 지극하지 않은가? 아! 고려가 500년 동안 교화를 베풀어 선비의풍습을 함양한 효험이 선생의 한 몸에 모여 있다. 또 조선이 오래토록 강상(綱常)을 붙들어 신하의 절의를 밝히는 근본이 선생의 한 몸에 기초하고 있으니, 성리학의 훌륭한 가르침이 공을 세운 것이 실로 크도다.[7]

길재는 1434년(세종16) 편찬된 《삼강행실도(三綱行實圖)》〈충신도(忠臣

_____ 《삼강행실도》 〈충신도〉에 실려 있는 '길재항절' 국립중앙도서관 소장

圖〉〉 편에 '길재항절(吉再抗節)'이라는 제목으로 실리게 된다. 이 일은 길재가 조선시대에 절의의 인물로 추앙받게 되는 밑바탕이 되었다.

일월을 꿰뚫은 절개

이익 역시 길재의 절의를 높이 평가했다.

길재는 조선 공정왕(恭靖王, 정종) 때 불려와 관직에 임명되었으나, 상소를 올려 응하지 않았다. (당시 세자인) 태종이 공정(정종)에게 아뢰어 허락을 받았

다. 길재가 상소를 올리며, "신은 신조(辛朝, 신씨의 조정)에 벼슬하여"라고 하였다. 이 말은 진무케(晉武帝)가 이밀(李密)에게 벼슬을 내리자, 이밀이 이전에 벼슬을 한 촉한(蜀漢)을 위조(僞朝)라고 한 말과 비슷하다. 그러나 길재가 한 말과 뜻이 다르다. 하나(이밀)는 나가서 벼슬하였고, 하나(길재)는 물러나서 벼슬을 하지 않았다. 그러므로 군자가 길재를 깊이 허물하지 않는 것이다.[8]

길재는 서울에 불려왔으나 관직을 사양했다. 그의 높은 의리는 하늘과 땅을 버티고 태양과 달을 꿰뚫는 절개를 지녔다고 말할 수 있다.[9]

문하주서 길재가 부모의 케사가 있는 달이면 그 달 내내 거친 밥에 물만 마셨다. 퇴계가 듣고, "이는 극히 독실한 선비나 하는 일이다. 만일 사람마다 행할 수 있는 것으로 안다면 옳지 못하다" 하였으니, 그 의미가 이러하다.[10]

이와 같이 이익은 길재를 "하늘과 땅을 버티고 태양과 달을 꿰뚫는 절개"를 지닌 인물로 높이 평가했다. 또한 이익은 다음과 같은 시를 지으며 길재를 백이(伯夷)와 숙제(叔齊)에 비유해 그의 절개를 높이 평가했다.

세종이 즉위해 길재의 자케 중 등용할 만한 자를 불렀다. 길재의 아들 길사순(吉師舜)이 벼슬에 나아가려 했다. 길재는, "임금이 신하에게 먼저 예를 행하는 것은 삼대(三代) 이후로 보기 드문 일이다. 네가 초야에 있는데 임금이 먼저 불렀으니 그 은혜와 의리가 다른 신하와 비할 바가 아니다. 너는 고려를 향한 나의 마음을 본받아서 네 조선의 임금을 섬겨야 한다"라고 했다. 길재의 병이 위독하여 부인 신씨가 아들 길사순을 부르겠다고 하자, 길재는, "임금과 아비는 같은 것이니, 이미 임금에게 갔으니 부고를 듣고 나서 오는

것도 괜찮다"라고 했다. 67세에 졸했다. 길사순은 선공감(繕工監) 직장(直長)
이 되었다. 같은 마을 사람들이 길재를 위해 낙동강가에 서원(금오선원)을 세
워 제사했다.

......

임금의 명이 멀리 궁궐에서 내려왔으니
성군이 외로운 신하의 충절을 유념해서라
옛 신하는 청철 지키며 그 아들 가르치길
너의 임금을 잘 섬겨 공 이루라 하였네
한 집안의 진퇴를 각각 군신의 의리에 두었으니
태양은 고르게 우리의 진심을 비춰 주리[11]

길재에 대한 오해

이익은 길재의 절의를 높이 평가했다는 점에서 권근과 같은 입장이었
다. 그런데 이익은 길재의 처신을 두고서는 비판을 남겼다. 그의 생각을
들어보자.

길재가 사직하는 상소문에서, '신씨의 조정'이란 말을 남긴 것은 유감스럽
다. (우왕이) 신씨라 하더라도 길재가 처음 벼슬할 당시에는 그런 말이 없었
다. 그런데 세상이 바뀌었다 해서 처음 벼슬할 때 생각을 바꾼 것이라면 잘
못이다. ...... 두 왕조의 임금을 섬길 수 없다는 '불사이군(不事二君)'이라는
말로 충분했을 것이다.[12]

이익은 길재가 당시 우왕과 창왕이 신씨라는 사실을 알고 벼슬길에 나선 것이 아닌데, 조선이 들어서고 세상이 바뀌었다고 해서 우왕과 창왕 때를 '신씨의 조정'이라고 언급한 것은 의리론의 차원에서 올바른 처신이 아니었다고 평가했다. 안정복 역시 이익과 생각이 같았다.

> **야은이 가장 척철한 처신을 했으나, '신조(辛朝)'라는 두 글자 속에 마음과 입이 일치하지 않은 잘못이 있다. 또한 아들에게 조선왕조에 벼슬하기를 권한 것은 조선왕조에 크게 반대하지 않은 태도 때문이 아닐까?[13]**

　　안정복은 길재가 고려에서 과거에 합격해 벼슬을 한 우왕과 창왕 때를 '신씨의 조정'으로 표현한 것은 그의 절의가 철저하지 않은 것이라며 유감을 표시했다. 또한 길재가 아들에게 벼슬을 권유한 것도 절의에 불철저했기 때문이었다고 비판했다.
　　그러나 '신조(辛朝)'라는 용어를 두고 두 사람이 길재의 처신을 비판한 것은 오해에서 비롯되었을 수 있다. 길재가 정종에게 상소를 올리며 실제로 '신조'라는 용어를 썼는지 다르게 해석한 글도 있다.

> **양촌이 지은 (길재의) 시의 서문(詩敍)과 (그의 행적을 기록한) 행장(行狀)에는 '위조(偽朝)'라 지칭하고 있다. 《삼강행실도》에는 그의 '이름'과 함께 '위조'라 쓰고 있다. 《여지승람(輿地勝覽)》에서는 '신(臣)'과 '신조(辛朝)'라 하고 있다. 이러한 지칭은 모두 선생의 상소에서 나온 말인데, 여러 서적에서 나오는 용어가 이같이 다른 것은 무슨 까닭인가? …… 그런데 추강(秋江) 남효온(南孝溫)은 "'위조'니 '신조'니 하는 지칭은 아마도 길재의 원래 말이 아니라, 각 책의 편찬자가 추가로 덧붙인 말일 것이다. 혹자는 선생께서 이러한 용어를**

사용하신 것인지 분명하지 않으니, 사실이라고 할 수 없다고 한다."[14]

이에 따르면, '위조'나 '신조'라는 용어를 가지고 길재의 행적을 평가하는 것은 온당하지 않다고 할 수 있겠다.

역사란 '현재의 역사다'라는 말이 있다. 이 말은 여러 측면에서 해석될 수 있지만, 길재가 조선에서 주목받으며 도학과 절개의 상징으로 등장한 과정을 설명하는 데 적절한 표현이다. 과거의 사실은 역사가의 관심을 받을 때 비로소 역사의 무대 위로 소환되어 역사적 의미를 갖게 되며, 이른바 역사적 사실로서의 지위를 얻게 된다. 그렇지 못한 사실은 죽은 사실이며, 과거의 창고 속에 갇혀 있는 낡은 유물에 불과하다. 길재는 고려 때 활동했지만, 부각되지 않고 잊혀진 존재였다. 그는 조선에서 절의의 상징 인물로서 역사의 무대 위로 비로소 등장했다. 역사가의 관심을 받을 때라야 역사가 비로소 의미를 갖게 된다는 사실을 길재를 통해서 깨닫게 된다.

4 원천석

신화처럼 다가온 인물

《운곡시사(耘谷詩史)》는 원천석(元天錫, 1330~?)의 시문집이다. 5권 3책이다. 22세 되는 1351년(충정왕3)부터 65세인 1394년(태조3)까지 그가 지은 시 1,144편이 실려 있다. 1603년(선조36) 강원도 관찰사 박동량(朴東亮)이 《운곡집(耘谷集)》을 얻어 1책으로 만들어 '시사(詩史)'라 이름 붙였다고 한다. 이로 보아 이 무렵에 원천석의 글이 문집 형태로 전해졌음을 알 수 있다. 현재 전해지는 문집에 1800년(정조24) 정범조(丁範祖)가 쓴 서문이 실려 있어, 아마도 이 무렵 문집을 다시 편찬한 것으로 추정된다. 그러나 현재 전해지는 문집은 1858년(철종9) 16대손 원은(元㟳)이 집안에 내려온 문집과 박동량의 《시사》를 토대로 편찬한 것이다. 원제목은 《운곡행록(耘谷行錄)》이나, 문집의 서문과 판심(版心)에 '운곡시사(耘谷詩史)'로 표기되어 있다. 문집에 실린 시가 시로 쓴 역사, 즉 '시사(詩史)'의 특성을 지니고 있어 '운곡시사'로 불리기도 했다.

역사를 소재로 한 시를 영사시(詠史詩)라 하는데, 영사시는 '역사를 읊은 시'이다. 시인이 지나간 시대의 역사를 읊은 것이다. 지나간 시대의 사건이나 인물을 두고 시인이 주관적으로 해석하고 평가하며 시를 쓰는 것이다. 반면에 시사(詩史)는 역사를 대상으로 하지만, 시인이 살고 있는 동시대의 사실을 다루고 기록한다는 점에서 영사시와 다르다. 시사는 한마디로 '시로 쓴 역사'이다. 시사는 당대의 사건과 현실을 시로 기록한 것이다. 따라서 시인이 기록한 시사와 시인의 사관은 후대에 다시 역사의 평가를 받게 된다.

원천석의 《운곡시사》는 '시로 쓴 역사'로서 우리 역사에서는 희귀한 역사책이다. 퇴계 이황은 원천석의 문집을 읽고, "운곡의 시는 역사다. 역사를 시로 기록했으니, 후세에 전해질 것을 의심하지 않는다"라고 했다.[1] 원천석은 당시 조세와 공물 수취에 시달리는 하층민의 참상을 시로 읊었고, 고려왕조를 지키려다 비극적으로 생을 마감한 최영을 안타까워 한 백성들의 마음을 시로써 표현했다. 또한 우왕과 창왕을 신씨가 아니라 왕씨라고 시의 형식을 빌어 기록했다. 원천석은 역사가는 아니었지만 투철한 역사의식으로 시를 지었다.[2]

〈원천석 연보〉

다시 역사의 무대에 오르다

원천석은 고려 때 활동한 인물이지만,《고려사》에 그에 관한 기록은 없다. 1603년(선조36) 강원도 관찰사 박동량이 쓴 글에서 원천석이 처음으로 기록에 등장한다.

> 내가 일찍이 전해 듣기로 원주 사람 원천석은 고려 말에 숨어 살면서 책을 써서, 우왕과 창왕 부자가 신돈의 자식이 아니라고 서술했다. 조선이 건국되자 그는 세상에 나오지 않고 일생을 마쳤다. 그의 맑은 풍모와 높은 절개는 포은(정몽주)과 야은(길재) 등 여러 선생과 비교할 만하다. 자손들이 그의 책을 숨겨둔 지 오래되어 읽어본 사람이 없고, 그 이름조차 사라져 후세에 전해지지 않았다고 들었다. 200년 뒤에 내가 이 고을에 관찰사로 왔다가 마침 선생이 지은 시집 운곡집을 얻어 보니, 기록한 것은 많지 않아도 예전에 들었던 것과 달라서, 모두 특별히 기록할 만한 사실이었다.[3]

박동량은 원천석을 고려 말 정몽주와 길재에 버금가는 절의의 인물로 평가했다. 정몽주는 말할 것도 없고 길재도 조선 초기 역사서에 기록되어 있어 일찍부터 사람들의 주목을 받았다. 박동량은 원천석의 문집을 읽고 다음과 같이 평가했다.

우왕에 관한 한 가지 사실만으로 그것이 참인지 거짓인지 알 수 없으나, (우왕이 공민왕의 아들이라는) 선생의 한마디 말이 아니었더라면 천백 년 뒤까지도 반드시 그릇된 기록을 답습하는 일이 그치지 않았을 것이다. 그래서야 우리나라에 역사가 있다고 말하겠는가? 충신과 의로운 선비가 나라에 유익함은 바로 여기에 있다.[4]

박동량은 원천석이 우왕을 신돈이 아니라 공민왕의 아들로 기록한 사실에 주목했다. 원천석이 조선의 역사가들에게 주목을 받은 것은 이른바 우왕 신씨설을 최초로 부정했기 때문이다. 신흠 역시 이 무렵 원천석의 글을 읽고, 우왕을 공민왕의 아들로 기록한 사실에 주목하며 다음과 같이 소개했다.

원천석은 고려 사람으로 공민왕 때 벼슬하지 않고 원주에 살면서, 목은 이색 등 여러 원로들과 서로 왕래했다. 그가 남긴 원고 중에는 후세에는 알 수 없었던 당시의 역사를 직접 기록한 글들이 있다. 그 가운데 우왕을 공민왕의 아들이라고 바로 쓴 글이 대표적이다.[5]

또한 신흠은 고려 말 역사와 관련된 5편 11수의 원천석 시를 그의 문집에 소개했는데, 현재의 원천석 문집 《운곡시사》에도 실려 있다. 5편 시 제목은 다음과 같다.

〈삼가 주상전하(우왕)가 강화로 옮겨가고 원자(창왕)가 즉위했다는 말을 듣고 느낀 감상(伏聞主上殿下遷于江華元子卽位有感)〉(2수): 《운곡시사》 권3 수록
〈도통사 최영이 형을 당하다(都統使崔瑩被刑)〉(3수): 《운곡시사》 권4 수록

〈이달 15일 국가가 청창군을 왕(공양왕)으로 세우고 전왕 부자(우왕·창왕)는
　신돈의 자손이라 하여 서인으로 폐했다고 함(聞今月十五日 國家以定昌君立王
　位 前王父子以爲辛旽子孫廢爲庶人)〉(2수):《운곡시사》권4 수록
〈국가가 영을 내려 전왕 부자에게 죽음을 내리다(國有令前王父子賜死)〉(1수):
　《운곡시사》권4 수록
〈한산군이 참소를 당해 장단으로 유배됨(韓山君被讒謫長湍)〉(3수):《운곡시
　사》권4 수록

　이 가운데 우왕과 창왕의 사실을 알려주는 대표적인 시를 소개하면 다
음과 같다.

〈이달 15일 국가가 청창군을 왕으로 세우고 전왕 부자는 신돈의 자손이라
　하여 서인으로 폐했다고 함〉

　　전왕 부자가 서로 여의니
　　머나먼 동쪽 서쪽 하늘가로다
　　그 몸이야 서인을 만들었으나
　　올바른 이름은 길이길이 변치 않으리
　　태조의 신령께서 하늘에 계셔
　　끼친 은택 수백 년 흘러왔거니
　　진짜와 가짜를 가리는 일 어이 늦었나
　　저 하늘은 분명히 살피시리라[6]

원천석은 이성계 일파가 우왕과 창왕을 신씨라는 이유로 폐위해 서인

으로 만들었지만, 왕씨라는 '올바른 이름(正名)'은 끝내 바꾸지 못할 것이라 했다. 그러면서도 당시 (왕씨냐 우씨냐의) 진실을 가리지 않은 것을 안타까워했다.

원천석의 시는 이같이 고려 말 당대의 역사를 시로 기록한 시사이자 사관의 직필(直筆)과 다름이 없었다. 신흠은 이 시들을 소개하고 나서 원천석을 다음과 같이 평가했다.

시어(詩語)가 질박하여 체대로 표현되지 못한 곳이 많긴 하지만 일에 대해서만은 숨김없이 곧이 곧대로 썼으니 정인지의 《고려사》와 비교하면 해·별과 무지개 이상으로 큰 차이가 있으며, 읽다 보면 몇 줄기 눈물이 흘러 떨어지곤 한다. 고려가 망하게 된 것은 무진년(1388, 우왕14)에 우왕을 폐위시킨 데서 유래한다. 폐위된 뒤에도 목은과 같은 사람들이 남아 있어 한 가닥 공론이 없어지지 않았다. 당시 정도전과 윤소종 등의 무리가 '임금이 왕씨가 아니라고 하는 자는 충신이고 왕씨라고 하는 자는 역적이다'라는 주장으로 조정을 선동하고 인심을 현혹시켜 마침내 선비들을 죽이고 사람들의 입에 재갈을 물렸다. 이런 상황 속에서 겨우 5년을 더 지탱하다가 나라가 망했다. 이러한 때 태어나서 바르고 올곧게 자신을 세우려는 사람들의 삶이야말로 얼마나 고달프고 낭패를 당했을까? 그럼에도 불구하고 인심이 거기에 현혹되지 않았고 사람의 입에 모두 재갈을 물릴 수 없었다. 초야에서 저 춘추시대 진나라 사관 동호(董狐)와 같은 올곧은 (원천석의) 글이 나왔으니 바위 틈새로 솟아 나온 죽순이 아니겠는가?[7]

1603년에 쓰인 박동량의 서문으로 미루어 보아, 현재 전해지는 원천석의 문집(1858년 초간본)보다 앞서 17세기 초반을 전후해 원천석의 글이 널리 유통되었음이 분명하다.

참고로 뒷날 조선시대 역사가들이 원천석을 인용한 글 가운데 시기적으로 신흠보다 앞선 것은 없다. 원천석이 언급된 글 대부분은 신흠의 글을 재인용한 것이다. 이덕형의 〈송도기이〉와 이기(李墍, 1522~1600)의 〈송와잡설(松窩雜說)〉이 대표적인데, 모두 《대동야승》에 수록되어 있다. 이같이 신흠의 글은 조선의 역사가들에게 널리 인용되며 우왕·창왕 신씨설을 부정하는 논거로서 원천석을 알리게 된다. 그렇게 원천석은 절의와 정론 직필의 인물로 널리 회자되면서, 그의 사후 약 200년이 지나 비로소 역사 무대에 오르게 된 것이다. 원천석은 조선에서 부활한 고려인이었다.

원천석에 대한 평가

원천석은 조선 후기 역사서에서 직접적으로 언급되기 시작하는데, 먼저 이익은 절의의 인물이라는 관점에서 원천석에 주목했다. 그 내용을 소개하면 다음과 같다.

세상에 전하기를 "원천석이 치악산에 숨어 살 적에 태종이 직접 방문했으나 원천석이 피하고 보지 않았다"고 하는데, 그렇지 않다. 원천석은 고려 말기 진사로서 원주 변암에 살았다. 처음 목조(穆祖, 이성계 고조부인 이안사李安社)가 전주에서 영동으로 이사한 것은 그의 외가가 평창에 있었기 때문이다. 그의 부모 묘소가 삼척에 있었는데, 지금도 찾지 못하고 있다. 태종도 일찍이 영동으로 왕래했는데, 원주를 경유하는 길이라서 이곳을 방문했다. 지금 치악산 각림사(覺林寺)에 태종대(太宗臺)가 있다. 이곳은 태종이 젊은 시절 책을 끼고 노닐던 곳이다. (원천석은) 우왕과 창왕 부자와 최영이 죽자 시를 지어 그들을 애도했다. 태종이 즉위하여 감반(甘盤, 은나라 고종의 스승, 사제 간의 뜻)의 옛 정의로 역마를 달려 방문했다고 하는데, 그때는 이미 원천석이 사망한 뒤였다. 태종은 그의 아들 원형을 불러 특별히 기천현감에 제수했다. 운곡은 37세에 상처하여 다시 장가를 들지 않고 첩도 두지 않았으며, 그 학문이 절조(節操)가 있고 시집이 집 안에 감추어져 있었다. 그 속에 혁명에 관한 말이 많아 자손들이 비밀로 했다.[8]

이익은 태종 이방원의 스승인 원천석이 조선왕조 개창 후 관직에 나아가지 않은 절의의 인물이지만, 태종이 왕이 되어 찾아갔는데 원천석이 피했다고 하는 얘기는 사실이 아니라고 했다.[9]

원천석의 주장을 수용한 《동사강목》

안정복은 1760년 완성한 《동사강목》에서 원천석의 우왕 왕씨설을 다음과 같이 수용했다.

우왕과 창왕의 일은 당시 재상 이색, 초야의 원천석의 정론(正論)을 억누르기 어렵다. 조선에서 옛사람의 일을 자주 논했던 유희춘(柳希春)·윤근수·신흠·이덕형 같은 이도 모두 사관의 기록을 거짓으로 여겼다. 또한 성조(聖祖, 태조)가 이미 왕씨의 뒤를 이어 임금이 되었으니, 우왕과 창왕이 왕씨이니 신씨이니 하는 분별은 애당초 논할 필요도 없었는데도, 정도전·조준·윤소종의 무리가 왕씨가 아니라는 설을 지어내 옛 신하들을 견체하는 계책으로 삼자 온 나라 사람들이 이에 부화뇌동했다. 왕씨냐 신씨냐에 따라 충신과 역적으로 나누는 것이 하나의 의리처럼 되었다. 뒤에 역사를 기록하는 사람들도 모두 마음으로는 잘못된 줄 알면서도 다시 살피고 분별하지 않으니, 만일 왕명으로 판정하지 않으면 사사로이 바꿀 수 없는 일이 되었다. 그러하니 다른 성씨라 할지라도 역사 편찬에서는 그렇다고 할 수 없는 것이다.[10]

또한 안정복은 신흠의 글을 인용하며 우왕과 창왕은 신씨가 아니며, 정도전·윤소종 등 개혁파가 창왕을 폐위하고 공양왕을 즉위시켰다고 했다. 《동사강목》은 우왕과 창왕이 신씨가 아니라 왕씨라는 사실을 처음으로 제시한 역사책이다.

신씨(신흠)는 또 이렇게 적었다. "신우·신창의 일은 원천석이 적은 것을 믿을 만한 사실로 삼아야 한다"라고 했다. 또 이렇게 적었다. "내가 원천석의 문집을 보건대, 신우를 옮긴 일, 최영이 처형된 일, 신우·신창을 폐위하고 사사한 일, 목은이 장단으로 귀양간 일에 대하여 시를 남기며 숨김없이 곧게 썼으니, 정인지의 《고려사》에 비하면 해·별과 무지개 이상으로 큰 차이가 있다. 초야에서 거 춘추시대 진나라 사관 동호와 같은 올곧은 (원천석의) 글이 나왔으니 바위 틈새로 솟아 나온 죽순이 아니겠는가?"[11]

또한 안정복은 고려왕조가 망하고 조선왕조가 개창된 사실을 기록하고 《동사강목》을 종결하며 원천석에 대한 열전 형식의 글을 남겼다.

원천석은 자를 자정(子正), 호를 운곡이라 한다. 정치가 어지러워짐을 보고 치악산 아래에 숨어서 몸소 농사지어 부모를 봉양하면서 살았는데, 다른 사람에게 알려지기를 구하지 않았으나 부(部)를 조사할 때에 군적에 등록되자 부득이 과거를 보아 단번에 진사시에 합격하였지만 역시 벼슬길에 나가고 싶은 뜻이 없었고, 이색 등 여러 사람과 잘 지냈다. 태종이 어려서 그에게 배운 일이 있었으므로 귀하게 된 뒤에 여러 번 불렀으나 나아가지 않았다. 태종이 그 집에 갔으나 숨고 나타나지 않자 초옥을 지키고 있는 여종을 불러 음식물을 주고 돌아갔다. 원천석에게는 감추어 둔 책 여섯 권이 있었는데, 고려가 망한 일들에 대한 것이었다. 임종 때에 유언하기를, "자손 중에 성인이 아닌 자는 열어보지 말라" 하였는데, 몇 대를 지나 한 자손이 가만히 열어보고는 크게 놀라며 "우리 가문이 멸족당하겠구나" 하고는 드디어 불태워 버렸다. 그래도 시편은 남은 것이 있어 세상에서 시사(詩史)라고들 한다.[12]

《삼국사기》, 《고려사》 등은 고려나 조선에서 국가기관이 공식적으로 이전 왕조의 역사를 정리해서 통치에 도움과 교훈을 얻기 위해 편찬한, 이른바 관찬(官撰) 역사책이다. 이렇게 편찬된 역사를 정사(正史)라 한다. 국가기관이 주관하는 정사가 아니라 재야에 있는 개인이 역사를 서술하는 경우가 있는데, 이러한 역사를 야사(野史)라 한다. 야사는 동시대의 민감한 관심사를 서술하는 경향이 강하다. 그렇기 때문에 야사가 어떤 때에는 정사보다 영향력과 파급효과가 큰 경우도 있다. 원천석의 《운곡시사》는 시의 형식을 빌려 고려 말 역사를 기록한 야사이지만, 조선 중기 이후 역사가들에게 널리 읽혔다.

역사의 진실은 정사와 야사의 체제나 접근을 뛰어넘는 설득력을 갖는
다. 원천석이 주목받은 이유는 다음과 같이 역사의 진실을 밝히려 했기
때문이다.

(우왕이 공민왕의 아들이라는) 선생의 한마디 말이 아니었더라면 천백 년 뒤까
지도 반드시 그릇된 기록을 답습하는 일이 그치지 않았을 것이다. 그래서야
우리나라에 역사가 있다고 말하겠는가? 충신과 의로운 선비가 나라에 유익
함은 바로 여기에 있다.

— 박동량, 《운곡시사》, 서문

역사는 과거의 사실을 그대로 옮겨 적는 것이 아니라 은폐된 역사의
진실을 밝혀서 기록하는 일이라고 했다.

맺음말

조선 역사가들의 '고려 열전', 그 특징과 의미

조선 역사가들이 고려 인물을 어떻게 평가했는지 그 특징과 의미를 종합적으로 정리하는 것으로 이 책을 마무리하고자 한다. 여기에서 언급하는 조선 역사가들의 자세한 인물 평가에 대해서는 해당 장을 참고하기 바란다.

유교 가치와 이념의 강조

조선 역사가들의 고려 인물론에서 두드러지는 점 중 하나는 유교 가치와 이념으로 인물을 평가하려 했다는 점이다.

《동사강목》을 쓴 안정복은 최치원이 네 명의 신라 임금을 섬긴 중신임에도 왕건에게 몰래 글을 올려 고려왕조의 공신으로 책봉되었다며, 신라에 대한 절의를 저버린 행위라고 비난했다(5부 1장 〈최치원〉). 최치원의 경우와 반대로, 고려왕조를 섬겼다는 이유로 조선왕조에서 벼슬을 하지 않은 길재는 《삼강행실도》에 수록될 정도로 조선시대 내내 절의를 대표하는 인물로 추앙받았다(5부 3장 〈길재〉).

최치원과 길재, 두 인물이 왜 이전 왕조에 대해 서로 다른 행동을 취했을까 하는 역사적 물음을 생략한 채 오직 '절의'라는 유교 가치와 이념의 잣대로 평가한 것이다. 이러한 인물 평가는 자기 시대의 가치와 정신만을 중시하는 역사 인식으로 흘러 역사를 보는 객관성을 상실할 우려가 있다.

무신정권기 왕위에 있던 명종에 대한 평가에서도 그러한 역사 인식이 잘 드러난다. 문치주의를 강조했던 조선 후기 역사가들에게 무신정권은 그 자체로 부정적인 존재였다. 그들은 허수아비와 다름없는 국왕 명종이 무신 권력자를 처단했어야 한다고 주장하며 그러지 못한 명종의 처사를 비난했다(2부 3장 〈명종〉). 이 역시 문치주의라는 자기 시대의 이념과 가치를 강조한 역사 인식이라 할 수 있다.

대외정책과 관련한 평가에도 유교 가치와 이념의 잣대가 드리워졌다. 사대교린과 화친정책을 추진한 왕에 대한 평가는 긍정적이었던 반면, 주변국에 강경책을 추진한 왕에 대한 평가는 부정적이었다. 이는 이 책에서 다룬 조선 역사가들의 한결같은 생각이다.

《동국통감》 편찬자들과 이익 등 조선 역사가들은 중국에 사신을 자주 파견하여 교류하는 것이 국가를 보전하는 좋은 정책이라고 생각했기 때문에 태조 왕건이 만부교 사건으로 거란과의 화친을 끊어 거란에 고려 침략의 빌미를 제공했다며 비판했다(1부 1장 〈태조 왕건〉). 반면, 신하를 자처하며 금나라에 사대교린 정책을 추진한 인종을 고려 최고의 군주로 높이 평가했는데, 오늘날 역사가들은 인종이 재위 중 이자겸의 난과 묘청의 난을 일어나게 한 원인을 제공했다며 통치에 무능한 군주로 평가한다(1부 3장 〈인종〉).

다양한 인물 평가와 해석

조선 역사가들이 반드시 유교 가치와 이념만으로 인물을 평가한 것은 아니었다. 그들은 나름의 새로운 시선으로 인물을 평가함으로써 역사 인물 이해의 지평을 넓혀주었다.

이익은 최영에 대해《고려사》및 현대의 평가와는 다른 해석을 내놓았다. 이른바 최영의 요동 정벌 음모론이다. 최영이 정치적 경쟁자인 이성계를 제거하기 위해 이성계에게 명나라 변방인 요동 정벌의 책임을 맡겨 명나라 황제의 분노를 사게하려 했다는 해석이다. 나아가 1388년(창왕 즉위년) 10월 이색이 명나라에 사신으로 가서 황제에게 창왕의 알현을 요청한 일, 1390년(공양2) 5월 윤이와 이초 등이 명나라 황제에게 이성계를 무고한 일도 요동 정벌 음모론의 연장으로 보았다(3부 2장〈최영〉). 최영을 보는 이러한 시각은 조선 건국의 필연성을 강조하는 한편, 이익이 몸담고 있는 조선왕조에 대한 의리론의 입장이기도 하다. 또 사대 명분론의 관점에서 요동 정벌의 부당성을 지적하려는 뜻도 있다.

의종에 대한 평가도 그동안 잘 알려진《고려사》의 평가와 다르다.《고려사》에 따르면, 의종은 환관과 술사 등을 측근으로 삼고 각종 연회와 제사 등을 열어 국고를 낭비했으며, 불교와 도교 의례에 탐닉하며 정사를 등한시해 무신정변으로 왕위에서 쫓겨났다. 하지만 조선 역사가들은 왕의 잘못을 깨우치는 바른 신하를 멀리한 의종의 처신에서 통치 실패의 원인을 찾았다(2부 1장〈의종〉).

김용이 홍건적을 격퇴해 개경을 수복한 총사령관 정세운을 시샘해 홍건적 격퇴의 또 다른 공신 안우, 이방실, 김득배를 사주해 정세운을 살해한 사건과 그 배후에 대해 이익, 홍여하, 오운, 유계 등이 서로 다른 의견을 제시했다. 다양한 견해가 제기되었으나, 김용의 배후에 공민왕이 있었다며 공민왕에서 정세운 살해의 책임을 물은 유계의 견해가 특히 흥미롭다(3부 1장 〈정세운·안우·이방실〉).

1174년 무신 세력 토벌을 위해 봉기한 조위총에 대한 평가는 조선 역사가들 사이에서도 엇갈린다. 《동국통감》 편찬자는 《고려사》와 다르게, 조위총을 반역 열전에 넣어 "조위총의 거사는 의롭다 하나 거사한 때가 옳지 않은 것이다. 그의 잘못이 이와 같으니 국가에 반역한 죄를 면할 수 없다"라고 평가했다. 그러나 조선 후기 역사가 이익은 이에 대해 "《춘추》의 의리에 임금을 죽인 역적은 누구라도 그 목을 벨 수 있다고 했다. 임금을 죽였는데 그 역적을 토벌하지 않고 가만히 둘 수 있겠는가?"라며 반박했다. 이익은 국왕을 시해한 역적은 누구라도 토벌해야 한다는 《춘추》의 의리론에 입각해 조위총의 거병을 왕조에 대한 충성으로 본 것이다.

잊힌 고려 인물의 발견

조선 역사가들은 주목받지 못하거나 잘 알려지지 않았던 고려의 인물을 발견하고 새롭게 평가하기도 했다.

광종의 정치를 직접 체험한 최승로는 쌍기 같은 어중이떠중이 남북용인(南北庸人)들을 등용해 개혁정치를 시행하면서 태조의 공신과 신료들을 무자비하게 숙청한 광종을 전제군주로 비난했다. 그러나 조선 역사가들은 광종을 입현무방(立賢無方)의 공정한 인사정책을 편 군주로 새롭게 평가했다(1부 2장 〈광종〉).

이공승도 마찬가지다. 조선 초기 역사가들은 《고려사》를 편찬하며 의종의 뜻에 따라 환관 정함을 정식 관료로 임명하는 데 동의한 이공승의 행위를 비난했다. 그러나 이익은 이공승이 의종의 뜻에 영합했던 잘못을 뉘우치고 이후 정함의 관료 임명을 거부한 행동에 주목해 그를 높이 평가했다(2부 2장 〈이공승〉). 이러한 이익의 평가는 인물의 공과를 살펴 객관적으로 평가하려는 공과론을 연상시키며, 오직 선과 악의 어느 하나의 잣대만으로 인간을 평가한 유교사관의 하나인 포폄론에서 벗어나 있었다.

고려 말 인물 원천석은 우왕과 창왕이 신돈의 자식이라는 이유로 처형당한 사실을 전해 듣고, '우왕·창왕 신씨설'을 처음으로 부정한 인물이다. 강원도 관찰사 박동량은 이러한 사실이 담긴 원천석의 문집을 읽고 자신의 문집 서문에서 "원천석의 한마디 말이 아니었더라면 천백 년 뒤까지도 반드시 그릇된 기록을 답습하는 일이 그치지 않았을 것이다. …… 충신과 의로운 선비가 나라에 유익함은 바로 여기에 있다"라고 원천석을 높이 평가했다(5부 4장 〈원천석〉).

이익은 사람들이 정몽주만 알고 있을 뿐 그의 스승 김득배의 존재를 모른다면서 김득배를 처음으로 역사 무대로 소환했다. 이익에 따르면, 정몽주는 스승 김득배가 있었기에 존재할 수 있었다. 무심코 지나쳤던 사실들을 역사 무대에 불러내 의미를 부여하고 역사적 생명력을 불어넣는 작업은 지금까지도 역사가들에게 요구되는 역할이다.

지울 수 없는 역사의 진실

가짜 혈통인 우왕과 창왕을 폐위하고 진짜 고려 왕실 출신을 왕으로 세운다는 폐가입진론은 고려를 무너뜨리고 조선을 건국하는 데 주요한 명분이 되었다. 따라서 이 문제는 조선 건국 이후 금단의 영역으로 남아 있었다. 그런데 시간이 지나면서 조선 중기 이후 역사가들이 두 왕의 혈통 문제에 의문을 제기하기 시작했다.

《연려실기술》편찬자 이긍익은 "고려 말 혁명 때의 역사 기록은 의심나는 것이 많다"라면서 "우왕이 진짜 신돈의 자식이라면 우왕을 폐위하고 마땅히 고려 왕실의 어진 사람을 선택해 왕으로 세워야 했다"라고 했다. 또 왜 창왕을 폐위할 때가 돼서야 우왕과 창왕이 신돈의 아들이라는 주장이 나왔는지 의문을 제기하면서 이 같은 상황이 오히려 우왕·창왕이 신돈의 아들이 아님을 보여준다고 견해를 밝혔다(4부 1장 〈이색 I〉). 최창대의 《곤륜집》과 《대동야승》에 실린 이덕형의 글에서도 신씨설을 부정하는 주장을 찾아볼 수 있는데, 같은 시대의 윤근수, 신흠 등의 주장을 인용했다.

거슬러 올라가면 고려 말 원천석이 신씨설을 처음으로 부정했다. 원천석의 주장을 일찍이 받아들인 사람이 조선 중기 역사가 신흠이다. 그는 이색을 처형해야 한다고 주장한 정도전의 상소문(4부 2장 〈정도전〉)을 읽고, "(정도전이) 스스로 주장하고 스스로 화답해서 마치 귀신의 말과 같았다. 그 일이 국왕의 폐위와 관계되어 사람들이 함부로 말하지 못하게 하여 함정을 만드는 참혹함이 이때보다 더 심한 때가 없었다"라고 정도전을 비난했다(4부 3장 〈이색 II〉). 안정복도 《동사강목》에서 신씨설을 부정했는데, 공식적인 역사서에서 신씨설을 부정한 최초의 사례다.

1389년 창왕의 폐위와 죽음, 그리고 우왕의 죽음은 조선 건국과 고려 멸망이라는 역사의 커다란 전환점이 되었다. 그런 때에 신씨설과 폐가입진론이 제기된 것은 우연이 아니었다. 이를 계기로 개혁파는 개혁을 단행하고 윤이·이초 사건으로 보수 세력에게 타격을 입혀 조선 건국의 대업을 완성한다. 신씨설은 정치적 명분과 이념에 따라 역사가 어떻게 왜곡될 수 있는지를 잘 보여준다.

다양한 시선이 요구되는 인간의 역사

역사 발전의 주체인 인간의 삶과 생각을 중심으로 역사를 서술하는 일은 역사가들이 오랫동안 꿈꿔온 목표 중 하나이다. 그럼에도 불구하고 항상 인간의 체취와 숨결은 사라지고 인간이 뱉어낸 거품과 다를바 없는 이념과 가치가 인간 정신의 정화로서 포장되고, 인간이 지어낸 건조한 조직과 제도가 인간의 위대한 기념물로 미화되어 역사서술의 중심으로 자리잡고 있다. 개인의 삶과 생각이 가족과 공동체 나아가 지역과 사회를 발전시키며 행복과 평화라는 인류의 공동선을 추구하는 역사, 그 속에 나타난 숭고한 인간 정신의 본질과 변화와 발전에 관심을 갖는 역사학은 요원한 것일까?

고려왕조 역사와 고려 인물들의 삶을 생각을 더욱 실제적이고 다각적으로 그려보기 위해 조선 역사가들의 시선을 빌려보았다. 지금까지 살펴본 데서 드러나듯 조선시대 역사가의 견해라 해서 고루한 것만은 아니다. 물론 조선 특유의 유교 가치와 이념에 따라 인간을 재단하기도 했지만, 한편으로 알려지지 않았거나 왜곡되었던 고려 인물들을 새로운 시선으로 발굴하고 재해석하고 재평가하려는 노력도 있었다. 그러한 조선 역사가들의 견해를 살피는 작업은 자료가 매우 부족한 고려 역사와 인물에 대한 이해의 폭을 넓힐 수 있어 연구사적으로 유용한 접근법의 하나가 될 것이다. 나아가 고려 당대와 조선, 현대 역사가들의 견해를 비교함으로써 인간 삶에 대한 인식의 폭을 넓힐 수 있을 것이다.

《고려 열전》에 이어 이 책 역시 인간의 역사를 위한 작은 발걸음을 내딛게 되었다는 것으로 스스로 위안하면서 후속 작업이 이어지기를 다시 한번 채찍질하며 다짐하는 바이다.

1부 고려 전기 인물론

1. 태조 왕건: 만부교 사건과 거란 전쟁

1 《고려사절요》권1, 태조 25년 10월, "冬十月 契丹遣使來 歸橐駝五十匹 王以契丹嘗與渤海連和 忽生疑
貳 不顧舊盟 一朝殄滅 此爲無道之甚 不足遠結爲隣 絶其交聘 流其使三十人于海島 繫橐駝萬夫橋下 皆
餓死".

2 《고려사》권93, 최승로 열전, "我乃絶其交聘者 以彼國嘗與渤海連和 忽生疑貳 不顧舊盟 一朝殄滅 故太
祖以爲無道之甚 不足與交 所獻駱駝 亦皆弃而不畜 其深策遠計 防患乎未然 保邦于未危者 有如此也".

3 《고려사절요》권1, 태조 25년 10월 이제현 사론, "忠宣王 嘗問於臣齊賢曰 我太祖之世 契丹遺橐駝 繫
之橋下 不與芻豆 以餓而死 故以名其橋焉 橐駝雖不產於中國 中國亦未嘗不畜之 國君而有數十頭橐駝 其
弊不至於傷民 且却之則已矣 何至餓而殺之乎".

4 《고려사절요》권1, 태조 25년 10월 이제현 사론, "創業垂統之主 其見遠而其慮深 非後世之所及也
…… 我太祖之所以爲此者 將以折戎人之譎計耶 抑亦防後世之侈心耶 蓋必有微旨矣 此在殿下恭默而思
之 力行而體之爾 非愚臣所敢輕議也".

5 《고려사》권2, 태조 26년 이제현 사론, "忠宣王嘗言 我太祖 規模德量 生於中國 當不滅宋太祖 …… 至
若宋祖 以江南李氏 比之鼾睡臥榻 則石晉所賂契丹 山後之十六州 盖視爲橐中物 旣收北漢 將長驅 以定
秦漢之彊耳 我太祖卽位之後 金傅未賓 甄萱未虜 而屢幸西都 親巡北鄙 其意 亦以東明舊壤爲吾家靑氈
必席卷而有之 豈止操鷄搏鴨而已哉".

6 변태섭·신형식, 《개정판 한국사 통론》, 삼영사, 2006, 320~321쪽 참고.

7 《동국통감》권13, 고려기, 태조 25년, "臣等按 李齊賢 論待契丹之道 曰王可道 義絶和親 不若皇甫俞義
繼好息民之論也 然其對忠宣之問 只論棄駝 而不言太祖絶和之失 何耶 前史 以絶和 爲太祖盛德事 而贊
揚之 臣竊惑焉 大抵 交隣國 柔遠人 固封彊 謹使命者 乃萬世保國之長策也".

8 《동국통감》권13, 고려기, 태조 25년, "而太祖慮不及此 何哉 契丹之失信於渤海 何與於我而爲渤海報復
拒其來使甚矣 而流之于海島 却其橐駝甚矣 而致令餓死 是不特絶之 而止絶之如仇讐 彼之報我以仇讐 無
足怪也 自是邊釁日深".

9 《동국통감》권13, 고려기, 태조 25년, "定宗置光軍 爲邊備 其禍已濫觴矣 至成宗 蕭遜寧 大擧入寇 欲割 地乞降 僅能請和 其禍已燎原矣 迨顯宗 …… 都城不保 乘輿南遷 國之不亡如綫 其禍已滔天矣 …… 究 厥所由 則皆麗祖 待強寇 失其道 輕絶和親之致然也 貽謀之失 可勝嘆哉".

10 《동국통감》권13, 고려기, 태조 25년, "今麗祖降羅滅濟 僅一三韓 渙散者 未盡萃 瘡痍者 未盡起 制度營 爲 草創未遑 正宜輯和強隣 長慮却顧之時也 契丹世居幽燕遼薊之地 國富兵強 瞰中原 板蕩有席卷 囊括 之志 取方張桀驁之渤海 易如拉槁 其視新創之麗 知如何哉 然猶先我修聘者 安知不有睥睨不測之心乎 因 其來使 待之以禮 接之以誠信 結盟好 豈非保國之長策".

11 이익,《성호사설》권18, 경사문(經史門), 여조인종(麗祖仁宗), "自是邊釁日深 其禍燎原 國之不以如 綫 究厥所由 皆麗祖待強寇 失其道之使然也 至仁宗之世 金國暴興 排羣議 上表稱臣 詞臣應製 或指北朝 為胡狄 則瞿然曰 安有臣事大國 而慢視如是耶 遂能世結歡盟 邊境無虞 以此觀之 則仁宗是而太祖不智矣 古帝王 以大事小 亦或有其義在也 況以小事大乎 謀國者宜永鑑哉".

12 이익,《성호사설》권21, 경사문, 발해, "王氏之興 只復得鴨綠以東 餘皆入扲契丹 其始東邦舊疆縮扲大 氏 而契丹又取諸大氏也 是時 王新立草創 南憂未熄 固未暇扲遠圖 及甄氏既滅 威名益彰 故丹使之至 盖 亦畏之也 王之流其使殺其駝 非眞為勃海之故 其志將於欲擄義爭地 實辭直為壯也 不幸金覊未復 明年身亡 無奈天意何也 不然大氏之興亡 何與扲我 而絶之之甚 至此乎 是故 其遺訓切切然 契丹禽獸之俗為禁 少 無畏忌之意".

13 안정복,《동사강목》권6 하, 태조 25년 10월. 참고로 여기에 실린 안정복 사론에는 주 12)의 밑줄 친 부분이 그대로 인용되어 있다.

2. 광종: 개혁과 입현무방

1 이기백,《한국사 신론》(개정판), 일조각, 1978, 127쪽.

2 《고려사》권93, 최승로 열전, "加以酷信佛事 過重法門 常行之齋設旣多 別願之焚修不少 專求福壽 但作 禱祈 窮有涯之財力 造無限之因緣 自輕至尊 好作小善 又於出入宴遊 莫不窮奢極侈 以其目前無事 將謂 法力使然 凡所作爲 不欲悛改 宮室必踰於制度 服食須極於珍綺 土木之功 不以時 伎巧之作 無休日 略計 常時一歲之費 足爲太祖十年之費".

3 《고려사》권93, 최승로 열전, "又及末年 多殺無辜 臣愚以爲 若使光宗 恒思恭儉節用 勤政如初 豈其祿 命不永 纔得享年五十而已哉 其不克終 誠爲可惜也 況自庚申 至乙亥 十六年間 姦兇競進 讒毁大興 君子 無所容 小人得其志 遂至子逆父母 奴論其主 上下離心 君臣解體 舊臣宿將 相次誅夷 骨肉親姻 亦皆翦 滅".

4 이종휘,《수산집》권6, 사론 고사고려유림전론(古史高麗儒林傳論), "盖殷太師之惠我東方 而爲九百年 之文治 其子孫逼於衛滿 南居海上 而舊地遺民 遂爲衛滿朝鮮 然其流風遺俗 至漢四郡二府之際 而猶有可 觀 …… 及新羅之統麗濟 而自布其國俗於東方 其民貿貿不聞先王之政 禮樂文物之懿 …… 高麗王氏起而 承新羅 其爲國 或矯或遵 而出入於兄弟之間 盖至於是而朝鮮箕氏之禮樂 其存無幾耳".

5 이종휘, 《수산집》권6, 사론 여덕왕론(麗德王論), "然無羅代已行之規 則太祖亦何敢刱爲之耶 嘗觀高勾麗史 后妃可紀者頗有之 然無一同姓 其他政令事爲之間 可以推見其文物禮俗者 蓋與新羅之荒陋 相去遠矣 由是而益信箕氏遺民 爲高勾麗 渤海 而新羅乃万方外別國 與朝鮮不相涉 宜乎其人之未聞禮也".

6 이종휘, 《수산집》권6, 사론 여광종론(麗光宗論), "昔麗之光宗 有聽斷之明 文雅之實 其規模施爲 綽有可觀於初政 及雙冀進 而舊人斥退 朝廷以荒 史亦以此譏之謂光宗之病 專在於雙冀之用 嗚呼 此史氏之所不及也 以吾觀之 夫雙冀之進 光宗之盛德也".

7 《고려사》권93, 서필 열전, "今投化人擇官而仕 擇屋而處 世臣故家 反多失所 臣愚誠爲子孫計 宰相居第 非其有也 及臣之存 請取之 臣以祿俸之餘 更營小第 庶無後悔".

8 《고려사》권93, 최승로 열전, "自卽位之年 至于八載 政敎淸平 刑賞不濫 及雙冀見用以來 崇重文士 恩禮過豐 由是 非才濫進 不次驟遷 未浹歲時 便爲卿相 或連宵引見 或繼日延容 以此圖歡 怠於政事 軍國要務 壅塞不通 酒食讌遊 聯綿靡絶 於是 南北庸人競願依投 不論其有智有才 皆接以殊恩殊禮 所以後生爭進 舊德漸衰".

9 이종휘, 《수산집》권6, 사론 여광종론, "人君之善用人者 於親疎皆擧 是以親不必皆進而亦未嘗失其所以爲親 疎未必不用而亦未嘗問於親 於是親疎惟其才進 而國家賴以治平".

10 이종휘, 《수산집》권6, 사론 여광종론, "以吾觀之 夫雙冀之進 光宗之盛德也 昔帝堯之世 亦常用疎遠矣 …… 雙冀中國之人 而其疎遠甚於在下之虞舜 而光宗之擢用 又光於立賢無方之湯 使冀如舜之公擧 使親疎俱不失 則光宗則哲之明 又如何哉".

11 이종휘, 《수산집》권6, 사론 여광종론, "昔帝堯之世 亦常用疎遠矣 夫四岳 放齊 羲 和 共 驩 崇伯 此八九人者 堯之親戚勳舊也 然共 驩 崇伯 堯一朝去之而無難 進用側陋在下之舜 一朝加之於親戚勳舊之上 而羣臣不以爲驟 而天下不以爲異 蓋公聽並觀而擧措已審 不眩於親戚疎遠之名".

12 《고려사》권2, 광종 26년 이제현 사론, "李齊賢贊曰 光宗之用雙冀 可謂立賢無方乎 冀果賢也 豈不能納君於善 不使至於信讒濫刑耶 若其設科取士 有以見光宗之雅 有用文化俗之意 而冀將順以成其美 不可謂無補也 惟其倡以浮華之文 後世不勝其弊云".

3. 인종: 실리 외교와 사대 외교

1 신채호, 〈조선역사상 일천년래 제일 대사건〉, 《조선사 연구초》, 조선도서주식회사, 1929.

2 《신증동국여지승람(新增東國輿地勝覽)》권13, 경기(京畿) 마전군(麻田郡) 사묘(祠廟) 숭의전(崇義殿).

3 이익, 《성호사설》권25, 경사문, 전대군신사(前代君臣祠), "麻田郡崇義殿 祀高麗太祖 惠宗 成宗 顯宗 文宗 元宗 忠烈王 恭愍王 八君 後以過拾宗廟五室之制 去惠成烈愍 只祀四世 以十六臣從祀 …… 然惠宗以下 吾未見其有異政顯功 表示拾後者也 惟仁宗 專心事大 民庶安保 此不可不祀也".

4 이익, 《성호사설》권22, 경사문, 고려사대(高麗事大), "勝國之世 權奸相雄 廢立在握 然傳世三十二 歷年四百七十五 能綿祚不喪者 何也 此莫非事大之力也 自仁宗 專心事金 邊境稍安".

5 이익,《성호사설》권18, 경사문, 여조인종, "至仁宗之世 金國暴興 排羣議 上表稱臣 詞臣應製 或指北朝 爲胡狄 則瞿然曰 安有臣事大國 而慢稱如是耶 遂能世結歡盟 邊境無虞 以此觀之 則仁宗是而太祖不智矣 古帝王 以大事小 亦或有其義在也 況以小事大乎 謀國者宜永鑑哉".

6 《고려사》권17, 인종 24년 2월 김부식 사론 참고.

7 이익,《성호전집(星湖全集)》권17, 서(書), 답홍성원 무인(答洪聖源 戊寅), "石沈二鬼 豈無煩舌於地下 耶 鄰邦之道 戰守和三字而已 戰則不敢 守又不能 只斥和峥嵘 當時諸公 非昧此義 不敢開口 適因事端 僭 言至此 濩自知罪耳 其許多話說 非筆可旣 幸兄爲我藏拙 愼勿露於旁聽也".

8 이들에 대한 이익의 글은《성호사설》에 각각 실려 있다(권14, 양부하梁敷河, 권23, 석성石星 참고).

9 《고려사절요》권8, 예종 12년 3월, "金主 阿骨打 遣阿只等五人 寄書曰 兄大女眞 金國皇帝 致書于弟 高麗 國王 自我祖考 介在一方 謂契丹 爲大國 高麗 爲父母之邦 小心事之 契丹無道 陵轢我疆場 奴隸我人民 屢加 無名之師 我 不得已拒之 蒙天之祐 獲殄滅之 惟王 許我知親 結爲兄弟 以成世世無窮之好 仍遺良馬一匹".

10 《고려사절요》권9, 인종 4년 3월, "召集百官 問宋事大金可否 皆言不可 獨李資謙 拓俊京 曰金 昔爲小 國 事遼及我 今旣暴興 滅遼與宋 政修兵强 日以强大 又與我 境壤相接 勢不得不事 且以小事大 先王之道 宜先遣使聘問 從之".

11 《고려사》권15, 인종 4년 4월, "丁未 遣鄭應文李侯如金 稱臣上表曰 大人垂統 震耀四方 異國入朝 梯航 萬里 況接境之伊邇 諒馳誠之特勤 伏惟 天縱英明 日新德業 渙號一發 群黎無不悅隨 威聲所加 隣敵莫能 枝梧 實帝王之高致 宜天地之冥扶 伏念 臣堉土小邦 眇躬涼德 聞非常之功烈 久已極於傾虔 惟不腆之苞 苴 可以伸於忠信 雖愧蘋蘩之薦 切期山藪之藏".

12 《고려사절요》권8, 예종 12년 3월, "御史中丞金富轍 上疏 以爲 金人 新破大遼 遣使於我 請爲兄弟之國 以成永世和親之計 我朝 不許 臣 竊觀 漢之於凶奴 唐之於突厥 或與之稱臣 或下嫁公主 凡可以和者 無 不爲之 今大宋 與契丹 迭爲伯叔兄弟 世世而通 以天子之尊 無敵於天下 而於蠻胡之國 屈而事之者 乃所 謂聖人 權以濟道 保全國家之良策也".

13 좌구명(左丘明),《춘추좌전(春秋左傳)》, 애공(哀公) 7년, "小所以事大 信也 大所以保小 仁也".

14 이익,《성호사설》권25, 경사문, 회융, "高麗太祖 斥絶契丹 定宗別設光軍司 以禦之 然累世受其虐毒 至 成宗卑遜順事 國以之康寧 及金國暴興 仁宗排羣議 上表稱臣 遂能世結歡盟 邊境無虞 史策是之 豈非春 秋會戎之義耶".

2부 무신정권기 인물론

1. 의종: 의종을 위한 변명

1 《고려사절요》권13, 명종 16년 12월, "十二月 以上將軍崔世輔 同修國事 將軍崔連金富 竝爲禮部侍郎

三人 皆武官也 武官之兼儒官始此 時有人訴重房曰 修國史文克謙 直書毅宗被弑之事 弑君 天下之大惡 宜令武官兼之 使不得直書 克謙聞之懼 密奏於王 王不敢違武臣意 然惡其非舊制 乃下制同修國事 世輔不請 而直以史字改之 由是 毅宗實錄 脫略多不實".

2 《고려사절요》권13, 명종 16년 12월 사론, "史臣曰 史官公萬世之是非 所以垂勸戒於後世 故齊崔杼之 弑莊公也 太史兄弟三人相踵就僇而書者不止 今弑逆之儔將逃惡名 自兼國史而欲滅其跡 不知滔天罪惡 欲蓋而彌彰 不亦愚乎".

3 《고려사》권19, 의종 24년 1월, "二十四年 春正月 壬子朔 王受賀於大觀殿 親製臣僚賀表 宣示群臣 表 曰 三陽應序 萬物惟新 玉殿春回 龍顏慶洽 體一元而敷惠 斂諸藻以大和 是大人道長之初 乃陽德氣萌之 始 恭惟陛下 重高之聖哲 疊羲之聰明 百福是叢 新又新而不息 天齡更固 月復月以無期 …… 常有天神之 密助 每加福慶以川增 開不世之新祥 接王者之一統 臣鄰歸美 史冊有光 生民已來 今日無對……".

4 《동국통감》권25, 고려기, 의종 24년 사론, "古之明君誼辟 雖有高世之見 絶倫之智 尙不以聖 自去後之 庸君暗主 一有小才寸長 自賢自聖 甘爲技能所使 毅宗之親製賀表 其文藻則有之矣 然自讚己德 比之堯舜 禹湯文武 處之不疑 恬不知愧 亦獨何心哉 世之稱人主 華藻浮靡者 必以陳後主隋煬帝爲首 然不過與臣下 賦試學能而已 至於自撰表讚說 則雖二主 亦未嘗觀然爲之 毅宗之失於玆益甚矣 嗚呼 毅宗華藻浮靡之失 浮於陳隋 則雖欲免陳隋之禍敗 得乎 悲夫".

5 이익, 《성호사설》권22, 경사문, 고려의종(高麗毅宗), "其文甚美 詞華高妙 亦幾扵隋廣矣 延福亭酣飮 宴樂 不知禍迫眉睫 又與江都事較近 彼雖凶國之君 豈昏謬之至是 良以諛臣導之 其崇高之言 必曰堯舜聖 神 心旣迷罔 何由自覺 其終至扵自製賀表而不恥 北淵之映 雖欲悔得乎".

6 《동국통감》권25, 고려기, 의종 21년 7월 사론, "苟有一二忠正之臣 因其牖而開導之 王或自稱自省悟 不至於終迷不復矣 惜乎 王所之無人也".

7 《동국통감》권24, 고려기, 의종 5년 4월, "臣等按 今王之言曰 予日視朝 姑勿諫諍何也 王自初政 乃淫 于觀于逸于遊于田 失德旣多 惡聞直言 作爲此說 將欲塞諫諍之路 箝一國之口 侈然自肆 而人莫敢矯其非 也 古人所謂言足以飾非 智足以拒諫者 其毅宗之謂乎".

8 유계, 《여사제강》권9, 의종 5년 4월 사론, "按 孔子論人君一言 喪邦之道曰 唯其言而莫予違 不幾於一 言而喪邦乎 自古人君 未有不從諫而安 非諫而危 從諫而治 拒諫而亂 從諫而興 拒諫而亡 一一若合符契 然 益足知聖人之言不我欺也 毅宗面戒懼工 勿使諫諍 而當時諸臣 皆唯唯而退 未聞有以夫子之言進戒而 明諫者 以矯主而抑諂臣 幾何不淪胥以亡也".

9 《고려사절요》권11, 의종 24년 김양경 사론, "夫前君 崇奉佛法 敬信神祇 別立經色 威儀色 祈恩色 大 醮色 齋醮之費 徵斂無度 區區事佛事神 而姦諛若李復基 林宗植 韓賴 爲左右 憸壬 若鄭諴 王光就 白子 端 爲內宮 阿曲若榮儀 金子幾 爲術士 所幸嬖妾無比 主扵內 希意導志 更相妖媚 利口紛騰 讒言疎絶 變 生轂轂之間 而卒莫之知也 此豈懼其所不懼 不畏其所畏之然耶 且禍亂之初 無一人效死 遞代之後 造僞飾 辭 如此 尤可嘆也".

10 《고려사절요》권11, 의종 24년 9월 김양경 사론, "史臣金良鏡曰 …… 金存中鄭諴等 日夜譖而去之 王 乃代以存中 自是 佞倖日進 忠諫日退 王益縱恣 淫于逸豫 盤遊無度 始以擊毬昵仲夫 臺諫言之而不聽 終

以詞章狎韓賴 武夫憤怨而不悟 卒之韓賴召亂而身死於仲夫之手 朝臣盡殲 蓋其所好終始有異 而其致亂
則一也 故人主所好不可不愼也".

11 《고려사절요》권11, 의종 12년 8월, "太史監候劉元度奏 白州兎山半月崗 實我國重興之地 若營宮闕 七
年之內 可呑北虜 於是 遣平章事崔允儀相風水 還奏曰 山朝水順 可營宮闕 王然之".

12 《고려사절요》권11, 의종 24년 8월 유승단 사론, "史臣俞升旦曰 元首股肱一體相須 故古先哲王視文武
如左右手 無有彼此輕重 所以君明於上而臣和於朝 叛亂之禍無自而作矣 毅宗之初政 規模有可觀者 誠得
忠正之人而輔之 則必有善政 可稱於後世矣".

2. 이공승: 포폄론과 공과론

1 《고려사절요》권11, 의종 12년 7월, "知門下省事申淑 諫議金貽 柳公材 中書舍人洪源滌 起居舍人金于
蕃 右正言許勢修 上疏諫曰 鄭誠之先 在聖祖開創之時 逆命不臣 錮充奴隷 區別種類 使不得列於朝廷 今
授誠顯任 以太祖功臣之裔 反僕役於不臣之類 有乖太祖立法垂統之意 請削誠職".

2 《고려사절요》권11, 의종 11년 11월, "卿等 不聽朕言 朕 食不甘味 寢不安席".

3 《고려사절요》권11, 의종 11년 11월 사론, "史臣曰 宦寺與於縉紳之列 古無其制 王以乳媼之故 溺於私
愛 旣授朝官 又督告身 允儀爲相 公升應淸爲諫官 旣不能正其罪 又從而署之 何也 由是 閹人日盛 若王光
就白子端輩相繼用事 蔽塞聰明 宰相臺諫畏威脅勢 緘默不言 終致晉賢之變 噫".

4 《고려사절요》권11, 의종 12년 6월, "鄭誠 自寡人在襁褓時 辛勤阿保 以至今日 故 除權知閤門祗候 以
酬其勞 已經三載 卿等 不署告身 實非臣子愛君之心 苟不署 若輩皆葅醢".

5 《고려사절요》권11, 의종 12년 6월, "召臺諫 督署誠告身 皆唯唯 李公升猶不奉旨 王責公升曰 汝嘗爲諫
官 旣署誠告身 今反不署 何也 對曰 臣悟昨日之非 故不奉詔 王怒 勑公升歸家".

6 《고려사절요》권11, 의종 12년 7월, "秋七月 申淑 獨詣闕上疏 請削鄭誠職 王曰 古者 未有大臣獨諫者
對曰 自祖聖創垂以來 亦無宦寺拜朝官者 至聖朝始有 之 臣聞此以還 居常憤懣 食不知味 故敢來上請 若
臣言非 請誅 臣是則願賜兪允 王 乃降制 削誠職 布告中外".

7 이익, 《성호사설》권24, 경사문, 이공승, "凡過失 或微細 或私事 人不以大譏厚責者 改亦不難 或立公朝
當大事 誤陷非義 十目十手之所視指 而翻然覺悟 確爾易轍 非君子不能也 余見自古賢達 偶失言行 率多
弥縫周遮 而未聞自暴其失 剝換陰陽者矣".

8 이익, 《성호사설》권20, 경사문, 독사료성패(讀史料成敗), "史者作於成敗 已之之後 故随其成與敗 而
粧點就之 若固當然者 且善多諱過 惡必棄長 故愚智之判 善惡之報 疑若有可微 殊不知當時自有嘉謀不成
拙計偶道 善中有惡 惡中有善也 千載之下 何從而知其是非之真耶".

9 이익, 《성호사설》권24, 경사문, 이공승, "後公升 多順媚上心 同行淫樂 有四角承宣之刺 不能規正昏辟
之失 以至延福之禍 故史臣夷考前後 並與其善而沒 彼誠有以自取者矣".

10 이익, 《성호사설》권24, 경사문, 이공승, "其事凛不可屈 此人臣所當法 …… 然悔改之難 如走阪而住足

墮井而躋身 比始之無過 不啻倍百余 特表而出之以著善惡之不相掩".

3. 명종: 역사적 평가와 도덕적 평가

1 《고려사》, 진고려사전(進高麗史箋), "巨姦迭煽 而置君如碁奕".

2 《고려사》 권20, 명종 27년 9월 사론, "崔忠獻乘釁以起 而王反見放逐 子孫不保 自是 權臣相繼執命 王室之不亡 若綴旒者 幾百年 嗚呼痛哉".

3 《고려사》 권20, 명종 27년 9월 사론, "史臣贊曰 自鄭仲夫李義方義旼等弑毅宗 竊弄國柄 爲明宗計者 當誓心自强 必欲討賊而後已 若曰力不足 則慶大升憤王室之微弱 疾强臣之跋扈 一朝擧義 誅仲夫父子 如獵狐兔 而義旼奉首 鼠竄假息鄉間 此正任用賢良 脩明紀綱 復張王室之秋也 …… 若義旼者 特一匹夫耳 遣一介使 數其弑君之罪 誅而族之 可也 反加招置 驟登爵位使之陵轢王室 殺害朝臣 賣官鬻獄 濁亂朝政 其禍慘矣".

4 다음의 연구를 참고했다.
나만수, 〈고려 명종대 무인정권과 국왕〉, 《성대사림》 6, 성균관대학교사학회, 1990.
채웅석, 〈명종대 권력구조와 정치운영〉, 《역사와 현실》 17, 역사비평사, 1995.
김인호, 〈무인집권기 문신관료와 정치이념과 정책〉, 《역사와 현실》 17, 역사비평사, 1995.
이정신, 〈고려시대 명종 연구〉, 《한국인물사연구》 6, 한국인물사연구소, 2006.
김낙진, 〈고려 무인정권기 명종의 현실인식과 정치운영〉, 《한국사연구》 168, 한국사연구회, 2015.

5 《동국통감》 권26, 고려기, 명종 6년 6월 사론, "顧乃浚巡畏縮逗留 不決者有年 甫當己死 毅廟已弑 明宗之位已定 亂逆之黨 磐據然後 謀動干戈於邦內 構釁生事於他國 其爲計不逆乎 此所謂所擧者 雖義而所擧之時 非也 其所失如此 雖欲免叛國之罪 得乎".

6 안정복, 《순암집(順菴集)》 권10, 동사문답(東史問答), 성호선생서 기묘(上星湖先生書 己卯), "伏見僿說 高麗毅宗之弑 當書皓弑君自立之罪 是時鄭仲夫等擅權廢立 皓也特聽其穿鼻耳 何敢容其手足乎 以此而歸獄於皓 似爲過當".

7 이익, 《성호사설》 권25, 경사문, 신우(辛禑), "毅宗之弑 鄭仲夫李義方為戎首 明宗晻然雖立 尊寵仲夫等 亦不收葬納釜之屍 以位寵聲言 義方等弑君不葬之罪 故五年之後 方始發喪葬之 是不獨仲夫等為逆 史氏當書 晻弑君自立之罪".

8 이익, 《성호사설》 권20, 경사문, 조위총, "明宗雖為逆臣所援立 不過如漢獻帝唐昭宣 受其衙勒 位寵之擧 豈非明宗之所欲耶".

9 여기서 '장찰(臧札)'은 춘추시대 조(曹)나라의 자장(子臧)과 오(吳)나라의 계찰(季札)을 말한다. 즉 두 사람이 왕위를 사양한 절개를 말한 것이다. 자장은 조나라 선공(宣公)이 죽자 제후와 조나라 사람들이 형인 조군(曹君) 대신에 자장을 왕으로 세우려 했으나 사양했다. 계찰은 그의 형인 제번(諸樊)이 왕위에 나갈 것을 권했으나 자장의 고사를 들어 사양하여 절개를 지켰다.

10 유계, 《여사제강》 권10, 명종 6년 사론, "然明宗卽位有年 一國臣民君臣之分 已定 則爲位寵者奈何 明宗爲凶逆所擁立 雖非與聞乎 故未守臧札之節 則聲罪廢黜 更擇令主 固義之正也 若曰 彼亦先君之子 而自無與聞之罪 則於擧兵之初 上表明宗 請鄭仲夫等弑逆之罪 觀兵於上都 蕩折兇渠 復奉明宗 而擇賢以輔之 收葬故君 而立後以祀之 人誰曰不可哉 計不出此 而顧乃徊徨反覆 狼狽失據 義聲未彰 逆名先加者 由其見義不明 而利害之私勝也".

11 안정복, 《동사강목》 권9 하, 명종 6년 3월 사론, "雖云明宗已立 名位已定 晧也 爲賊臣之擁立 未守臧札之節 樂享千乘之位 君廢而不問 君弑而不問 累年不葬 喪制不行則 雖非與聞乎故 是亦兇逆之黨也".

4. 조위총: 충성과 반역의 갈림길

1 《고려사》 권100, 조위총 열전, "側聞上京重房議 以北界諸城 率多桀驁 欲討之 兵已大擧 豈可安坐 自就誅戮 宜各糾合士馬 速赴西京 於是 岊嶺以北四十餘城 皆應之".

2 《고려사절요》 권12, 명종 5년 1월, "頃有賊臣 擅專國政 多行不義 害及中外 以致人心怨叛 干戈發動 至於無知小民 殺傷尤多 朕甚哀憫 其賊臣 已從卿等表奏 擧義掃蕩".

3 《고려사절요》 권12, 명종 5년 10월, "趙位寵 遣徐彦等 如金 上表曰 前王 本非避讓 大將軍鄭仲夫 郎將李義方 弑之 臣位寵 請以慈悲嶺以西 至鴨綠江 四十餘城 內屬 請兵助援 金主 執送彦等".

4 《고려사절요》 권12, 명종 5년 5월, "丙申 發前王喪 百官 玄冠素服三日 壬寅 命內侍十人護葬 陵曰禧 諡曰莊孝 廟號毅宗 位寵 擧兵 聲言義方 弑君不葬之罪故 奉葬禧陵而安其眞於海安寺".

5 이익, 《성호전집》 권8, 해동악부(海東樂府), 입룡요(立龍謠), "六年尹鱗瞻攻西京破之 擒位寵斬之 先是鱗瞻忽聞西京城上謹謀問之 云城上人呼立龍而賀之 鱗瞻曰位寵將死矣 去人與頭 豈可生乎".

6 변태섭, 〈무신정권기의 반무신란의 성격〉, 《한국사연구》 19, 한국사연구회, 1978.

7 《동국통감》 권26, 고려기, 명종 6년 6월 사론, "顧乃浚巡畏縮逗留 不決者有年 甫當已死 毅廟已弑 明宗之位已定 亂逆之黨 磐據然後 謀動干戈於邦內 構釁生事於他國 其爲計不逆乎 此所謂所擧者 雖義而所擧之時 非也 其所失如此 雖欲免叛國之罪 得乎".

8 안정복, 《순암집》 권10, 동사문답, 상성호선생서 을해(上星湖先生書 乙亥), "趙位寵事 麗史已許其擧義 而先生下書 連有所敎 未知何謂 但不見東國通鑑 通鑑筆法或有所異耶".

9 이익, 《성호전집》 권25, 서, 답안백순 병자(答安百順 丙子), "趙位寵事 但見其義 不覺其非 求助於金國 亦惡事成 苟報君讎 此亦可屑爲也 作史豈不難哉".

10 이익, 《성호사설》 권20, 조위총, "今東國通鑑 書以叛賊之例 拎義 恐大謬矣 春秋之義 弑君之賊 人得以誅之 君弑而賊不討 其可緩耶 …… 位寵之事 所謂先發後聞者是已 至拎力不勝而死 則秉筆者當書云 西京留守兵部尚書趙位寵 擧兵討賊 不克死之也 若使其事遂成 當時國論 將以爲如何 …… 位寵之敗 運鑢也 非師曲也 君臣大義 無所逃於天地之間 不計强弱 彰其義聲 卽臣節之致意也 作史者 但以成敗論其得失 用此垂後 不幾拎天地之晦塞耶 可異也".

11 　이익, 《성호전집》 권8, 해동악부, 입룡요, "城上歌立龍 去人去頭渠自知 力屈無奈天 斫頭穿胸所不辭 君弑賊必討 義在必討可但己 聲罪在一擧 功成不成卽餘事".

3부 고려 후기 인물론

1. 정세운·안우·이방실: 홍건적 침입과 정세운 피살

1 　《고려사》 권113, 정세운 열전, "守侍中李嵒曰 今寇賊闌入 君臣播遷 爲天下之笑 三韓之恥 而公首倡大義 仗鉞行師 社稷之再安 王業之中興 在此一擧 惟公勉之 吾君臣 日夜望公之凱還也".

2 　《고려사》 권113, 정세운 열전, "世雲行 擢授中書平章事 位二相三宰之閒 王遣亏達赤權天祐 賜衣酒 世雲附奏曰 諸將有報獲賊者 勿先論賞 臣雖捕獲 不敢數馳報 以煩驛騎 大戰之後 具狀上聞".

3 　《고려사》 권113, 정세운 열전, "今兩相玩寇如此 孰不效耶 若不殲賊 縱竄匿山谷 可得而生 可得而國乎".

4 　《고려사》 권113, 정세운 열전, "摠兵之出師也 言貌甚悔 其及宜矣".

5 　《고려사절요》 권27, 공민왕 11년 1월, "初金鏞 與世雲妬寵 又恐祐芳實得培等 成大功 爲王所重 欲使祐等 殺世雲 因以爲罪 而譖王盡殺之乃矯旨爲書 使其姪 前工部尙書 金琳 密諭祐等 令圖世雲 且曰 世雲素忌卿等 破賊之後 必不免禍 盍先圖之 …… 祐芳實乃退歸營 及夜 復來言曰 討世雲 君命也 我輩成功而不奉君命 其如後患何 有培堅執不可 祐等强之 於是 置酒 使人招致世雲 旣至 祐等目壯士 於座擊殺之".

6 　이익, 《성호사설》 권20, 경사문, 삼수원(三帥寃), "紅頭之變 三帥 終亦被殺 古今冤之 余謂三帥 與有罪焉 何也 鄭世雲之大功 國人共知 金鏞雖矯旨而亦云 世雲素忌卿等 後必不免禍云云 則此邪志 不可從者也 而三人 憑依行胸 其罪大矣".

7 　《고려사》 권40, 공민왕 11년 3월, "摠兵官代予行事 而居下者 敢擅殺之 是不有我也 陵上干犯罪 孰大焉 …… 雖然破賊之功 一時之所或有 無君之罪 萬世之所不容 輕重灼然 有不相掩者 釋此不誅 何以示後 故命有司 將都元帥安祐 元帥得培芳實與閔渙金琳等 明正典刑 尙念舊勞 罪不及孥".

8 　안정복, 《동사강목》 권14 하, 공민왕 11년 1월, "按洪氏汝河曰 乙丑破賊 己巳三元帥殺世雲 庚午露布至行在 則鏞書在捷前矣 設爲王書 王不知其成功 而令殺之 諸將以此 密奏可也 且世雲素忌卿等 盍先圖之 則鏞之情盡露矣 何不置疑 而便殺主將乎 萬世之下 三元帥不得逃其誅".

9 　오운, 《동사찬요》 권6, 정세운·안우·김득배·이방실 열전, "擎天偉烈 曾不旋踵 駢首就戮於賊鏞之手 而王不省悟 宣旨不斬終不之閒 而咫尺擅殺 抑天厭王氏 奪其聰明 以基促亡之兆耶 竊嘗觀之 臨危撥亂 注意乎將 而功蓋一世 旋見疑忌 小人乘時 輒售鬼魅 不曰擁兵謀叛 則必曰軍心盡歸 必使手毀長城 兎死狗烹 而國隨以亡 前車旣覆 今古一轍 惟彼昏庸 不足深責 當時扈從臣之臣 如李巖柳濯洪彦博諸人 豈皆賊鏞之黨 而無一人 出一言以悟主 曾不若爭饋 報功之市街人 讀史至此 孰不掩卷扼腕 而淚滿襟者乎 嗚呼痛哉".

10 유계, 《여사제강》권20, 공민왕 하, 공민왕 11년 2월, "按金鏞之計 固其奸秘 然以愚所見 未必非恭愍使之也 何則恭愍猜忍之主也 素以腹心待鏞 見諸將成不世之功 不無疑畏之心 雖不欲一時誅戮 如鏞所爲者 必有與鏞密議抑制之術 使鏞得以窺測王心 故鏞也乃能投隙 而售其奸爾 使王初無疑忌之心 則鏞雖兎狡 必不敢恣意戕賊 至於此抔也 不然賊鏞旣誅之後 當時奸狀 必盡昭著 王特痛心切齒之不暇 而顧乃涕泣思鏞謂無可悖者 何耶 此事以觀 則當時之事 略可想矣".

11 안정복, 《동사강목》권14 하, 공민왕 11년 2월, "按金鏞殺三元帥 而不書金鏞者 歸罪於王也 兪氏之論 蓋得其實矣".

2. 최영: 요동 정벌과 최영의 음모

1 《고려사》권113, 최영 열전, "死之日 都人罷市 遠近聞之 街童巷婦皆爲流涕 屍在道傍 行者下馬".

2 《신증동국여지승람》권11, 경기 고양군(高陽郡) 능묘(陵墓) 최영묘(崔瑩墓), "奮威匡國鬢星星 學語街童盡識名 一片壯心應不死 千秋永與太山橫".

3 《고려사》권113, 최영 열전, "崔瑩事我玄陵 定亂興王 驅僧北鄙 逮奉上王 却倭寇於昇天 以存社稷 醲群兇於今春 以濟生民 功則大矣 然閣於大體 不顧群議 決策攻遼 獲罪天子 幾至覆國 所謂功不掩罪者也".

4 《고려사》권113, 최영 열전, "諫大夫尹紹宗論瑩曰 功盖一國 罪滿天下 世以爲名言".

5 《고려사》권137, 우왕 열전, 창왕 즉위년 7월, "遣門下贊成事禹仁烈 政堂文學偰長壽如京師 告禑遜位 請昌襲封 兼奏崔瑩興師攻遼之罪 禑表曰 …… 近瑩 因讒臣林堅味等 遂爲門下侍中 擅執軍國之柄 恣行誅殺 從臾興師 將攻遼陽 諸將皆以爲不可 臣竊自念 瑩之至此 實由臣致".

6 이익은 백성들이 최영의 죽음을 애도하는 움직임을 포악한 걸왕(桀王)의 개가 어진 요 임금에게 짖는 것(걸견폐요桀犬吠堯)에 비유했다. 개는 선악을 불문하고 각기 그 주인에게 충성을 다한다는 뜻이다. 최영의 죽음을 애도하는 백성들의 움직임은 개의할 필요가 없다는 뜻으로 이같이 말했다.

7 공자는 난신적자(亂臣賊子)이자 간인(姦人) 소정묘(少正卯)를 대궐문인 양관 아래에서 죽였다(양관지주兩觀之誅). 이익은 공자의 행위를 예로 들어서 최영은 난신적자로서 마땅히 죽어야 한다는 뜻으로 말했다.

8 이익, 《성호전집》권8, 해동악부, 하마시(下馬屍), "崔瑩將軍辦一死 丙鹿運訖無奈時 功盖一時名言在 罪滿天下爾奚爲 殷頑易動桀犬吠 此事未宜輕瑕疵 來來往往人拭淚 下馬鞠跼路傍屍 兩觀雖高名更巍 肆市豈爲忠魂知 湖西尙有土一抔 孩童愚婦指點興嗟咨".

9 이익, 《성호사설》권20, 경사문, 최영공요(崔瑩攻遼), "余考麗史 盖有以也 我太祖威名日盛 顧國中之力 無以抑遏 瑩等却欲藉上國 圖其所欲為 當時大明新之天下 無意外釁 故乃欲生事於邊州 冀激帝怒也".

10 이익, 《성호사설》권22, 경사문, 임염(林廉), "斥絶北元 專意明朝者 崔瑩也 及仁任之竄 瑩猶曰 仁任決謀事大 鎮之國家 功可掩過 然而不旋踵 牢決攻遼之策 方是時 天子盛怒 倭寇三邊 實自全之不暇 以藐爾疲卒 侵擾塞障 於瑩何益 此不過歸罪一人 以塞天子之厚責 故攻遼者 其實將欲嫁禍於太祖也".

11 이익, 《성호사설》권20, 경사문, 최영공요, "後李牧隱之赴京 恐其未還有變 請與太祖同行 太祖曰吾與

公並使 國事誰任 乃以太宗爲書狀 及歸曰帝中無所主之人也 我意帝必問此事 帝之所問皆非我
意也 至今傳者 謂勸帝東征而不聽 故云爾 據此 牧隱諸人之心可知".

12 이익,《성호사설》권20, 경사문, 최영공요, "後趙胖等回自京師曰 我國人坡平君尹彝中郎將李初者 来訴
于帝云 李侍中 某立王瑤爲主 瑤非宗室 乃侍中姻親也 瑤與侍中 謀動兵將犯上國 宰相李穡等 以爲不可
即將李穡曹敏修李琳邊安烈權仲和張夏李崇仁權近李種學李貴生等 殺害 將禹玄寶禹仁烈鄭地金宗衍尹
有麟洪仁桂陳乙瑞慶補李仁敏等 逺流 其在貶宰相等 陰遣我 来告天子 仍請親王 動天下兵来討 向非天子
厭兵 而胖等極力辨別 則王師未必不出矣 向非天子厭兵 而胖等極力辨別 則王師未必不出矣 扵是 宗衍逃
有麟自殺 實有是事 可知瑩之事 亦猶是也 當時綱繆謀議 無所不至 鐵嶺之命 未必非其所搆也".

13 이익,《성호사설》권20, 경사문, 최영공요, "向非天子厭兵 而胖等極力辨別 則王師未必不出矣 扵是 宗
衍逃 有麟自殺 實有是事 可知瑩之事 亦猶是也 當時綱繆謀議 無所不至 鐵嶺之命 未必非其所搆也".

14 심광세는 조선 중기의 문신. 본관은 청송(靑松). 자는 덕현(德顯), 호는 휴옹(休翁). 저서로는 《휴옹
집(休翁集)》,《해동악부(海東樂府)》 등이 있다.

15 심광세,《휴옹집》권3, 해동악부, 공요오(攻遼誤), "愚嘗聞諸祕史於先正 當時我太祖功名日盛 且有李
氏當王之說 瑩實忌之 而無辭加罪 因使攻遼 使得罪於上國 因以除之 遂生此計云 此實大誤 安有空國授
之以兵 而不反中其禍者乎 豈但一身不保而已乎 無乃耄而昏乎".

16 안정복,《동사강목》권16 하, 우왕 14년 4월 참고.

17 안정복,《동사강목》권16 하, 우왕 14년 2월 안정복의 사론, "或云 此時 我聖祖威德日盛 忌功者 謀欲
傾陷 慫恿上國 故今生事之本國 以後日彝初事觀之 是亦或然者也 明祖之旋罷者 又非其本志可知".

18 안정복,《동사강목》권16 하, 우왕 14년 4월 안정복의 사론. "按麗末史 雖多諱秘 不得其詳 以其見于
事者言之 崔瑩之攻遼 牧隱之督昌親朝 此其不可已者乎 後來彝初事 亦甚可疑 彝是尹有麟之從弟也 於是
金宗衍逃 有麟自殺 實有是事 可知矣 當時太祖威名日盛 國中之力 無抑遏 故其綱繆謀議 無所不至 噫其
於天命之有歸何哉".

3. 이숭인: 개혁과 탄핵 정국의 희생양

1 당시 과거시험을 주관한 사람, 즉 고시관(시험관)을 좌주 또는 지공거(知貢擧)라 불렀다. 이때 합
격한 사람은 문생(門生)이라 불렀다. 좌주와 문생은 스승과 제자의 예를 취했으며, 이후 관직생활
에서 서로 커다란 영향을 주고받는 밀접한 관계를 맺었다. 부시험관인 동지공거(同知貢擧)도 과거
합격생들에게 좌주(지공거)에 준하는 예우를 받았다.

2 《고려사》권115, 이숭인 열전, "崇仁誣陷宗親 欲毀人之大倫 其罪一也 母喪三年之內 吉服掌試 啗肉自
若 以毀風俗 其罪二也 奉使上國 身親買賣 與市人爭利 失使臣之節 其罪三也 所司法官奉王命 辨宗親眞
僞 而逆命逃匿 其罪四也 所司劾奏 殿下赦勿問 又降宣麻 優禮待之 而不卽進謝 其罪五也".

3 《고려사》권115, 이숭인 열전, "父母之喪 未滿三年 不得掌試 國家之制也 而崇仁爲散騎常侍 當母憂 求
爲監試試官 而不可以朝服試之故 以常侍高官 降求上護軍 以掌其試 且母死纔踰百日 啗肉自若 以毀人紀
是不孝也".

4 《고려사》 권115, 이숭인 열전, "夫謂崇仁爲不孝者 以其母歿三年之內 爲試員也 然當是時 其父元具 既老且病 命在朝夕 恤恤然 欲及其生 得見其子掌試之榮也 國家重崇仁之才 憫元具之志 俾掌監試 若崇仁苟辭 則是知有死母 而不知有生父也 欲免其身後之謗 而不恤其父當時之志也 故雖內不自安 而黽勉就職".

5 《고려사》 권115, 이숭인 열전, "况我國人 能行三年喪者 萬或有一 國家又設起復之法 以奪其情 若罪崇仁 必求能行三年喪者用之 則是棄萬得一 臣恐殿下不能得人而用之也 不察崇仁愛父之情 累以不孝之名 豈不甚可惜乎".

6 《고려사》 권115, 이숭인 열전, "崇仁讀書登第 盜名一世斬焉 在衰絰之中 諂附林廉 求爲常侍而處華省 又掌國試 夫常侍諫官也不可以公然毁禮 故降求上護軍 爲監試試官 以吉服入文宣王廟 坐明倫堂 啗肉自若 揚揚然榮輝於人 以禽獸之行 導三韓後學之輩 臣等誠恐以不正之學 累殿下惟新之理 故不得不追論之也 權近 反以其掌試 爲孝父 是欺殿下而毁人倫也 近非不知崇仁之犯法毁禮爲有罪 而臣等之論劾爲有理也 但阿私所好 飾詐文非 蒙蔽上聰 欲害所司耳".

7 《고려사》 권115, 이숭인 열전, "崇仁之罪如此 而權近朋比飾詐 欲以掩庇 謀害所司 其罪有甚於崇仁 固不在赦 不宜付相府而更議也 且案罪定法 非宰相之事也 乞下憲司 收其職牒 明正其罪 昌命勿鞫 奪告身 流牛峯縣".

8 이익, 《성호사설》 권11, 모우장시(母掌憂試), "李陶隱崇仁亦一時名勝 然諫臣駁之曰 崇仁當母憂 求為監試試官 母死纔踰百日 啗肉自若 以毁人紀 權陽村近上疏論救曰 崇仁父元具 既老且病 命在朝夕 恤恤然 欲及其生 得見其子 掌試之榮 國家重崇仁之才 憫元具之志 俾掌監試 若崇仁苟辭 則是知有死母 而不知有生父也 彼陽村 儒術中人 而亦為此論 俗尚之難 脫有如此 可慨".

9 안정복, 《동사강목》 권17상, 창왕 즉위년 10월 안정복의 사론, "牧隱 自請爲賀正使 及對天子 奏請親朝 又請王官監國 …… 後來臺臣 論李崇仁之罪 曰循穡奸計 督昌親朝 欲立辛禑云 則其機至此發露 而事勢之緊切 據此可知矣".

10 《고려사》 권115, 이숭인 열전, "恭讓時 諫官論 崇仁與河崙 前爲仁任腹心 後徇穡姦計 以督辛昌朝見 而欲立辛禑 以絶王氏之血食 徙流他郡 彝初獄起 逮繫清州 以水災免 未幾 許從便 召還給告身 除知密直司事同知春秋館事 又以鄭夢周黨 削職遠流 尋卒".

4. 권근: 권근의 행적과 절의론

1 《대동야승(大東野乘)》 〈상촌잡록(象村雜錄)〉(신흠), "權近乃麗末名大夫也 其被罪 一則以牧隱 一則以陶隱 苟使當時安於流放 則其文章名論 烏下於二公 而鷄龍一頌 遽作開國寵臣 哀哉 既降之後 位不滿三司 年未享六旬 所得微矣 其時有譏近之詩曰 白晝陽村談義理 世間何代更無賢 豈不可羞也哉 惟其子姓相承 冕弁不絶 至今猶勝 故人皆曰 陽村陽村 有若有德行者然 甚矣盜也".

2 안정복, 《순암집》 권10, 동사문답, 상성호선생서 경진(上星湖先生書 庚辰) "陽村之化身改迹 實斯文

之羞也 然而當變革之際 碎家覆宗者相望 此時陽村亦不免 而老父在焉 耆老之頌 鷄龍之行 皆出於不得已 云 情或可恕耶 後來陳情表 歷叙其效勞之蹟 必欲錄於原從勳 蓋以前朝舊臣 形迹甚難 欲爲此而解疑謗 其情誠可憐也".

3 〈진정표〉는 1397년(태조6) 12월 권근이 태조에게 올린 글이다(《양촌집(陽村集)》권25, 진정전(陳 情箋) 참고). 그는 이 상소에서 철령위 철회를 위한 표문, 태조 부친 환조(桓祖)의 정릉(定陵) 비문, 개국공신 교서, 종묘의 악장(樂章) 등을 작성한 공로를 들어 원종공신 책봉을 요청했다. 조선은 52 명의 개국공신 책봉 후 개국공신을 도운 사람, 공신의 자손과 국왕 수행에 공이 있는 사람을 원종 공신으로 책봉했다.

4 이익,《성호사설》권21, 경사문, 목은불굴(牧隱不屈), "大抵 麗末人望三人 而陽村不及牧隱 牧隱不及 圃隱 人臣當以圃隱為法 聖朝首先褒崇 有以欤".

5 권근,《양촌집》권17, 서류(序類), 증맹선생시권서(贈孟先生詩卷序), "士君子或出或處 其道無常 要適 於時合於義而已 當世道之降 權姦竊柄 貪墨冒進則賢智之士高蹈遠引 以潛光於寂寞之濱 及世運之方興 政化休美則彈冠振纓 以彙進於王庭之上 爭效智力 以就功業而澤斯民 故賢人君子 必觀世道之污隆 以爲 吾身之出處也 …… 今則明君在上 群賢滿朝 百司庶府皆得其人".

6 《고려사절요》권34, 공양왕 1년 12월, "司憲府上疏 論權近私坏咨文之罪曰 此咨 本國宗社 存亡所關 宜 直付都堂 會宰相開坏 近 乃累日私藏 私自開坏 隱密謀議 漏洩天機 陰謀難測 不忠莫甚 請追身究問 依律 決罪 以戒後人 王命勿問 流遠地".

7 《고려사절요》권34, 공양왕 1년 12월, "臺諫 交章上疏曰 …… 權近 私坏聖旨 先示李琳 又示李穡 其心 不在王氏明矣 …… 止流遠方 不正其罪 則何以懲後世不忠之臣乎".

8 《고려사절요》권34, 공양왕 1년 12월, "臺諫 交章上疏曰 …… 今 穡心亦知其非 於仁任擁立辛氏之際 曾無一言 敏修立昌之時 首倡定策 今年 又欲復立辛禑 其罪 前疏未盡之矣".

9 《고려사》권137, 창왕 원년 9월, "尹承順權近 還自京師 禮部奉聖旨 移咨都評議使司曰 洪武二十二年八 月初八日 本部尙書李原明等官 於奉天門 欽奉聖旨 高麗國中多事 爲陪臣者 忠逆混淆 所爲皆非良謀 君 位自王氏被弑絶嗣 後雖假王氏 以異姓爲之 亦非三韓世守之良法 …… 今高麗 陪臣等陰謀疊詐 至今未寧 設使以逆得之 以逆守之 可乎 若以逆爲常 則逆臣繼踵而事之 皆首逆者敎之 又何怨哉".

10 이 인용문은 명나라《태조고황제실록(太祖高皇帝實錄)》권286, 홍무(洪武) 22년 8월 계묘(癸卯)의 기록이다. 김상기,《신편 고려시대사》, 서울대출판부, 1991, 661쪽에서 재인용했다.

11 김상기,《신편 고려시대사》, 서울대출판부, 1991, 660~665쪽.

12 권근,《양촌집》권32, 상서(上書), "臣近 偕門下評理臣尹承順等 奉昌之命 請親朝覲于京師 禮部尙書李 原名詰責臣等 爾受國王之命而爲宰相 爾不告王而以爵爵私與於人 其人亦無王命而私受之於爾 則國王其 不罪之乎 爾國之主 受帝之命 以承王爵 今不奏請 私與其子 是何禮耶 臣以禍變甚迫 不及聞天對之 然其 回咨 有立異姓爲王 陪臣無賢智者之語 昌之父子 由是失國".

4부 폐가입진론에 연루된 인물론

1. 이색 I: 탄핵의 늪에 빠지다

1 《고려사절요》권34, 공양왕 1년 4월, "我太祖與大司憲趙浚 欲革私田 李穡 以爲不可輕改舊法 持其議 不從 而李琳禹玄寶邊安烈 皆不欲革 以穡爲儒宗 藉其口 以惑衆聽 革復之論未決".

2 《고려사》권115, 이색 열전, "判門下李穡 事我玄陵 以儒宗位輔相 及玄陵薨無嗣 權臣李仁任 自欲擅權 貪立幼主 而穡助議立禑 諸將回軍 議立王氏之際 大將曹敏修 以仁任姻親 欲立子昌 以繼其邪謀 問計於 穡 穡亦嘗以昌爲心 遂定議立之 其子種學 宣言於外戚曰 群牧議立宗室 卒立世子 吾父之力也".

3 《고려사절요》권34, 공양왕 원년 12월, "今穡心 亦知其非 於仁任擁立辛氏之際 曾無一言 敏修立昌之 時 首倡定策 今年 又欲復立辛禑 其罪前疏未盡之矣".

4 《고려사》권115, 이색 열전, "穡曰 回軍議立之際 敏修問穡 宗親與子昌孰當 時敏修以主將領兵還 且與 昌外祖李琳爲族同心 穡不敢違 以禑立已久 當立子昌爲對 無首勸擅立之語".

5 《고려사절요》권34, 공양왕 원년 12월, "李種學獨倡言於人曰 玄陵旣以禑封江寧君 而立府矣 而又天子 爵命禑矣 李太祖舊諱何人 敢違玄陵之命 廢我驪興王乎".

6 《고려사》권115, 이색 열전, "汝國逐父立子 天下安有是理 王與崔瑩 皆被拘囚 是何義耶 予應之曰 崔瑩 教王謀犯遼陽 將軍曹敏修與李太祖舊諱 以爲不可 到義州不敢發 瑩數趣之 不獲已 回兵繫瑩獄 於是 王 怒欲害諸將故 太后廢王 置于江榮 …… 及還 謂侍中李太祖舊諱曰 原明之言 耳可得聞 口不可道 驪興遠 地 迎置近地 可免放君之名 但此語而已 固無迎立之議".

7 《축수편》은 민간설화 등을 수록한 일화집으로 작자나 출간 연도 등은 미상이다.

8 이긍익, 《연려실기술》권1, 태조조고사본말(太祖朝故事本末), 고려정란왕업조기(高麗政亂王業肇 基), "前朝革命時 史筆極有可疑者 如禑昌事是已 若信是昈出 則禑之廢也 當擇宗室之賢 以立之 曷爲棄 諸李穡 穡亦云 當立前王之子 則知禑昌定非辛氏矣 逐睡篇".

9 이긍익, 《연려실기술》권1, 태조조고사본말, 고려정란왕업조기, "或曰 牧隱革命之時 不卽致命 雖未若 圃老之明快 而故其始終 則乃心王氏 畢竟全節之人 …… 然以當立前王之子說 觀之 豈不敢必其王氏可見 若牧隱明知爲辛盹子 則雖不能立 殄於廢 禑亦 豈無擇立王氏 他宗室之議也 此亦可見其微意也 昆侖集".

10 《대동야승》,〈송도기이松都記異〉, 부록(附錄)(이덕형), "近來又有尹相國根壽嘗曰禑乃王氏 而奸臣冒 以他姓 申文貞公欽集中亦曰牧隱當立前王之子 固大臣事也 前王指禑子乃昌也 二公皆文章巨公 博覽今 古 必有所考見 則其言當爲實錄矣 余嘗目擊麗史 常懷憤歎 竊附己意於卷末 以竢能辨之君子".

2. 정도전: 이색 처형을 주장하다

1 《고려사》권119, 정도전 열전, "或曰 穡與玄寶 於行爲前輩 有斯文之雅 故舊之情 子力攻之如此 無乃薄 乎".

2 《고려사》권119, 정도전 열전, "昔蘇軾於朱文公爲前輩 文公以軾敢爲異論 滅禮樂 壞名教 深訶力詆 無少假借 乃曰 非敢攻訶古人 …… 況黨異姓而沮王氏者 祖宗之罪人 而名教之賊魁也 豈以前輩之故而貸之也".

3 《고려사》권113, 이색 열전, "又以儒宗佞佛 印成藏經 擧國爭効 惟恐不及 以誤風俗 使子弟言於人曰 非吾父意 追祖毅之志耳 是則陷父於異端 而不之恤也".

4 《고려사》권119, 정도전 열전, "竊謂 刑之大者 莫甚於篡逆 其沮王氏而立子昌 迎辛禑而絶王氏者 篡逆之尤 亂賊之魁也 苟免天誅 今已數年矣".

5 《고려사》권119, 정도전 열전, "或曰 陳恒州吁 身行弑逆者也 稽與玄寶 未嘗弑也 比而同之 不亦過乎 又安知誣其罪而誤蒙也 …… 今黨異姓 而廢王氏之宗祀者 實胡氏所謂 移其宗廟 而滅同姓也 其罪亦不止於弑也".

6 《고려사》권119, 정도전 열전, "若曰 所謂罪人 有儒宗焉 有連婚王室者焉 其法有難議者也 則昔林衍廢元王 立母弟涓 衍先定其謀 而後告侍中李藏用 藏用不知所爲 但曰 唯唯而已 後元王反正 以藏用位居上相 不能寢其謀禁其亂 廢爲庶人 今李穡之爲儒宗 孰與藏用 其首唱邪謀 沮王氏而立子昌者 孰與藏用 但唯林衍之謀而已".

7 《고려사》권119, 정도전 열전, "或曰 穡之言曰 禑雖旽子 玄陵稱爲己子 封江寧大君 又受天子誥命 其爲君成矣 又旣已爲君矣而逐之 大不可也 此其說 不亦是乎".

8 《고려사》권119, 정도전 열전, "則曰 王位太祖之位也 社稷太祖之社稷也 玄陵固不得而私之也 …… 聖賢之心以爲 土地人民 受之先君者也 時君不得私與人也 …… 玄陵豈以太祖之位之民 而私與旽之子乎".

9 《고려사》권119, 정도전 열전, "又天子誥命 一時權臣 以爲玄陵之子 欺而受之也 後天子有命曰 高麗君位絶嗣 雖假王氏 以異姓爲之 亦非三韓世守之良謀 又曰 果有賢智陪臣 定君臣之位 則前命之誤 天子亦知而申之矣 安敢以誥命藉口乎".

10 《고려사》권119, 정도전 열전, "或曰 其謀迎辛禑者 正子昌在位之時 雖無辛禑之迎 王氏安得復興乎 其曰迎辛禑而絶王氏 以罪加之之辭也".

11 《고려사》권119, 정도전 열전, "當是時 忠臣義士奉天子之命 議黜異姓 以復王氏 僞辛之黨 先得禮部咨 知天子之有命 忠臣之有議 謂子昌幼弱 謀立其父 以濟其私 此非謀迎辛禑而絶王氏乎".

12 《고려사》권119, 정도전 열전, "或曰 子已上牋辭免 獻書殿下 論執罪人 又告廟堂 無乃已甚乎 必若是言 …… 誠以弑逆之賊 人人之所得誅 而天下之惡一也 且在魯而不忍在齊之賊 況在一國而忍一國之賊乎 從大夫之後 而不忍隣國之政 況在功臣之列 而忍王室之賊乎".

13 《고려사》권119, 정도전 열전, "昔高宗封武才人爲后 褚遂良許敬宗 同爲宰相 遂良力言不可 卒至戮死 敬宗順高宗之旨曰 此陛下之家事耳 非宰相所得知也 高宗用敬宗之言 卒立武后 敬宗終享富貴 五王同議 反正 同受戮死 無一異焉 自今觀之 敬宗之詐得 而遂良與五王失矣 然敬宗一時之富貴 欻爾若飄風過耳 泯然無迹 遂良五王之英聲義烈 輝映簡策 貫宇宙而同存 愚雖鄙拙 恥敬宗而慕遂良".

14 《대동야승》, 〈상촌잡록〉(신흠), "自唱自和 有同鬼語 事係廢立 人莫敢言 機穽之慘 未有甚於此時".

3. 이색 II: 이색을 위한 조선 역사가의 변론

1   나중에 안정복은 스승 이익의 요청에 따라《성호사설》을 다시 축약해서 정리한《성호사설유선(星湖僿說類選)》(이하《유선》)을 편찬했다. 그는《유선》에서〈목은대절〉편에〈목은불굴〉편을 주석으로 포함시켰다. 또한《유선》의〈우계마〉편에〈우금지무〉편을 주석으로 포함시켰다(《성호사설유선》권8 상, 경사편(經史編) 5, 논사문(論史文) 2 참고).

2   이익,《성호사설》권21, 경사문, 목은불굴, "省擊臺彈直到今 烏川奇禍駁人心 往來屑屑何妨事 更感松軒愛我深"(이색,《목은시고(牧隱詩稿)》권35, 금주음(衿州吟), 우제(偶題)에 원수록).

3   이익,《성호사설》권21, 경사문, 목은불굴, "中庸大學學曾思 人道瀛王是汝師 長樂遲來非獨我 有誰重賦去來辭"(이색,《목은시고》권35, 장단음(長湍吟), 기선랑제형(寄省郎諸兄)에 원수록).

4   이익,《성호사설》권21, 경사문, 목은불굴, "自比拾戮人賤夫者 雖其自傷之甚也 而乘輴入覲 不免苟活之譏 則謂之不屈則未也 立節則未也".

5   이익,《성호사설》권21, 경사문, 목은불굴, "此等口氣 有未可以已者耶 畢竟燕子灘舟中 悔莫及矣 大抵麗末人望三人 而陽村不及牧隱 牧隱不及圃隱 人臣 當以圃隱為法 聖朝首先褒崇有以狀".

6   《대동야승》,〈상촌잡록〉(신흠), "麗末諸賢被禍 有數端 一指牧隱 一指中朝有言立異姓云 立昌當爾 固大臣道也 中朝所言 實不出於中朝 乃其時二心者做出也 自唱自和 有同鬼語 事係廢立 人莫敢言 機穽之慘 未有甚於此時".

7   《대동야승》,〈송도기이〉, 부록(이덕형), "麗朝節義之臣 圃隱鄭公捐軀於未亡之前 牧隱李公 麟齋李公種學 陶隱李公崇仁 草屋子金公震陽 皆畢命於改社之後 掌令徐公甄 國破退而終老 冶隱吉公再 抗疏不仕 七人而已".

8   《고려사》권115, 이색 열전, "穡嘗語人曰 昔晉元帝 入繼大統 致堂胡氏 以爲元帝姓牛 而冒續晉宗 東晉君臣 何以安之 而不革也 必以胡羯交侵 江左微弱 若不憑依箸葉 安能係屬人心 舍而創造 難易絶矣 此亦乘勢就事 不得已 而爲之者也 穡於立辛氏 不敢有異議者 亦此意也".

9   이익,《성호사설》권18, 경사문, 목은대절, "然而牧老 又必舉此為證 何也 當是時 辛氏父子 不過為孤雛腐鼠 而宗親亦多 更何憑依之有哉 或者當時之事 有不可以明言之故 託此為說耶 後人 或因此為是非之真 則可謂 癡人前 不可說夢也 今有一言 可以斷之 古人 必拾有過中 求無過 牧老平生 大節既云卓絶 其拾言語差失 不宜竟疵 至此".

10   송시열,《송자대전(宋子大全)》권171, 목은비음기(牧隱碑陰記), "此二者 似涉曲筆 豈當時佐命諸公 欲藉先生 重以成廢昌之爲正也歟".

11   이익,《성호사설》권22, 경사문, 우계마, "如麗末辛禑之廢 牧隱曰 當立前王之子 拾是立昌 以辛而廢 更立辛無疑 何也 牧雖妄發 立之者 非牧 前此廢之者 獨不可違之乎 …… 當時王姓布在 何不簡扱之而必推已廢之孺子乎 是時 禍尚在父在廢 而子為王 與元帝 迥別矣".

12   이익,《성호사설유선》권9 하, 경사편 8, 경서문(經書門) 5, 목은도생(牧隱逃生), "余於國初辛禑事 竊有疑焉 牧隱雖曰言重 若果以辛氏而廢 則豈合從其意 復立其子 力足以廢之 獨不可沮之耶 其廢也 曹敏

修與焉 而立昌者 又敏修也 此又何也 余謂廢也 爲北伐也 其時雖有辛氏之說 皆私相酬答 而非明正說出 故昌立而亦皆寂然 據史書可見".

13 이익,《星湖僿說類選》권9 하, 경사편 8, 경서문 5, 목은도생, "事勢一傾 權有所歸 轉輾層激 口舌益繁 鼓煽和附 牢不可破 史家依此筆削 以垂後世 不復可以識別矣 當廢黜之際 何不以非劉 倡作大義 明告四 方 若然則當立前王子之論 牧隱 亦不敢發矣 旣黜而復行洪武年號 則必奏聞上國 此時無此語 至昌立然後 藉口而廢之 何也".

4. 우왕: 조선왕조판 '역사 바로 세우기'

1 《고려사》권133, 신우 열전, "辛禑小字牟尼奴 旽婢妾般若之出也 或云 初般若有身滿月 旽令就友僧能祐 母家産 能佑母養之 未期年兒死 能祐恐旽讓 旁求貌類者 竊取隣家隊卒兒 置諸他所 告旽曰 兒有疾 請移 養 旽諸 居一年 旽取養于家 …… 恭愍王常憂無嗣 一日微行至旽家 旽指其兒曰 願殿下 爲養子以立後 王 睨而笑不荅 然心許之".

2 《고려사》, 진고려사전, "降僞辛於列傳 所以嚴僭竊之誅".

3 《고려사》, 찬수고려사범례(纂修高麗史凡例), "辛禑父子 以逆旽之孼 竊位十六年 今準漢書王莽傳 降爲 列傳 以嚴討賊之義".

4 《고려사》권61, 지제(志第) 15, 예(禮) 3, 길례대사(吉禮大祀), 제릉(諸陵), 공양왕 2년 정월, "惟我太 祖 統合三韓 四百餘年 傳至恭愍王 不幸無子而薨 辛禑父子 得奸王位 其禍 不減王莽 殿下 受命中興 同 符光武 而入承大統 以奉祖宗之祀".

5 《고려사》권119, 정도전 열전, "昔漢成帝時 日有食之 言者皆以爲外戚用事之象 成帝疑之 問於張禹 以 身老而子孫微弱 恐得禍於外戚 不明言其故 卒使王莽移漢鼎".

6 《고려사》권119, 정도전 열전, "竊謂 刑之大者 莫甚於篡逆 其沮王氏而立子昌 迎辛禑而絶王氏者 篡逆 之尤 亂賊之魁也 苟免天誅 今已數年矣".

7 이익,《星湖僿說》권25, 경사문, 신우, "鄭獜趾 高麗史 以辛禑父子 入扵叛逆列傳 其義不公 綱目旣云 秦始皇非嬴 晉元帝非馬 猶不去位號 若別作秦晉之史 此兩君 當在叛逆之科耶".

8 이익,《星湖僿說》권25, 경사문, 신우, "王莽身行篡逆 國不傳世 故不在本紀 若使莽子孫長世 其將何以 處之 叛者 叛國也 逆者 弑逆也 彼則先王以爲己子 父傳而子承 其心中 豈有一毫萌不善 意謂之叛逆 其可 忍耶".

9 이익,《星湖僿說》권25, 경사문, 신우, "如趙位寵 據西京稱兵 爲尹鱗瞻擒斬 麗史不在叛逆之傳 毅宗之 弑 鄭仲夫李義方爲戎首 明宗雖雖立 尊寵仲夫莘 亦不收葬納釜之屍 以位寵聲言 義方弑君不葬之罪 故 五年之後 方始發喪葬之 是不獨仲夫莘爲逆 史氏當書 晧弑君自立之罪 位寵何過焉 麗史差强人意".

10 안정복,《東史綱目》수권(首卷), 범례(凡例), 채거서목(採據書目), "我太祖受命天也 非人也 獨恨當時 史官失職 後之修者 識見不明 凡權度予奪 不能一循天理之公 而事實之黑白 人物之醇疵 亦或用其私意 往往其言 自相矛盾 通鑑於此一無證正 吳氏俞氏 區區欲存一二筆削於其間 雖於大義有見 然宏綱大目 猶

未盡正遷就補綴 終於苟而已 今是書 一稟朱子綱目 故高麗之紀 止于恭愍 竊倣綱目不終周紀之義云 按此 說 致疑於王辛之別 難於質言而然也".

11 안정복,《순암집》권9, 여정자상별지 계묘(與鄭子尙別紙 癸卯), "鄭史麗末誣筆 可謂一口難說 我朝受 命 天與人歸 何關於禑昌王辛之辨 而浚道傳輩必欲擠陷舊臣而倡此論也 牧老冶隱是百代儒宗 而何以倡 立前王子之論 亦何以爲禑方喪三年乎 據此可知矣".

5. 창왕: 왕과 폐가입진

1 《고려사》권45, 공양왕 총서, "辛昌元年 十一月 丁丑 大護軍金佇 與禑謀作亂 事覺下佇獄 戊寅 遷禑于 江陵 我太祖與判三司事沈德符 贊成事池湧奇鄭夢周 政堂文學偰長壽 評理成石璘 知門下府事趙浚 判慈 惠府事朴葳 密直副使鄭道傳 會興國寺 大陳兵衛 議曰 禑昌 本非王氏 不可以奉宗祀 又有天子之命 當廢 假立眞 定昌君瑤 神王七代孫 其族屬最近 當立".

2 《고려사절요》권34, 창왕 원년 9월. "君位 自王氏 被弑絶嗣 後雖假王氏 以異姓爲之 亦非三韓世守之良 謀".

3 《고려사》권45, 공양왕 1년 12월 계해(癸亥), "王詣孝思觀 以誅禑昌 告于太祖 祝文曰 …… 越六日甲 申 率百官 告反正于祖廟 存禑昌 待天子命 諫臣思忠等請誅禑昌曰 春秋之法 亂臣賊子 人得而誅 先發後 聞 不必士師 繼而司宰副令李宗上言 二兇 祖宗罪人 王氏臣子 不共戴天之讎 不可一日而置王氏之地上 臣感其言 下其書於都堂 咸請如諫臣等議 臣於是 誅禑于江陵 誅昌于江都 旣正其罪".

4 《고려사》권137, 우왕 열전, 창왕 즉위년 7월, "臣在蒙幼 先臣恭愍王顧薨逝 惟賴祖母洪氏訓誨 又不幸 而祖母亡 …… 近璽 因誅權臣林堅味等 遂爲門下侍中 擅執軍國之柄 恣行誅殺 從夷興師 將攻遼陽 諸將 皆以爲不可 臣竊自念 璽之至此 實由臣致 慚懼殞越 無所逃罪 況臣素嬰疾病 國事且繁 情願閑居頤養 謹 依臣高祖忠烈王昛 曾祖忠宣王謜 祖父肅王燾三代退位於子故事 於洪武二十一年六月初八日 令臣男昌 權行勾當".

5 《고려사》권120, 오사충 열전, "李種學獨倡言於人曰 玄陵旣以禑封江寧君 而立之府矣 而又天子爵命禑矣 李太祖舊諱何人 敢違玄陵之命 廢我驪興王乎".

6 이색,《목은문고(牧隱文藁)》권14, 광통보제선사비명병서(廣通普濟禪寺碑銘幷序), "尊中國 謹候度 天下之達禮也 事聖善 盡子職 天下之至孝也 立元良 端國本 天下之大計也 折衝禦侮 天下推其智 議獄緩 刑 天下重其恕 振窮恤患 天下感其惠 放生禁殺 天下歸其仁 至於正雅樂 辨服章 講朝儀 興禮俗 蔚然一代 之盛".

7 이긍익,《연려실기술》권1, 태조조고사본말, 고려정란왕업조기, "麗史所興奪 皆未可信 末年事跡 尤 乖謬 此雖局於諱避 然專信之書 豈容盡沒其實 而覆蓋之也 如立昌見禑送彛初 三件事 爲大罪案 元臣故 顚頓流落 卒移其國 彼道傳也 紹宗也 浚也 其無天哉 爲高麗史者 鄭麟趾 爲世宗文宗 兩朝所春注 致爲宰相 而耋爲弑逆之賊象村集".

8 《대동야승》,〈송도기이〉, 부록(이덕형), "禑 實恭愍王之子 無疑矣 當其麗運將訖 王綱已解 將相分門

各擁私兵 國勢方岌岌矣 彼趙浚鄭道傳輩 急於富貴 陰謀易置 而顧念五百年宗社傳緒旣久 若不以非常之
惡 加於君父 眩惑聽聞 則無以革命 始倡冒姓之說 遂成冒姓之醜 竟使二十年臣事之君 父子駢首就死 人
理滅矣 可勝痛哉".

9 이익, 《성호사설유선》 권9 하, 경사편 8, 경서문 5, 목은도생, "余於國初辛禍事 竊有疑焉 牧隱雖曰言
重 若果以辛氏而廢 則豈合從其意 復立其子 力足以廢之 獨不可沮之耶 其廢也 曹敏修與焉 而立昌者 又
敏修也 此又何也 余謂廢也 爲北伐也 其時雖有辛氏之說 皆私相酬答 而非明正說出 故昌立而亦皆寂然
據史書可見".

5부 조선에서 부활한 고려 인물론

1. 최치원: 고려와 만난 최치원

1 이규보, 《동국이상국집(東國李相國集)》 권22, 당서불립최치원열전의(唐書不立崔致遠列傳議), "按唐
書藝文志 載崔致遠四六一卷又桂苑筆耕二十卷 自注云 高麗人 賓貢及第 爲高駢淮南從事 予讀之 未嘗不
嘉其中國之曠蕩無外 不以外國人爲之輕重 而旣令文集行於世 又載史如此者 然於文藝列傳 不爲致遠特
立其傳 予未知其意也 若以爲其行事不足以立傳 則崔孤雲年十二 渡海入中華游學 一擧甲科及第 遂爲高
駢從事 檄黃巢 巢頗沮氣 後官至都統巡官侍御史 及將還本國 同年顧雲贈儒仙歌 其略曰 十二乘船過海來
文章感動中華國 其迹章章如此 …… 若以外國人 則不見于志矣 又於藩鎭虎勇 則李正己 黑齒常之等 皆
高麗人也 各列其傳 書其事備矣 奈何於文藝 不爲孤雲立其傳耶 予以私意揣之 古之人於文章 不得不相
嫌忌 況致遠以外國孤生入中朝 蹛躒時之名輩 是近於中國之嫌者也 若立傳直其筆 恐涉其嫌 故略之歟 是
予所未知者也".

2 김부식, 《삼국사기》 권46, 최치원 열전, "初我太祖作興 致遠知非常人 必受命開國 因致書問 有雞林黃
葉 鵠嶺靑松之句 其門人等 至國初來朝 仕至達官者非一 顯宗在位 爲致遠密贊祖業 功不可忘 下敎贈內
史令".

3 안정복, 《순암집》 권10, 동사문답, 상성호선생서 정축(上星湖先生書 丁丑), "愚於崔孤雲事 竊有疑焉
孤雲以羅室重臣 潛託麗朝 有黃葉靑松之句 今慶州有上書庄 亦可醜也 到顯宗世 竟以此爲功而封爵焉 實
有其事故也 且三國遺事 以麗祖答甄萱書 爲孤雲作此書 本荒誕難信 然至若如此事者 則亦必有流傳而言
者矣 …… 孤雲東國之望也 以一國之望 而其事如此 則豈不爲賢者之一大眚乎 若本 朝之陽村輩 恐當一
例 伏乞更賜指敎".

4 안정복, 《동사강목》 권5 하, 효공왕 2년 11월 안정복 사론, "孤雲之於新羅 歷仕四朝 位至阿飡 史雖云
迍遭蹇連 亦可謂寵任之至矣 弓裔爲羅室叛賊 而麗祖爲其徒 則是亦叛賊也 雖其龍姿鳳質 雄圖遠猷 有帝
王之像 開創之兆 於我心益復慨慨 何忍獻書納交 矜其先知之明乎 …… 後日 高麗顯宗 以孤雲密贊祖業
功 不可忘贈諡褒獎 是於孤雲 果有光乎".

5 안정복, 《동사강목》권5 하, 효공왕 2년 11월 안정복 사론, "孤雲文章動世 而竟作麗朝功臣 士之讀書 貴知義理 義理至此 果安在哉 …… 然而於唐於羅驥足未展 而沈鬱頓挫 逸氣難抑 矜少有才 而未聞大道 不自重而終累輕脫 古人云 文士寡守 其孤雲之謂乎".

6 참고로 〈난랑비〉의 내용은 다음과 같이 《삼국사기》에 기록되어 있다. "崔致遠鸞郎碑序日 國有玄妙 之道 曰風流 設教之源 備詳仙史 實乃包含三教 接化群生 且如入則孝於家 出則忠於國 魯司寇之旨也 處 無爲之事 行不言之教 周柱史之宗也 諸惡莫作 諸善奉行 竺乾太子之化也"(《삼국사기》권4, 신라본기 (新羅本紀) 진흥왕 37년).

7 이익, 《성호사설》권18, 경사문, 최문창(崔文昌), "夫配享先聖 若但以功而已 則漢之蕭曹 當先之矣 崔 是新羅大臣 已有密贊之志 涉乎悖逆 而為不臣矣 況其言 不過在讖緯圈套 何足尚也 其撰鸞郎碑曰 包含 三教 接化羣生 入則孝 出則忠 魯司寇之旨也 處無爲之事 行不言之教 周柱史之宗也 諸惡莫作 諸善奉行 竺乾太子之化也 鸞郎者 花郎也 花郎之鄕蝶 甚矣 雖有德義之士 豈肯屈於其間 其見識之卑劣 如此 況並 尊老佛為異端 敗教之首 顧何與於斯文 而崇奉之至此".

8 이익, 《성호사설》권16, 인사문(人事門), 종사(從祀), "前朝之從祀文廟者 薛弘儒 以方言解義 崔文昌 以密贊王業 咸非之論".

9 이익, 《성호사설》권18, 경사문, 최문창, "退溪嘗曰 吾見其佞佛之書 未嘗不心痛 彼其神豈敢安於兩廡 之享 此己有之論 今人於退溪事 事尊仰之不暇 而獨不採此言 未知何也".

10 안정복, 《동사강목》권7 상, 현종 11년 8월, "李子曰 崔孤雲 全身是佞佛之人 濫廁祀列 其身豈敢受享 乎 又曰 每見其佛疏等作 未嘗不心惡 而痛絶之 與享文廟 豈非辱先聖之甚".

11 《고려사》권4, 현종 11년 8월, "丁亥 追贈新羅執事省侍郎崔致遠內史令 從祀先聖廟庭".

12 《고려사》권5, 현종 14년 2월, "丙午 追封崔致遠爲文昌侯".

2. 김득배: 정몽주의 스승 김득배

1 오운, 《동사찬요》권6, 정세운·안우·김득배·이방실 열전 사론, "按 高麗氏四百年來 外敵之患 如契丹 蒙兵 雖連歲侵軼 而其長驅屠噉 未有若紅巾之禍者 乘輿奔竄於嶺表 京城淪沒爲賊窟 一朝迅掃 三韓再造 恭愍所謂 割肌膚 尚不能報者".

2 《고려사절요》권35, 공양왕 3년 3월, "中郎將房士良 上時務十一事 …… 十一曰 勳烈之臣 萬世社稷之 柱石也 願自今 凡功在王室 忠在社稷 不幸而陷刑戮 致隕命者 如安祐李芳實金得培朴尚衷等 追加褒贈 特賜小牢 以慰貞魂 王深納之".

3 이익, 《성호사설》권23, 경사문, 김득배(金得培), "得培與鄭世雲安祐李芳實 平紅頭賊 時金鏞欲殺世雲 矯詔使三人 殺世雲 安李謀於得培 得培不從 安李竟殺世雲 而鏞又歸罪於三人 殺之".

4 《고려사》권113, 안우 열전, "得培曰 今甫平賊 豈宜自相剪滅 昔攘苴擅誅莊賈 衛靑不殺蘇建 古今明鑑 不可不愼 若不獲已 執致闕下 聽上區處 不亦可乎 祐芳實乃退 及夜復來言曰 誅世雲 君命也 我輩成功而 不奉命 其如後患何 得培堅執不可 祐等强之 於是置酒 使人邀世雲 旣至 祐等目壯士 於坐擊殺之".

5 《고려사》 권113, 안우 열전, "王聞變 遣直門下金瑱頒赦 令諸將赴行在 以安其心 旣而福州守朴之英 言于宰相曰 芳實獨殺世雲 祐等亦遇害 王恐生他變 卽召瑱還 將調兵討之".

6 이익, 《성호사설》 권25, 전대군신사, "以十六臣從祀 卜智謙 洪儒 申崇謙 庾黔弼 裵玄慶 徐熙 姜邯賛 尹瓘 金富軾 金就礪 趙冲 金方慶 安祐 李芳實 金得培 鄭夢周 是也 …… 從臣中 如趙冲金富軾安祐 皆可黜 且諸人 皆以戰切 惟圃隱取其炳節 其拎文敎 …… 如金得培 不但武切 圃隱之受業者 其必有可觀矣".

7 이익, 《성호사설》 권23, 경사문, 김득배, "我國之儒學 祖拎鄭圃隱 圃隱 高麗元帥金得培之門人".

8 《고려사》 권113, 김득배 열전(안우 열전 부전附傳), "金得培 尙州人 …… 得培父祿 仕至判典醫 初州吏金祚有女曰萬宮 生七歲 祚避丹賊 趣白華城 追兵近 蒼黃棄萬宮于道 旣三日 得之林下 萬宮言 夜有物來抱 晝則去 人皆驚異跡之 乃虎也 及長 適州吏金鎰生祿 得培登第 補藝文檢閱 累遷典客副令 從恭愍入元宿衛 及王卽位 授右副代言 六年爲西北面紅頭倭賊防禦都指揮使 尋拜樞密院直學士 仍爲西北面都巡問使兼西京尹上萬戶".

9 《고려사》 권39, 공민왕 8년 6월, "丁亥 定誅奇轍功臣 下敎曰 …… 簽書樞密院事金得培 樞密院副使金元鳳 工部尙書金琳 判司天監事陳大緒 判太僕寺事金濟 上將軍金元命李云牧 前大府卿文璟 將軍朱永世 內侍監方節朶赤帖木兒 中郎將張必禮 爲二等".

10 《고려사》 권113, 김득배 열전(안우 열전 부전), "嗚呼皇天 我罪伊何 嗚呼皇天 此何人哉 盖聞 福善禍淫者 天也 賞善罰惡者 人也 天人雖殊 其理則一 古人有言曰 天定勝人 人衆勝天 天定勝人 果何理也 人衆勝天 亦何理也 往者 紅寇闌入 乘輿播越 國家之命 危如懸線 惟公首倡大義 遠近嚮應 身出萬死之計 克復三韓之業 凡今之人 食於斯寢於斯 伊誰之功歟 雖有其罪 以功掩之 可也 罪重於功 必使歸服其罪 然後誅之 可也 奈何汗馬未息 凱歌未罷 遂使泰山之功 轉爲鋒刃之血歟 此吾所以泣血 而問於天者也 吾知其忠魂壯魄 千秋萬歲 必飮泣於九泉之下 嗚呼 命也如之何 如之何".

11 이익, 《성호사설》 권23, 경사문, 김득배, "惟門人鄭某 收其屍云 得培雖爲元帥 文科出身 不從安李之謀 則直己而行者也 有門生 不負平生之鄭圃隱 則有敎授者也 文能致身 武能樹勳 其人可知 圃隱之後來樹立 豈非有授受也耶 圃隱內有襲明之遺烈 外有得培之培養 謚曰文忠 不亦宜乎 今人知尊文忠 而不知有得培 故著之".

3. 길재: 조선에서 주목받은 길재

1 이재호, 〈길야은 절의고—려말 삼은 시비에 대한 검토〉, 《길야은연구논총》, 서문문화사, 1996.

2 이색, 《목은시고》 권35, 장단음, "門生吉注書 須次于家 携老少還善州來別 一宿而去 從游泮水號通經 及第注書雙鬢靑 辭我携家故鄕去 且聆吾語若丁寧 讀書須踐故人跡 對策要登天子庭 軒冕倘來非所急 飛鴻一箇在溟溟".

3 《정종실록》 권5, 정종 2년 7월 2일, "臣本寒微 仕於辛氏之朝 擢第至門下注書 臣聞女無二夫 臣無二主 乞放歸田里 以遂臣不事二姓之志 孝養老母 以終餘年".

4 《정종실록》 권5, 정종 2년 7월 2일 참고.

5 《정종실록》권5, 정종 2년 7월 2일, "且節義 天地之常經 莫不受之於有生之初矣 然其誘於功利 淫於爵祿 不能皆有以全之也 辛氏之亡已久 無子孫之可托矣 再也能爲舊君 守其節義 等功名於浮雲 視爵祿於弊屣 若將終身於草野 亦可謂忠烈之士矣".

6 권근,《양촌집》권31, 수창궁재상서(壽昌宮災上書), "王者擧義創業之時 人之附我者賞之 不附者罪之 固其宜也 及大業旣定 守成之時則必賞盡節前代之臣 亡者追贈 存者徵用 優加旌賞 以勵後世人臣之節 此古今之通義也 …… 然在革命之後 尙爲舊君守節 能辭爵祿者 唯此一人而已 豈非高士哉 宜更禮召 以加爵命 苟守前志 尙未克來 卽令其州旌門復戶 以光盛朝褒賞節義之典".

7 권근,《양촌집》권20, 제길재선생시권후서(題吉再先生詩卷後序), "今先生當世代遷革之後 無所爲而劤忠也 能爲舊君守義 而不虧其臣節 當蔬衰哀疚之中 易以妄而塞悲也 能喪母盡禮 而不陷於異端 爲臣之忠 爲子之孝 平生大節 卓卓如此 講學之正 信道之篤 所見之卓 所守之確 何其至矣 嗚呼 有高麗五百年培養敎化以勵士風之効 萃先生之一身而收之 有朝鮮億萬年扶植綱常以明臣節之本 自先生之一身而基之 其有功於名敎甚大".

8 이익,《성호사설》권18, 경사문, 길야은(吉冶隱), "吉冶隱 再拎恭靖朝 召至拜官 不受上疏辭 太宗白拎恭靖而許之 其疏曰 臣仕拎辛朝云云 與李密少事僞朝者 語近而旨別 一進一退也 君子拎是乎 不以深咎".

9 이익,《성호전집》권24, 답안백순 갑술(答安百順 甲戌), "冶隱召至京辭官 其義烈 可謂拄天地貫日月矣".

10 이익,《성호사설》권17, 인사문, 불문유기월(不聞有忌月), "吉冶書再 親忌 則終其月疏食飮水 退溪聞之 曰此一種 篤行之士爲之 若爲人人可行之法 則不可 大意如此".

11 이익,《성호전집》권8, 해동악부, 효심행(效心行), "世宗卽位 召子弟之可用者 子師舜將赴召 公曰君先乎臣 三代以後蓋罕聞也 汝在草萊 君先召之 其恩其義 非他泛然爲君之比 汝當效我向高麗之心 事汝朝鮮之主 公疾革 妻申氏告以招師舜 公曰君父一也 旣往君矣 聞訃而來可也 卒年六十七 師舜仕爲繕工直長 一鄕人爲公作書院于洛東江上祀之 …… 天書遠從九天下 聖人應念孤臣忠 孤臣守貞誨爾子 往事汝君圖成功 一門進退各君臣 白日均照吾誠衷".

12 이익,《성호전집》권24, 답안백순 갑술(答安百順 甲戌), "然疏中有辛朝字 猶有餘憾 彼雖辛 冶隱之仕 初不以爲然 若以世易之故 而變其始心 …… 冶隱只合明其不事二君之義足矣".

13 안정복,《순암집》권10, 동사문답, 상성호선생서 경진, "冶隱最爲得中 而其言辛朝二字 有心口不同之嫌 又勸其子仕于本朝 是何太蘊籍耶".

14 길재,《야은선생언행습유(冶隱先生言行拾遺)》중권(卷中), 부록(附錄), 여지승람(輿地勝覽), "按陽村詩叙及行狀 稱臣稱僞朝 三綱行實 稱名而又稱辛朝 輿地勝覽 稱臣稱辛朝 此乃先生辭職一疏之辭 而散出諸書者若此其不同 何也 三綱行實 旣曰再擢第云 則不稱臣可知 而詩叙及行狀勝覽 何所據而云然耶 南秋江有詩曰 辛朝注書吉冶隱云云 則僞朝辛朝之稱 恐非先生本語 而特出於撰者之追述也 或者以此爲先生措語未瑩 則亦不遠乎".

4. 원천석: 신화처럼 다가온 인물

1 정장(鄭莊, 1714~?), 〈운곡선생문집서(耘谷先生文集序)〉, 《운곡시사》, "李退溪曰 耘谷詩 史也 詩以 史 則傳於後 無疑".

2 허경진, 《《운곡시사(耘谷詩史)》에 나타난 시사(詩史)의 의미》, 《운곡 원천석 연구논총》, 원주문화원, 2001.

3 박동량, 〈운곡행록시사서(耘谷行錄詩史序)〉(1603), 《운곡시사》(이인재·허경진 공편), 원주문화원, 2001, "嘗聞原州人元天錫 在麗末隱居著書 言禑昌父子非辛出 事甚實 逮我朝 閉門終身 其淸風峻節 直可 與圃冶諸公伯仲 而子孫秘其書久益密 人無得以見者 幷與其名 遂泯滅不傳於世 後二百年 余按節到是州 適得其所爲詩耘谷集 雖不紀不多 與向所聞異 要之不失爲特筆也".

4 박동량, 〈운곡행록시사서〉(1603), 《운곡시사》(이인재·허경진 공편), 원주문화원, 2001, "據禑一事 不足知其誣 微公一言 千百載下 必將襲謬不已 可謂東國有史乎 若是忠臣義士之有益於爲人國家也".

5 신흠, 《상촌집》 권60, 청창연담(晴窓軟談) 하, "元天錫者 高麗人 恭愍時不仕 居原州 與牧隱諸老相往 來 其遺稿中有直載當時事迹 後世所不能知者 以辛禑爲恭愍子者 此其直筆之尤者".

6 원천석, 《운곡시사》 권4, 이달 15일 국가가 정창군을 왕으로 세우고 전왕 부자는 신돈의 자손이라 하여 서인으로 폐했다고 함, "前王父子各分離 萬里東西天一涯 可使一身爲庶類 正名千古不遷移 祖王 信誓應乎天 餘澤流傳數百年 分揀假眞何不早 彼蒼之鑑照明然"(《운곡시사》(이인재·허경진 공편), 원 주문화원, 2001).

7 신흠, 《상촌집》 권60, 청창연담 하, "詩語雖質朴多不成語 而事則直書無隱 比之麟趾之麗史 不啻日星蟏 蝀之相懸 讀之淚數行下 大抵麗之亡 由於戊辰立廢主 廢主之後 如牧隱儕流 尙存 一脉公議未泯 故其時 道傳紹宗等輩 倡爲非王氏者爲忠 謂王氏者爲逆之論 簧鼓朝廷 眩惑人心 遂得以魚肉士流 箝制口舌 僅五 年而國亡矣 生乎其時而正直自樹者 其爲生 辛苦顚沛當如何也 然而人心未盡眩 人口未盡箝 草野之間 有 此董狐之筆 豈非石壓筍斜出者耶".

8 이익, 《성호사설》 권12, 원운곡(元耘谷), "世傳 元耘谷天錫 隱居雉嶽山 太宗親臨訪之 而逃不見者 非 也 元麗季進士 居原州之弁巖 始穆祖之自全州 移嶺東者 以外家在平昌故也 考妣之陵 在三陟 今朝家訪 之 不得者 是也 太宗 亦嘗往來嶺東 而路由原州 就而咨訪 今雉岳之覺林寺 有太宗臺 即徼時 挾卷遊息之 所也 至辛氏父子及崔瑩之死 皆有詩 哭之 及太宗卽位 以甘盤之舊 驛騎訪之 則已沒矣 召其子洞 至特授 基川縣監 耘谷三十七 喪配 不復娶 亦不畜妾 學有詩操 履有詩卷 蔵扵家 多言革代事 子孫秘之云".

9 그러나 이익의 주장은 《운곡시사》에 서문을 쓴 정장의 주장과 다르다. 정장은 원천석이 1400년 태 종이 즉위하여 높은 관직을 주어 불렀을 때 응하지 않았고, 1401년(태종1) 태종이 300리를 달려 찾아왔으나 피하고 만나지 않아, 태종이 선생의 절조를 존중하여 아들 원형에게 기천현감을 제수 했다고 했다(정장, 〈운곡선생문집서〉, 《운곡시사》 참고).

10 안정복, 《동사강목》, 범례, 통계(統系), "按禑昌事 當時宰相李穡 草野元天錫 正論難遇 而本朝 尙論之 士 若柳希春 尹根壽 申欽 李德炯 皆以史筆爲誣 且聖祖受禪于王氏 則禑昌王辛之辨 初無可言 而鄭道傳

趙浚 尹紹宗輩 倡出非王氏之說 爲鉗制舊臣之計 擧國和附 以其從違 爲忠逆之分 便成一種義理 後來作
史者 皆心知其非 而不復考別 如無自上 判下之敎 則非私自移易者 然而雖曰 異姓史例 不當如是矣".

11 안정복,《동사강목》권17상, 후폐왕 창왕 원년 11월, "又曰 禑昌事 當以元天錫所紀 爲信史 又曰 余觀
天錫集 辛禑之遷 崔瑩之被刑 禑昌之廢及賜死 牧隱之謫長湍 皆有詩 直書無隱 比之麟趾之麗史 不啻日
星 蟋蟀之相懸 草野之間 有此董狐之筆 豈非石壓 筍斜出者耶".

12 안정복,《동사강목》권17하, 공양왕 4년 7월, "天錫 字子正 號耘谷 見政亂 隱居雉岳山下 躬耕養親 不
求人知 按部錄於軍籍 不得已赴試 一擧中進士 亦不肯仕 與李穡諸人相友善 太宗微時 嘗從受業 旣貴屢
召不起 上幸其廬 逃匿不見 上召守廬 婢賜食物而還 天錫有藏書六卷 言亡國事 臨終遺言曰 子孫非聖人
勿開 累世有子孫一人 竊見之 大懼曰 吾家族矣 遂燒之 猶有詩什遺存 世謂之詩史".

조선이 본 고려

승자의 역사를 뒤집는 조선 역사가들의 고려 열전

1판 1쇄 발행일 2021년 12월 27일

지은이 박종기

발행인 김학원
발행처 (주)휴머니스트출판그룹
출판등록 제313-2007-000007호(2007년 1월 5일)
주소 (03991) 서울시 마포구 동교로23길 76(연남동)
전화 02-335-4422 **팩스** 02-334-3427
저자·독자 서비스 humanist@humanistbooks.com
홈페이지 www.humanistbooks.com
유튜브 youtube.com/user/humanistma **포스트** post.naver.com/hmcv
페이스북 facebook.com/hmcv2001 **인스타그램** @humanist_insta

편집주간 황서현 **편집** 최인영 조건형 **디자인** 유주현 이수빈
조판 홍영사 **용지** 화인페이퍼 **인쇄** 청아디앤피 **제본** 민성사

ⓒ 박종기, 2021

ISBN 979-11-6080-767-7 03910